# 橡皮推翻了滿清

藍弋丰・著

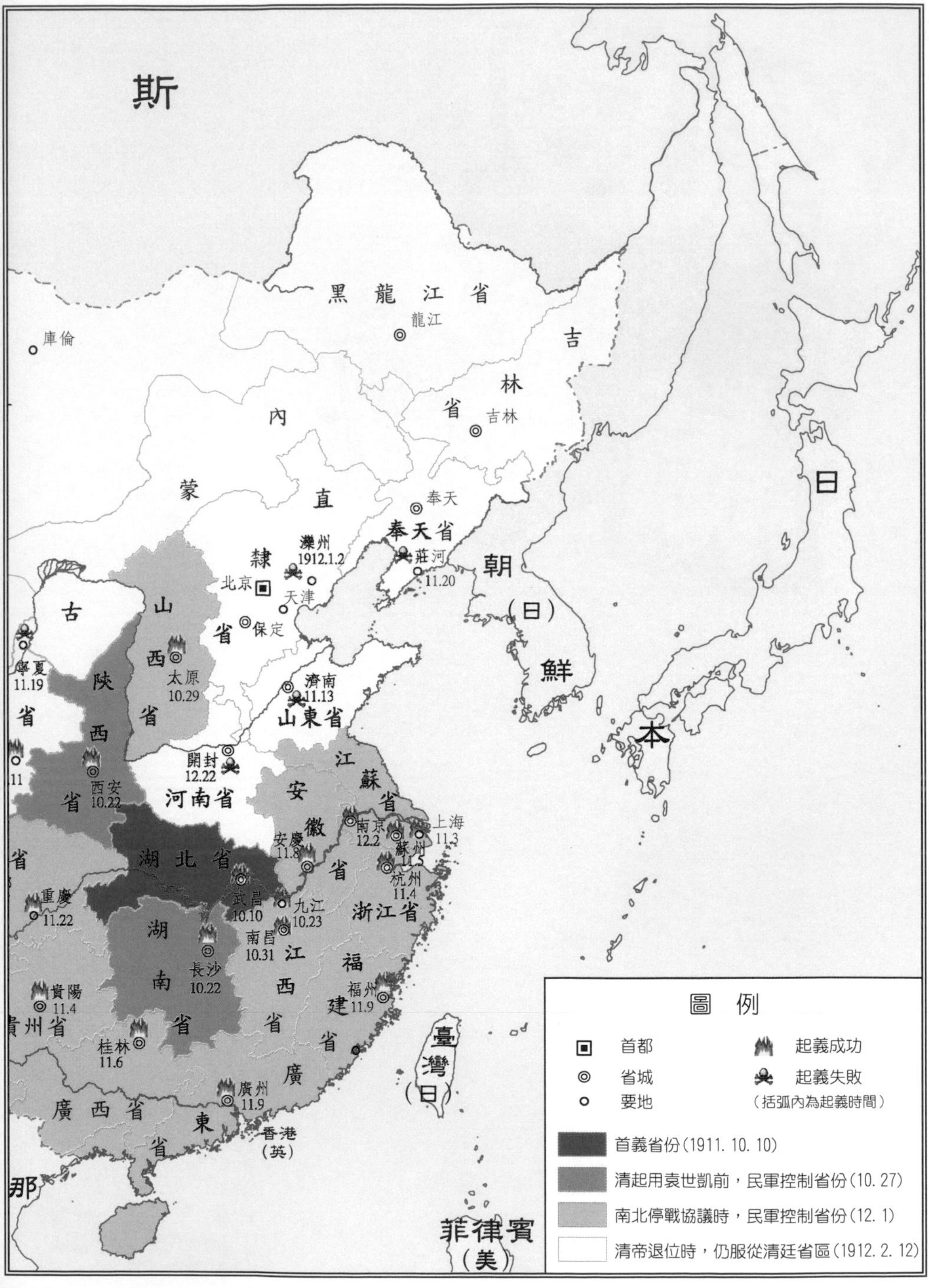

斯
黑龍江省
龍江
庫倫
吉
林
省
吉林
內
蒙
古
直
隸
省
北京
天津
保定
灤州
1912.1.2
奉天
奉天省
莊河
11.20
朝
(日)
鮮
日
本
山
西
省
太原
10.29
寧夏
11.19
陝
西
省
西安
10.22
濟南
11.13
山東省
開封
12.22
河南省
江
蘇
省
安
徽
省
南京
12.2
上海
11.3
蘇州
11.5
杭州
11.4
安慶
11.8
湖北省
武昌
10.10
九江
10.23
浙江省
重慶
11.22
湖
南
省
長沙
10.22
南昌
10.31
江
西
省
福
建
省
福州
11.9
貴陽
11.4
貴州省
桂林
11.6
廣
東
省
廣州
11.9
廣西省
香港
(英)
臺
灣
(日)
菲律賓
(美)
那
圖例
首都
省城
要地
起義成功
起義失敗
(括弧內為起義時間)
首義省份(1911. 10. 10)
清起用袁世凱前，民軍控制省份(10. 27)
南北停戰協議時，民軍控制省份(12. 1)
清帝退位時，仍服從清廷省區(1912. 2. 12)

# 辛亥革命各省響應圖
# 1911-12

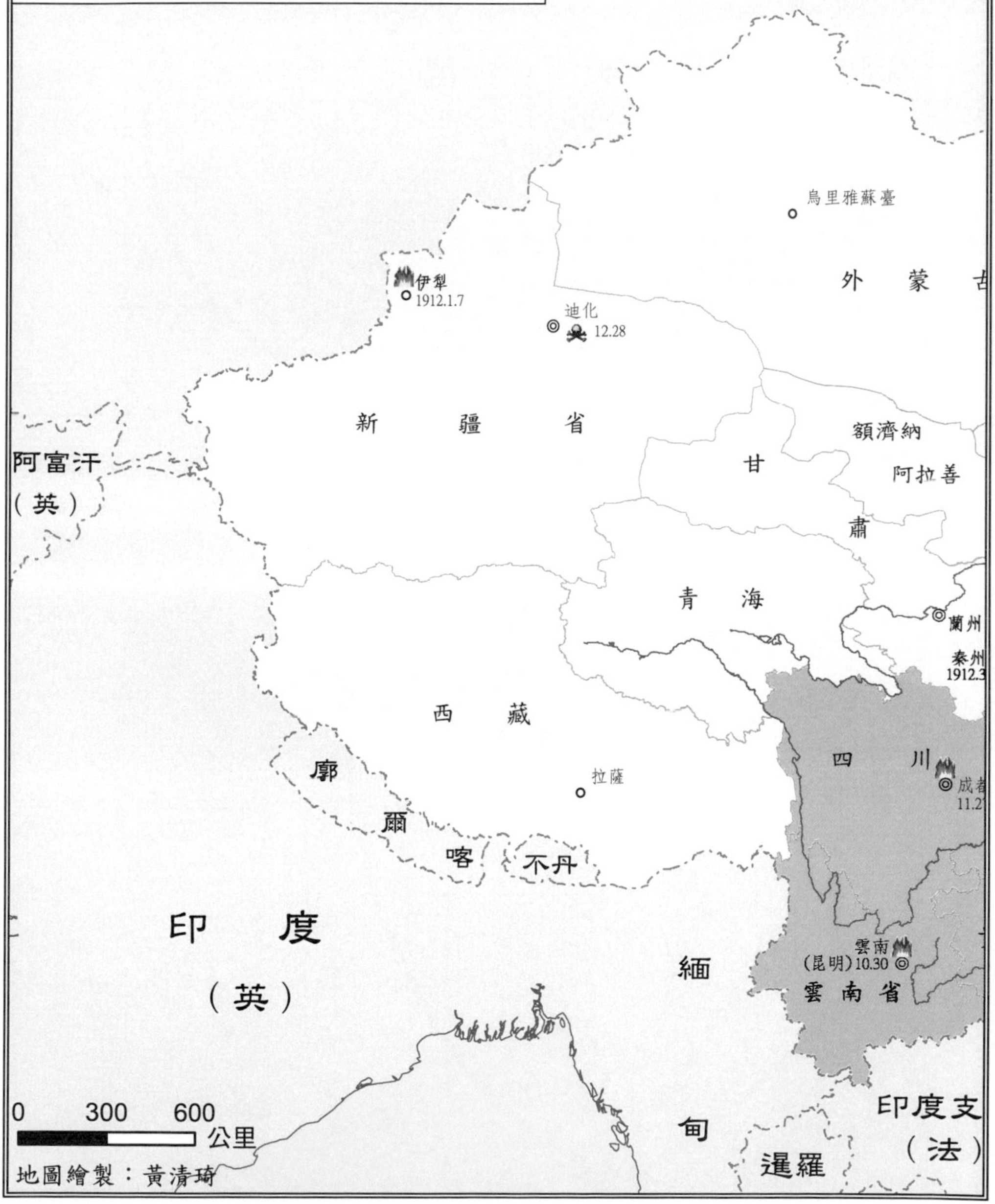

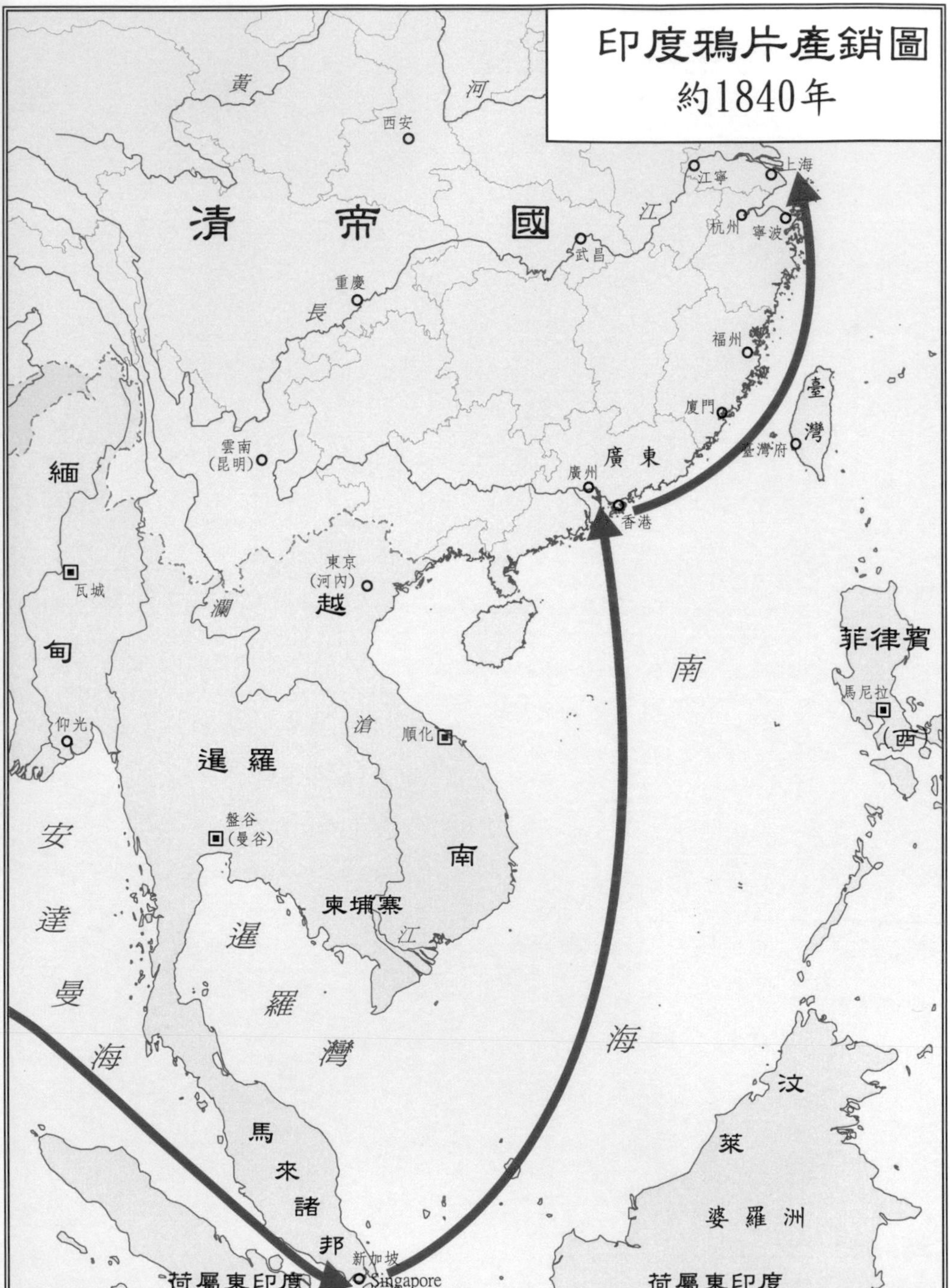

印度鴉片產銷圖
約1840年

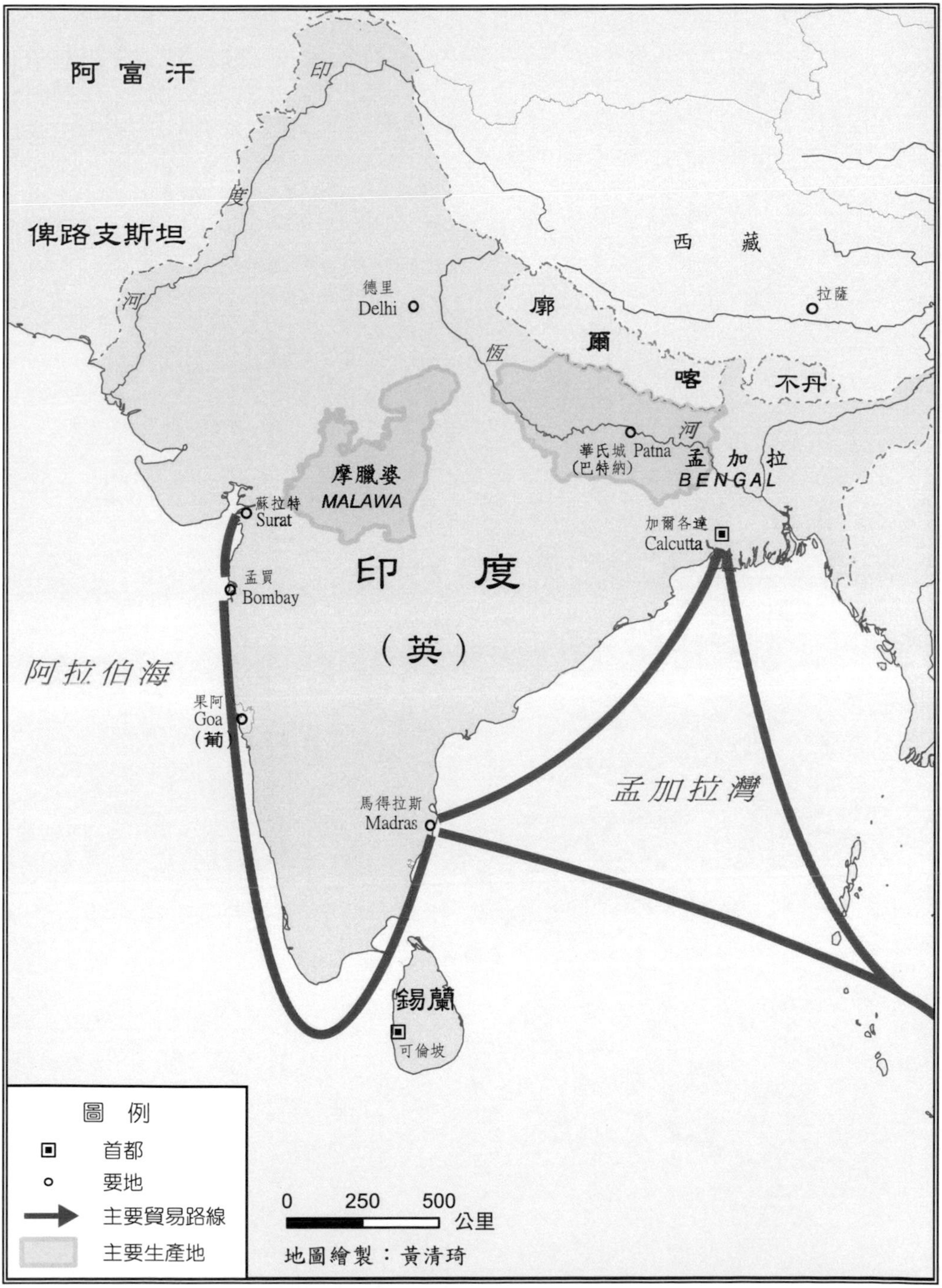

阿富汗
俾路支斯坦
印
度
河
西藏
德里
Delhi
廓
爾
喀
拉薩
恆
河
不丹
華氏城
(巴特納)
Patna
孟加拉
BENGAL
摩臘婆
MALAWA
蘇拉特
Surat
加爾各達
Calcutta
孟買
Bombay
印度
(英)
阿拉伯海
果阿
Goa
(葡)
孟加拉灣
馬得拉斯
Madras
錫蘭
可倫坡
圖例
首都
要地
主要貿易路線
主要生產地
0
250
500
公里
地圖繪製：黃清琦

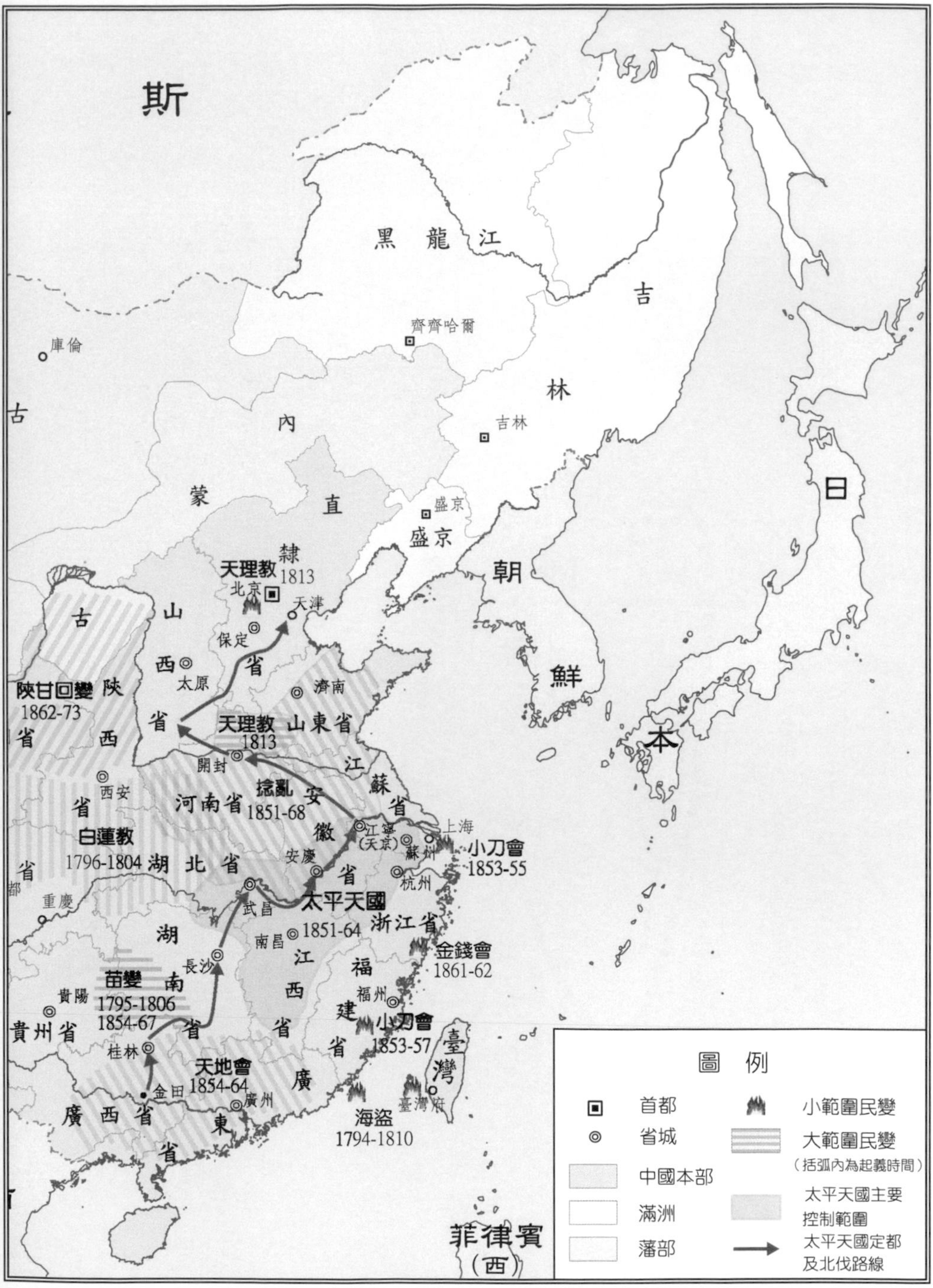
斯
黑龍江
吉
林
齊齊哈爾
庫倫
古
內
蒙
吉林
直
盛京
盛京
日
朝
鮮
本
隸
天理教
1813
北京
天津
保定
古
山
西
太原
省
陝甘回變
1862-73
陝
西
省
西安
省
濟南
天理教
1813
山東省
開封
河南省
江
蘇
省
捻亂
1851-68
安
徽
省
江寧
(天京)
上海
蘇州
小刀會
1853-55
杭州
安慶
白蓮教
1796-1804
湖北省
重慶
武昌
太平天國
1851-64
浙江省
湖
南
省
長沙
南昌
江
西
省
金錢會
1861-62
苗變
1795-1806
1854-67
貴陽
貴州省
桂林
福
建
省
福州
小刀會
1853-57
臺
灣
臺灣府
天地會
1854-64
金田
廣
東
省
廣州
廣西省
海盜
1794-1810
菲律賓
(西)
圖例
首都
省城
中國本部
滿洲
藩部
小範圍民變
大範圍民變
(括弧內為起義時間)
太平天國主要控制範圍
太平天國定都及北伐路線

# 清中葉民變
## 18世紀末-19世紀中

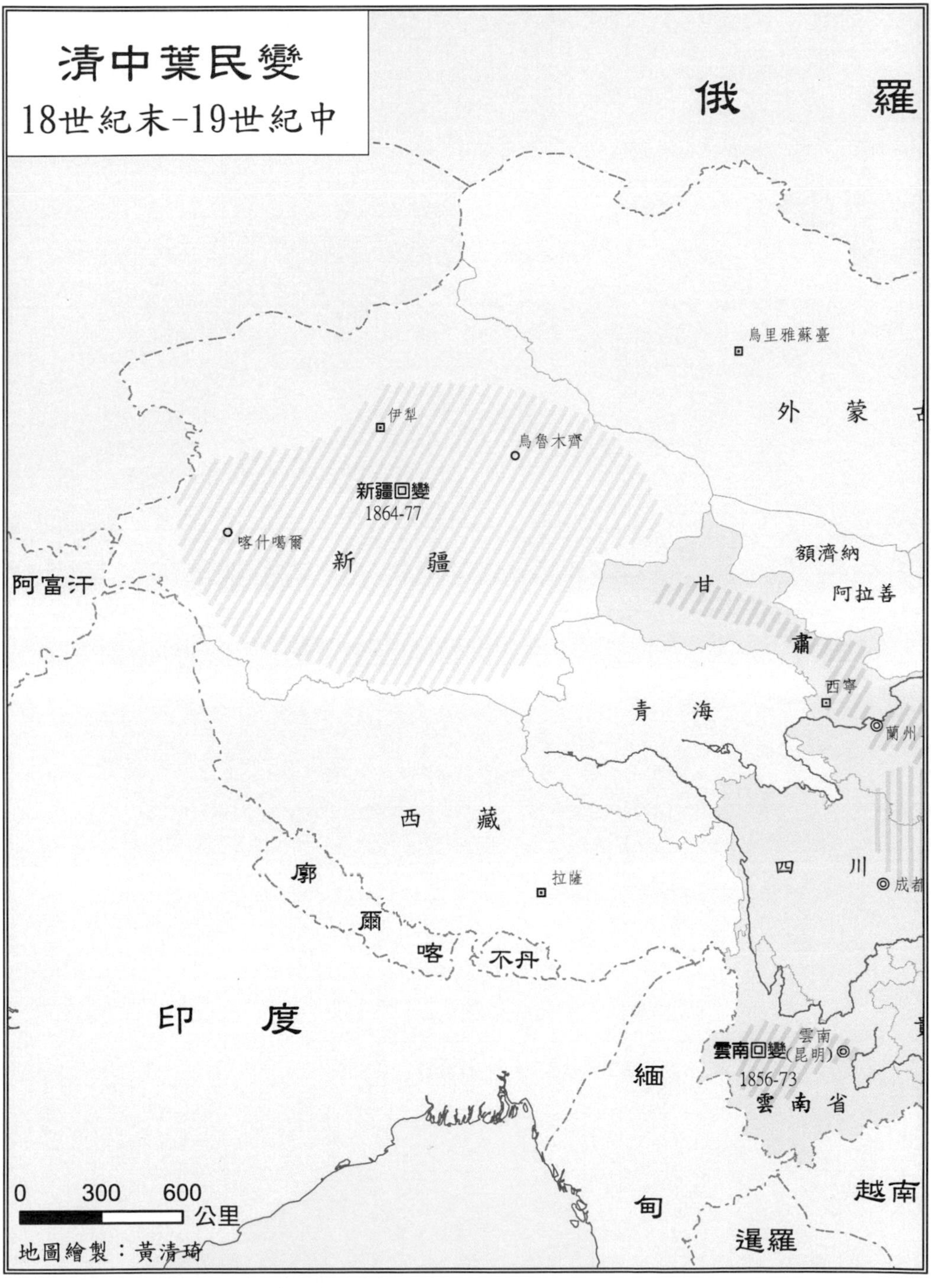

# 目次

第二章　滿清是怎麼滅亡的？

# 序

柯文哲

我讀完這本書，最大的感想是「有趣」。原本預期枯燥無味的歷史，竟然可以寫成這樣活靈活現、引人入勝，實在不簡單。

本書以一個聳動的標題「橡皮推翻滿清」，描述福特汽車、橡膠輪胎，東南亞橡膠產業、上海股市、清末中國的泡沫經濟、保路運動，最後造成武昌革命。中間又穿插鴉片戰爭、甲午戰爭、百日維新、太平天國、海防（防日）與陸防（防俄）何者優先之爭議等等。熟悉的歷史題目卻給我們完全不熟悉的幕後內容。黑格爾說：歷史給人最大的教訓就是人類永遠無法從歷史中學到教訓。我想最重要的一個理由是我們常常只看到歷史的表象，卻沒追究它的來龍去脈。所以我們讀歷史，常只記得死板的條文，例如：一八九四年發生甲午戰爭，卻沒深究日清黃海海戰，為何北洋艦隊戰敗？不知原因，當然也無從改進了。

所謂的「蝴蝶效應」，蝴蝶翅膀的煽動，最後可釀成暴風雨，當然當中要經過一連串非線性的反應，才會產生我們最後看到的結果。這些動態的交互作用互相影響，若能了解當然比背誦條文有意義多了。只是我們總是懶得思考，照單全收就好了，寧可當快樂的豬，不想當痛苦的蘇格拉底。通常人們較易相信自己看到的，但事實上，我們只是看到自己相信的東西，而不是看到自己看到的。因此當我們封閉自己的心靈，不再考慮其他可能的存在，其實我們就會視而不見了，這也是錯誤會一直重複的原因。

我記得大一上邏輯學，授課的老師是劉福增教授，有一天他出了一個題目：我有兩個女朋友，阿珠人乖巧漂亮、知書達禮，但全家都是地痞流氓，一旦娶了這個，保證終生麻煩不斷。阿花則是家道殷實、黨政關係良好，娶了這種太太，真的可少二十年的奮鬥。但是阿花屬於「三心牌」，看了噁心，想了傷心，留在家裡放心。請問我應該娶哪一個？同學們立刻展開熱烈的討論，經過一番論戰，顯然沒有一方占上風。這時劉教授公布答案：應該問有沒有第三個女人？既漂亮知書達禮又家境優越。其實當年劉老師只是在暗示國民黨和共產黨之間，我們應該選擇台灣獨立建國。但是我倒是從這個故事中學到一課，如果很難決定如何選擇時，通常是因為資料不夠或者根本應再找其他方案，不要受限於目前看到的選項。

藍弋丰學弟寫了這本顛覆傳統觀念的「歷史」，他來找我討論出版事宜，他說以前台灣出版社的產值，最多可達台幣六百多億，現在只剩一百多億，他的初期目標是讓台灣的出版業產值可達三百億以上。我望著他興高采烈從自己的著作談到台灣的出版業。常常我們較年長的，動不動就說：一代不如一代什麼的。其實我是不相信這種論調，如果真的一代不如一代，人類歷史早就完了。所以一定是一代強過一代，只是說真的，我對年輕一代最不滿意的就是「缺乏熱情」，明明年紀輕輕，卻看起來是個世故的小老頭，太會計較，太會計算了。因此看到我這位立志中興台灣文化出版業的台大醫學系學弟，我想說的是「孩子，加油！」不對，也許應該是「我們一齊捲起袖子，大家加油！」

有人肯為了自己的理想（或者是夢想），放棄世俗的期望去走更艱辛的人生旅程，更應該為他祝福和打氣。

PS.作者藍弋丰是台大醫學系二〇〇二年畢業的，目前專職寫作和出版業。台大醫學系畢業沒有當醫生的，過去二十年，加起來不會超過十個。單單要突破傳統和社會期望，就要很多勇氣（傻勁），只能說「學弟，加油了。」

# 學術與通俗之外的第三種歷史

易駿

談到歷史，各位讀者除了從小學到大學的必修科目、以及升學考試時的「背多分」以外，還有哪些印象呢？

有些讀者也許會想到厚如字典的磚頭書、大量註解的枯燥文章，以及散發著故紙堆氣息的書蟲學者。更多的人說不定會想起三國演義這樣的通俗歷史小說，還有電視上的古裝劇。前者未免會給人有些難以接近的印象，而後者雖然容易引起一般大眾的興趣，但加入了戲劇或八卦的成份之後，對想要了解過去的人來說，也沒有真正的參考價值。

在學術與通俗之間，是否還有第三種選擇呢？在西方確實有許多學者，寫出一些「雅俗共賞」的歷史著作。既顧及了歷史基本事實的正確，同時也能夠讓學術界以外的一般讀者理解。如此一來，那些只是想要「了解過去的事」的普通讀者，就能更容易地接觸歷史。

很遺憾的，在華人世界當中，此類著作還不是很多。市面上的許多歷史讀物，或者在基本事實上有所謬誤，或者只是複述早已老舊過時的歷史觀點。有些甚至早已被學術界所推翻的理論，仍然還在這些「俗說歷史」書籍當中傳播。

現今的歷史學界，受學術環境與研究規範的限制，研究者往往傾向於在個人的「專業領域」之內鑽研。研究中國史的只注意中國的問題，專攻世界史的也只著眼於「歐洲中心」的西方世界，這樣的現象並不少見。

在中國近代史的領域中，甚至往往可以發現因為鴉片戰爭發生於一八四〇年，所以一八三〇年代以前、發生在清朝中葉的事件和現象，也常被一般的歷史敘述所忽略。再加上受到一百年來「革命敘事」等主觀論述的影響，清中葉中國社會所面臨的各種問題，又一律被當成滿清政府的過錯。

常見的清廷「閉關自守」和「腐朽無能」的批評，在真實的歷史上都未必是妥當的評價。清中葉的諸多問題，是中國「王朝循環週期」中反覆出現的「常態現象」，並非人力所能回天。而道光皇帝統治的早期，整個中國社會還較之前的「乾隆盛世」晚期要更為穩定。

事實上相較於鴉片戰爭之前的清廷，鴉片戰爭之後將近二十年間的清廷，才是真正試圖以「閉關自守」乃至「鴕鳥心態」的方式，應對來自西方的衝擊。當然這種辦法不但無法解決問題，反而還間接導致了太平天國之亂等更多更大的麻煩。

著名的歷史學家黃仁宇先生，曾經提出「大歷史」的構想。主張歷史學者從一個一個小課題中抽離開來，以更長期、宏觀、廣闊的視野來看待完整的歷史。另一位知名歷史學者唐德剛先生，也試圖將「社會轉型」的概念，引入從晚清到整個二十世紀的中國近現代史。與此同時西方漢學界則以與華人學者不同的角度，進行中國歷史的研究。

在這些前輩學者的著作中，不乏可讀性與學術開創性兼備的優秀之作。而在華文書籍市場中可以見到的，也可謂汗牛充棟。但正因其卷帙浩繁，連篇累牘的「大作」反而常常令一般讀者提不起興趣來閱讀。

現代社會的生活節奏十分緊湊，在「時間就是金錢」的日常生活中，「簡單明瞭」也成了閱讀的新取向。然而許多在學術界早已成為常識的觀念，卻因為「沒有時間看書」這樣的理由，而始終未能獲得普通社會大眾的了解。

《橡皮推翻了滿清》這本書，不僅嘗試以「大歷史」的觀點來解釋辛亥革命；更用世界的角度，來討論整個大清帝國的衰亡史。作者藍弋丰雖然並非歷史專業出身，但卻參考了眾多歷史學者的著作，然後以普通人的角度來解釋這段歷史。其論點不但新穎，而且兼具簡潔合理的特性。

當初藍弋丰向我提出作為本書顧問的邀請時，個人也感到有些猶豫。畢竟作為一個歷史系的畢業生，我們在解讀歷史的許多觀點上都有所出入。不過筆者參與了本書的資料蒐集過程，因此可以說書中的內容，在歷史事實的正確性上是相當充分的。

至於作者基於個人理念對歷史的解讀，自然是他個人的見解。請容我引用義大利史學家克羅齊（Benedetto Croce）的名言：「一切歷史都是當代史。」即使對於歷史學者來說，對於同一段歷史，每個時代所關心的問題焦點也各不相同。而對普通讀者來說，每個人對歷史也會有自己的看法。

讀者對作者在書中的歷史解釋，也應該用同樣的觀念去看待。

《橡皮推翻了滿清》是對傳統上孫中山和辛亥革命推翻滿清這一論點的挑戰，同時也是補充。就筆者個人的理解，孫中山與革命黨人的行動，雖然不是清朝直接的「致死原因」，但仍然是推翻滿清的重要因素。孫中山通過不懈努力以及同盟會的革命活動，挑戰了滿清政府的統治正當性，並且使得革命理念滲入中國社會以及清末的新軍之中。

更重要的是，孫中山的革命給了中國各省的士紳，一個除了支持清政府以外的選擇。當清廷失去了誠信、政治改革陷入「維護皇權」的瓶頸中的時候，各省士紳得以選擇斷然拋棄滿清，建立全新的中華民國。

其他革命領袖如黃興、章太炎等人，在滿清末年的革命活動中當然也扮演了重要的角色。不過相較於強調「民族革命」的章太炎、重視「議會制」的宋教仁等人，孫中山提出了比較完整的國家理念，指出了之後一百年中國必須面對和解決的課題。雖然他本人也還不斷在摸索、探究解決之道，而且從未真正領導過中國的建設與發展，但「國父」的名號確實當之無愧。

以上這一點，筆者個人跟藍弋丰的看法就不盡相同。但筆者仍然希望，讀者能夠理解《橡皮推翻了滿清》內容當中真正的歷史理念。而不要因為本書挑戰了許多傳統說法，就視之為「大逆不道」或者「放大砲」。如果讀者能用輕鬆而認真的心態來閱讀，就會發現百年前的歷史，比起想像中更貼近我們今天的生活。

為了避免當年梁啟超為蔣百里的《歐洲文藝復興史》寫序，結果一不小心寫得太長，寫出《清代學術概論》一書的尷尬事重演，本文就此打住。希望讀者在閱讀本書的過程中，也能夠獲得更多對這段歷史的認識和理解。

# 第一章

# 橡皮推翻了滿清

# 橡皮推翻了滿清

滿清的滅亡，以往總說是喪權辱國的歷史，強調因為滿清腐敗，或是孫文一直革命就把它弄倒了，這種負面、簡化的敘述，讓許多朋友對這段歷史興趣缺缺，這實在相當可惜，因為這段歷史可說是世界歷史上最特別的段落之一。

滿清末年，如李鴻章所說，是遇上了三千多年以來的「大變局」[1]，一個從最底層的老百姓到最上層的中央政府都處於中世紀時代的國家，面對國際上的衝擊，而起了波瀾壯闊的變化，大時代變遷中許多事件的前因後果，竟與全世界的發展息息相關，多彩多姿讓人出乎意料，重新檢視這段歷史，相信一定可以得到許多啟發與額外收穫。

到底滿清是怎麼滅亡的呢？從各個面相說起，就成了這一整本書了，但在整本書的開頭，我想，不妨先下個聳動的標題：

**「滿清是被橡皮給滅亡的。」**

1 同治十一年五月，李鴻章〈復議製造輪船未裁撤折〉：「臣竊惟歐洲諸國，百十年來，由印度而南洋，由南洋而中國，闖入邊界腹地，凡前史所未載，亙古所未通，無不款關而求互市。我皇上如天之度，概與立約通商，以牢籠之，合地球東西南朔九萬里之遙，胥聚於中國，此三千餘年一大變局也。」

沒錯，就是橡皮筋、橡皮擦的橡皮，在清末，人們把橡膠叫做橡皮。橡皮是怎麼把滿清給滅亡的，那得先從太平洋另一端的美國說起了……

## 亨利・福特的T型車

橡膠很早就出現在人類的生活之中，熱帶原住民發現橡膠樹受傷流出的汁液凝固後，形成有彈性又能防水的天然橡膠，可用來製作防水鞋子與外衣；而馬雅人則用橡膠做成皮球，進行恐怖的死亡獻祭球賽[2]，不過天然橡膠有很多缺點，在天氣熱的時候變得又軟又黏，天氣冷的時候硬梆梆且易碎，這使得天然橡膠一直無法成為一個在工業上實用的材料。

一八三九年，美國發明家查理・固特異（Charles Goodyear）——也就是「固特異輪胎」的固特異[3]——發明橡膠硫化製程，硫化過的橡膠性質穩定、耐高溫，從此成為一種具有無限可能的新興材料，很快的，橡膠就用來製造水管、束帶、橡膠片、防水橡膠鞋與橡膠鞋根，實心橡膠條也用來當腳踏車輪胎、馬車與板車的輪胎。

當時美國的汽車產業正在發展，橡膠也用來作為汽車輪胎，不過實心橡膠

[2] 馬雅人用橡膠做成實心橡膠球，在神殿的球場進行球賽，球場由兩堵高牆圍起，兩端則有一個突出的石環，相當於是籃球框，比賽的兩隊運動員將球射過石環就能得分，而戰敗的隊伍，賽後全隊成為活人獻祭的犧牲者。

[3] 「固特異輪胎」並非固特異創立，但為了紀念他的貢獻，因此以他為名。

輪胎在當年的沙土與石子路上行駛起來，簡直是震得人骨頭都散了，一八八七年空心充氣輪胎的發明[4]解決了這個問題，充氣輪胎的避震能力簡直是汽車業的救世主，在充氣輪胎的加持下，美國汽車產業開始蓬勃發展。

一九〇八年，福特汽車的創辦人亨利・福特也加入這股汽車業熱潮，推出歷史留名的T型車，這時福特還沒有引進讓他名留工業史的生產線，T型車仍然是以傳統的方式組裝，第一個月才只能組裝十一輛車而已，但歸功於許多設計上的革新，T型車的售價降到八百二十五美元的震撼價——依通貨膨脹率換算成今日的美元，大約兩萬美元左右。

當時汽車售價大約兩千到三千美元之間，可以想見八百二十五美元的T型車一推出造成多大的轟動，從一八九〇年起開始發展的美國汽車市場，因為福特T型車的推出整個沸騰了起來，以前汽車是

約翰・博依・登洛普發明的充氣輪胎

一九〇八年第一輛福特T型車

4 一八八七年蘇格蘭發明家約翰・博依・登洛普（John Boyd Dunlop）發明充氣輪胎，登洛普把充氣輪胎裝在兒子的三輪車上測試，發現效果奇佳，之後他把充氣輪胎提供給腳踏車競賽選手使用，連續奪冠，他的發現從此改變了輪胎。雖然登洛普本人沒有從充氣輪胎上賺到什麼錢，不過他的發明很快成了腳踏車的標準配備，也激發了橡膠的第一波需求，開啓所謂的橡膠大成長（Rubber Boom）。

可望而不可及的奢華象徵，現在成為人人買得起的大眾商品，美國人無不引頸期盼，希望趕快買一輛T型車來當代步工具，享受一下「平價奢華」的快感。

一時間，全美國都在瘋「燒胎」，輪胎需求量一夕暴增，橡膠製品大廠固特異在一九〇一年開始生產汽車輪胎，它的底特律分部在一九〇七年時，提供一千兩百條輪胎給福特汽車組裝T型車，到了一九〇九年，供應量跳升到了三萬六千條。

製造輪胎需要橡膠，很自然的，橡膠需求量也跟著三級跳。

在現代，我們生活周遭的橡膠產品大多是合成橡膠，不過在二十世紀初，合成橡膠還不成氣候，橡膠市場完全以天然橡膠為主[5]。

天然橡膠原本產自於巴西亞馬遜雨林區，巴西對這宗獨門生意相當重視，政府設有重重保護，嚴禁橡膠樹種子外流，但是再嚴密的限制也敵不過奸巧的英國人，英國橡膠專家亨利・魏克漢（Henry Wickham）在一八七六年偷渡了七萬顆種子到倫敦，再由英國轉送到新加坡、馬來西亞這些英國殖民地，一八九五年，第一座商業橡膠園出現在馬來西亞，從此東南亞成為橡膠的重要產地。

[5] 一八七九年，化學家古斯塔夫・伯查德（Gustave Bouchardat）在實驗室中以鹽酸加熱異戊間二烯，結果產生性質類似橡膠的異戊間二烯聚合物，是化學合成橡膠之始，但是這種實驗室產生的合成物質還無法商業應用。在一九〇九年到一九一二年間，有無數化學家提出各種合成橡膠的製造方式，但是沒有一種實際上堪用，一直到了一九一四年第一次世界大戰爆發，德國因為遭到封鎖，天然橡膠短缺，才被迫開始量產合成橡膠，但是第一次世界大戰結束後，合成橡膠因成本高、物理特性不佳，馬上又被天然橡膠取代。合成橡膠終於能取代天然橡膠的地位，是第二次世界大戰以後的事了。

歷史小知識

### 東南亞橡膠的興起

世界最主要的橡膠樹樹種來自於亞馬遜雨林區，因此最初只有巴西能生產橡膠。

當時在雨林區坐擁天然橡膠產區的業主，經營方式是把整批的印地安人原住民包圍起來，以慘無人道的方式強迫他們深入叢林中去割取野生橡膠樹的天然橡膠，有個五萬人的原住民部落在飽受奴役與虐殺之後，只剩下八千個活口，在某些區域，有九成的原住民人口因此滅絕，其慘酷相當駭人聽聞，簡直是「血鑽石」的翻版。因為這樣的奴役方式，正派經營的橡膠產業無法與他們競爭，因此一開始，亞馬遜雨林區佔了全球九成的橡膠供應，不過當原住民被消滅殆盡以後，橡膠業主就必須從外界招攬橡膠採收工人，於是成本節節上升。

另一方面，亞馬遜雨林區派人深入叢林割取野生橡膠樹的生產方式，很難大量增加產能，但是自一九〇〇年以後，腳踏車與汽車的發展使全球橡膠需求開始增加，傳統的亞馬遜雨林區無法滿足市場需求，這就給了東南亞橡膠產業興起的契機。

在東南亞，橡膠業者的做法是是開闢一整片園區，裡頭全部種植橡膠樹人造林，工人不用像巴西人一樣必須深入叢林，加上東南亞很容易招募到辛勤又廉價的華工，因此成本遠比巴西亞馬遜雨林區來得低，在一九一〇年時，在亞馬遜雨林區每投資一個橡膠工人要花三百三十七英鎊，而在東南亞地區只要兩百一十英鎊，而且每個工人的生產量還比亞馬遜雨林區多了八成。

儘管東南亞的橡膠種植看起來非常有競爭力，但是一開始卻發展緩慢，原來當時全球投資界對把錢丟進「遠渡重洋到東南亞種樹」的公司沒什麼興趣，受限於缺乏資本，許多橡膠種植計畫都胎死腹中。

隨著T型車的出現，一切都改觀了，激增的需求使得橡膠業大發利市，一九〇八年，美國橡膠進口總值約為五千七百萬美元，一九〇九年增至七千萬美元左右；一九〇八年英國橡膠進口總值為八十四萬英鎊，一九〇九年增至一百四十一萬英鎊。

想當然耳，橡膠價格飆漲，一九〇八年倫敦市場橡膠每磅售價兩先令，一九〇九年底漲至每磅十先令，一九一〇年春達到最高點十二先令五便士，當時橡膠生產成本僅為十八便士，全球橡膠業簡直是賺翻了，全球橡膠企業的股價也跟著瘋狂飆漲，種橡膠一夕間成為全球熱錢追逐的熱門生意。

這股熱潮，很快就來到了上海。

## 上海，國際金融中心

上海是整個長江流域的吞吐口，古人很早就注意到這個天然優勢，上海附近在宋、元兩代設有「市舶司」，是國際貿易中心，但明、清時上海命運一波三折，一七五七年乾隆規定廣州「一口通商」，讓上海降級成「國內港」，近代上海的發展，則起於歷史課本上說的，清末第一個「喪權辱國的不平等條約」——鴉片戰爭後的《南京條約》。

在《南京條約》中，規定廣州、福州、廈門、寧波、上海「五口通商」，上海恢復了「國際港」的地位，在後續的《虎門條約》中，規定英國人可以在五個通商口岸城市中議定的區域內租屋或租地自建房屋居住，以這個條款為基礎，一八四五年，英國與滿清議定《上海租地章程》，劃了一塊地租給英國人使用，從此上海租界就成立了。

這塊泥灘地從此飛上枝頭當鳳凰，成為日後中國最繁華的地區。

上海租界成立的第二年，就已經有了二十四家外國公司，不過當時上海租界還是人口不多的待開發地區，只有二十五戶住宅，在店鋪與住宅間到處是空地，外國人少，連華人也不多，一八五三年時，居住在租界內的華人只有五百人而已。

上海租界第一次高度發展的契機是太平天國的戰禍，一八六〇年，太平軍自南京出發「東征」，兵鋒所到之處，上自地主士紳，下自普通農民，為了躲避戰火，蜂湧進入上海租界，使得上海租界的華人暴增至三十萬人，到了一八六二年，最多曾達到七十萬人之譜，一口氣湧進這麼多人口，人人需要住

歷史小知識

## 上海的「海波浪人生」

上海附近在宋代、元代是貿易繁榮的國際港口，明代政府對國際貿易的態度大部分時間並不友善，屢次宣布海禁，不過民間私下與國際的貿易還是絡繹不絕。

清朝初期為了防堵在台灣的明鄭而實行海禁，直到一六八三年，施琅在澎湖海戰獲勝，鄭克塽投降，海禁的原因消失，康熙準備「開海」，研擬依照以往「市舶司」的舊制，改名為「海關」，從北到南總共設有四座，分別為江、浙、閩、粵海關，顧名思義，就是江蘇省、浙江省、福建省、廣東省，一省有一座。

其中，浙海關位於寧波，閩海關則在廈門，粵海關在廣州，而江海關本來在連雲港的雲台山上，隨後遷至上海，一六八五年起，上海又開始有了國際貿易。

傳說一七五七年時，乾隆第二次「下江南」，發現長江上駛滿了外國貿易船隻，嚇得把外夷通商限制在廣州。這個傳說或許很傳神，不過早在一七五五年，閩浙總督楊應琚就曾經上奏，認為「江南財富重地，不能任洋船自由出入」，所以乾隆並不是下了江南才知道這件事。

當時因粵海關稅負及官員貪污過重，英商往往傾向前往浙海關交易，並非如傳說中的前往長江口的江海關，但浙江與華中要地距離也已經很接近，由於華中是糧食重要產地，又有京杭大運河，是全國的命脈，乾隆擔心外國船隻出出入入「日久慮生他弊」，一開始想以浙海關加稅來抑制貿易，發現沒有效果以後，一七五七年乾隆規定外國船隻只准許停靠廣州，全中國只由廣州「粵海關」一口通商，「嗣後口岸定於廣東，不得再赴浙省，此於粵民生計，並贛韶等關均有裨益，而浙省海防亦得肅清」，上海受浙海關貿易連累，又降級成了「國內港」，直到鴉片戰爭後「五口通商」為止。

的地方，於是「新築室縱橫十餘里，地值至畝數千金」，地價在一八五二年每英畝才五十英鎊，到一八六二年竟高達一萬英鎊，漲了兩百倍，原本的空地一下子就被房屋塞滿了。

不過當太平天國平定，難民返鄉，這些房屋也就人去樓空，一八六五年，租界人口從三十三萬劇減至十三・七萬餘人，房地產大蕭條，許多炒作房地產的外國人都因此破產了，這是上海第一次泡沫崩潰。

就在這次泡沫崩潰的同時，上海租界出現了新的契機。

原本中國並沒有股份有限公司，也沒有近代化的銀行，清末的第一家股份有限公司是「官督商辦」的輪船招商局，到一八七二年才創立，而清末的第一家近代銀行，則要往後追溯到一八九七年，盛宣懷所設立的中國通商銀行。

自從上海跟香港有了租界，外國人在租界做生意，需要銀行匯款、貸款，也會交易股票，於是在租界的土地上，開始有了銀行、有了股票交易。另一方面，租界既不屬於中國，也不那麼屬於外國，因此成為一種三不管地帶，在沒有金融管制的地方，金融工具的發展最為快速，因此上海與香港很快成為全球金融業執牛耳之處。

很難想像嗎？請看證據，證據就是滙豐銀行的名稱ＨＳＢＣ，「Ｈ」就是香港，「Ｓ」正是上海，滙豐銀行的原始全名正是「香港上海滙理銀行」（Hongkong and Shanghai Banking Company Limited）——後來於一八六六年更改英文名稱為「The Hongkong and Shanghai Banking Corporation」，一八八一年更改中文名稱為「香港上海滙豐銀行」。

滙豐銀行正是從香港跟上海起家的，各位看倌們有沒有驚訝呢？

一百多年來上海跟香港一直是國際金融中心，後來上海在國共內戰中「淪陷」之後就完蛋了，留下香港一直是全球金融業的頂尖玩家，這是有上百年來的歷史因素在的，台灣曾經喊著要當「亞太營運中心」，不知道香港的歷史淵源在金融產業與人才上的無形優勢，怪不得怎麼喊都辦不起來。

滙豐銀行本身正是促成上海金融發展的重要關鍵之一，一八六四年，滙豐銀行在香港成立，一個月後，上海分行成立，從此上海進入一個新紀元。

在此之前，上海的銀行多半只局限於本國與中國之間的匯兌服務，滙豐銀行則積極開拓中國本身的金融融資市場，除了融資給各個通商口岸城市的的商人以外，滙豐銀行更貸款給清廷，最早是一八七四年籌辦台防借款兩百萬兩，一八七七年又經手左宗棠第四次西征貸款五百萬兩，到甲午戰爭之後，滿清為了歷次戰爭的鉅額賠款，財政貸款需求越來越高，使上海的外資銀行控制了滿清的財政命脈。

在外匯交易方面，上海匯豐掛牌成為主要的外匯牌價體系，因此使得上海成為全國的外匯中心。

在股票市場方面，上海打從一八六六年就開始有股票交易，只是當時交易場所分散，還沒有一個統一的證券交易所，到一八九一年，隨著上海資本市場蓬勃發展，以及一八九〇年代的礦業股票投資熱潮，外商設立了上海證券經紀人公會（Shanghai Sharebrokers' Association），是中國第一個股市交易所，到了一九〇五年，更開辦了制度更完整的上海眾業公所（Shanghai Stock Exchange）

以往股票交易所的報價方式，是擺上一個大告示板，派人在萬頭鑽動的場內奔走，用粉筆和板擦人工更新報價，一八六七年，美國發明了報價機，這個機器可以接收電報傳送的訊息，將報價打印出來，是以後打字機的前身。報價機出現以後，全球各國的交易所從此充滿了電報的雜訊與報價機滴滴答答的打印聲，隨著訊息可透過電報即時傳播，全球各地金融市場，就如同今日一般的相連結起來了。

晚清時的上海，竟然有發達的銀行體系，有外匯掛牌，還有相當國際化的證券交易市場，與國際連動——簡直像是走錯了時代不是嗎？

而清末的經濟發展也有利於上海，在八國聯軍結束後，滿清在慈禧、袁世凱、張之洞等人的主持下，開始了「庚子後新政」，或稱「立憲改革」，在這段期間內，雖然立憲最後沒有實行，卻執行了廢科舉、興新學，大力推動留學，並積極發展工商實業的政策，最重要的里程碑是一九〇三年制定了公司法、破產法、商標法、民法——《公司律》、《破產律》、《商標註冊試辦章程》、《民律草案》——等等現代工商業發展所需的必備法律，使得從一九〇三年起，中國的工商實業一片欣欣向榮，連續景氣了六年。

其中，民間資本累積最成功的地區，就是上海周邊的江蘇、浙江，接下來是兩湖地區以及廣東，若從礦業來看，一九〇一年以後，到一九一一年之間，民間投資設立了六百五十家礦業公司，其中最多設立在江蘇，包括上海在內的江蘇省囊括了一百六十二家企業，其次是廣東省的五十四家，四川省四十二家，浙江省三十六家，湖南省十一家。

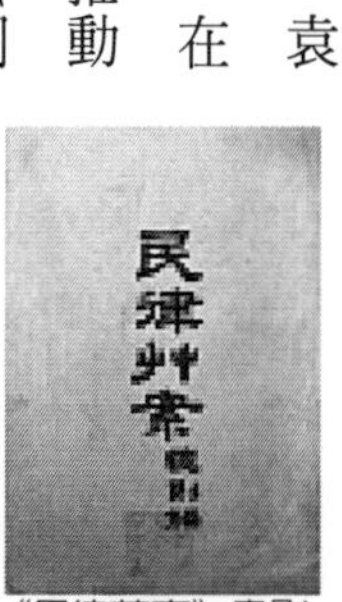
《民律草案》書影

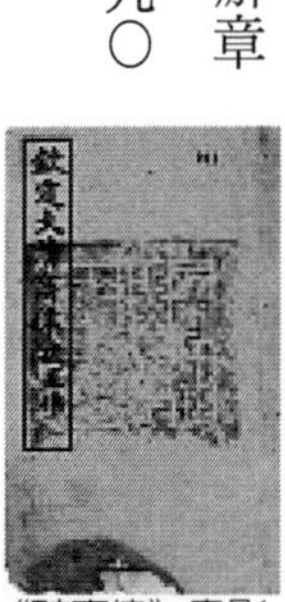
《破產律》書影

江浙地區的民間實業發展，也帶動了金融產業提供匯兌、貸款的需求，於是不僅上海的銀行業發達了，連江浙地區的傳統錢莊也有如雨後春筍，甚至一度與上海的外國銀行及本國銀行分庭抗禮，這是清末上海金融發展的鼎盛時期，當時的資本市場就像網路泡沫前期一樣，拆借款、貸款相當容易，信用極度膨脹，這也就成就了金融泡沫形成的溫床。

上海當時既是國際金融中心，資金又正遍地橫流，當國際熱錢正瘋狂燒向橡膠產業時，上海當然也不落人後，更重要的一點是，橡膠重要的新產地東南亞，正是橡膠產業投資的重點地區，上海佔了地利之便，成為新橡膠公司的集中地。

最早在上海成立的橡膠公司是一九〇三年成立的蘭格志拓植公司。到了一九一〇年初，全球為了開發東南亞橡膠資源而成立的公司共有一百二十二家，《泰晤士報》指出，其中超過四十家都設立於上海。

這些設立在上海的橡膠開發公司，多由上海的洋行經辦、代售股票，並在上海的外國銀行開戶，四十家公司的資本總額高達兩千五百萬兩。這些經辦洋行包括公益洋行、進益洋行、殼件洋行、德華銀行，當然也包括了開頭提到的匯豐銀行，以及當時稱為麥加利銀行的渣打銀行。

隨著橡膠價格飆高，在倫敦市場橡膠股票的交易極度狂熱，一百萬英鎊的股票在半小時之內銷售一空，上海自然也不遑多讓，據梁啟超後來的回憶，當時上海人炒作橡膠股票成了全民運動，連橡皮是什麼都不知道的人也在瘋狂購買橡膠股票，惟恐落於人後，沒賺到這一把。這點我們應該也不難想像，台灣股市萬點的時候，許多台灣股民也搶買了一堆連公司做什麼產品都不知道的股票。

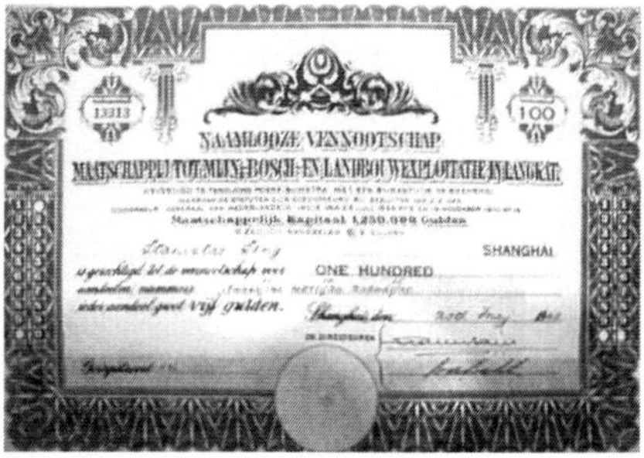

蘭格志拓殖公司發行的橡膠股票

在搶購風潮下，四十家公司的兩千五百萬兩股票幾個月內就銷售一空，接著價格是翻倍再翻倍，如「地傍橡樹公司」的股票，一九一〇年二月十九日在上海股票交易所的開盤價格每股僅二十五兩，才過了不到一個半月，已經翻了一倍，上漲到五十兩。而蘭格志拓植公司在一九〇九年四月四日時市價每股七十兩，一個多月後就已經漲到一百一十六兩，隔年更高達每股一四七·五兩。

當時上海錢莊的經營者往往同時是洋行的買辦，與外國銀行相當熟悉，於是上海的錢莊也藉此瘋狂搶進，許多外商銀行提供「融資買進」，更是推波助瀾，如蘭格志拓植公司的股票就可照面額抵押現款，甚至也允許錢莊以莊票買進股票。

正元錢莊的老闆陳逸卿，就同時是茂和洋行、新旗昌洋行和利華銀行買辦，他也是兆康錢莊的大股東，於是他聯合了兆康錢莊的戴嘉寶、謙餘錢莊的陸達生，發出莊票六百萬兩；陳逸卿、戴嘉寶再從花旗銀行、華比銀行和怡和洋行借得一百萬兩，之後又從素有往來的森源、元豐、會大、協豐、晉大等錢莊調頭寸，全力買進橡皮股票，光是正元自己就買了三、四百萬兩，炒作的目標之一，正是蘭格志拓植公司。

正元、兆康、謙餘這三家錢莊不但調動自己錢莊內的資金，還向外資銀行以及同行拆借，可說是「槓桿玩超大」；而比較保守的錢莊，雖然不敢自己炒作股票，卻也貸款給投資人買股票，或如森源等錢莊拆借同行，於是大多數的錢莊票號都直接間接的涉及橡膠股票交易。

據日本東亞同文會的報告，當時全球橡膠股票的投資總額約為六千萬兩，其中百分之七十到百分之八十的股票為中國人所有——當年的大清帝國簡直是「經濟強權」——華商在這次橡皮股票交易中，投入上海市場的金額約在兩千六百萬兩至三千萬兩，投入倫敦市場約為一千四百萬兩，兩方面加起來，總額約在四千萬兩至四千五百萬兩之間。

這是一個什麼樣的數字？當年滿清全國全年的財政總收入規模為一億兩左右，兩相比較，就明白這個炒作的金額有多大。

上至高官，下至錢莊行員，甚至販夫走卒，全都參與「全民炒股行動」，許多人投入畢生積蓄，還覺得買不夠，把衣服、首飾全都典當變賣現金，一股腦投入競購橡皮股票。

隨著股票市場發熱，連「投資書籍」都出現了，刊印《南洋一百二十二橡皮公司中西名目股份原值表說》和《上海橡樹公司一覽表》等書，這些書籍賣到缺貨，還得提前交錢購買預約券才買得到。

但上海的橡膠股票市場其實有相當多隱憂，首先，種植橡膠並非一蹴可幾，集資成立橡膠公司以後，再到東南亞買地、整地，就要一兩年的時間，而種植橡膠樹到小樹長大可以開始收成，又要六到八年的時間，如果真的打算持有橡膠股票直到公司開始實際生產獲利，那可以說是一種「長期投資」。

但如果這些同時設立的公司都真的投產，那麼到時，橡膠價格肯定會因為所有的橡膠樹都長到可以產出的樹齡，因而產量驟增，結果是市價崩跌。台灣的各種水果每過幾年就會發生這種類似的情況，想必不難想像。

真正有遠見的橡膠公司，早在一九〇〇年就預期汽車產業發展的需求而開始種樹，因此在一九〇九到一九一〇年價格正高時獲利豐厚，但一九一〇年之後，東南亞新的橡膠產能不斷開出，橡膠價格勢必走跌。

甚至，這些橡膠公司之中，有很多魚目混珠者，根本並不打算實際投資橡膠生產，只是想在股市狠撈一票，有的只是在東南亞買塊地就股票上市，有的連地都沒有，是徹頭徹尾的空殼公司。蘭格志拓植公司就正是這樣一家吹噓多於實質的公司。

但是，大部分搶購橡膠股票的人，只想在幾個月內快賺一筆，只要國際橡膠價格一直上漲，就會有人以更高的價格接手他們買的橡膠股票，至於公司到底什麼時候才真的投產、會不會賺錢，或是是否是空殼公司，他們一點都不在意。

這種情況，經歷過網際網路泡沫的我們應該還記憶猶新，當時網路股都以「本夢比」在交易，許多股價吹上天的公司，都還沒有獲利，或甚至根本沒有獲利的商業模式，更有無數假借網路之名，其實根本沒有任何實質創新的公司混於其中，股價竟也能跟著大漲。在金融史上，當一個金融市場走到這個地步的時候，就標誌著泡沫破裂的時候也近了。

## 筵席結束的時候

金融市場每當行情來到最高潮，也往往是反轉的時候到了。這點，如果有在台股萬點的時候買賣過台股的朋友，一定心有戚戚焉。

這件事，百年後的現代人或許會以為清末的人們不可能了解，那就大錯特錯了，前面提到過，梁啟超在後來曾經回憶並評論整個橡膠股票風潮，不過，梁啟超可不是後知後覺，早在一八九七年，也就是橡皮風潮的十幾年前，梁啟超在上海發表文章[6]，文中表示西方人把這種情形稱為「氣泡」，擴張到最大時，就是快要破滅的時候，很清楚的說明了金融泡沫的特質，梁啟超還在文中提到英國大科學家牛頓，在英國南海公司股票泡沫過程中，也忍不住跳下去當

6 梁啓超〈《史記・貨殖列傳》今義〉，發表於《時務報》：「西人論商務中此等情形，比之氣泡，謂其張至極大時，即將散之時也……西人富國之書斤斤以此為言，蓋謂苟國中人人盡明此理，則追風逐氣者不至舉國若狂，而氣泡不至屢張速散，而一國之群商亦可無受其牽累也。此有國者保商之道也。」

了炒家，最後損失二萬英鎊的慘痛教訓。梁啟超認為應引以為戒。

不過，一九一〇年的橡膠價格來到了歷史上的最高點，上海的橡膠股票熱潮也到了最頂點，炒作橡膠股票的人正欣喜於賺了無可計數的紙上富貴，哪會想到泡沫會崩潰的道理呢？

但是天底下沒有不散的筵席，也沒有不破的泡沫。

戳破泡沫總有那麼一根針，很諷刺的是，這根針與橡膠本身沒什麼關係，甚至與相關的輪胎或汽車產業也沒有太大關係。

這根針是在一八九〇年打造而成的，名叫《雪曼反托拉斯法案》（Sherman Anti-Trust Act），所謂「托拉斯」到底是什麼呢？其實英文原文只是「Trust」，也就是說「信託」的意思。

在清末民初的這段時間內，很多外來語是先繞到日本才進入中文，「Trust」到日本被翻譯為日文的片假名「トラスト」，唸起來就是「托拉斯多」，再被清末民初留學或流亡日本的知識份子如梁啟超等人以日本發音翻譯成中文[7]，結果就成了「托拉斯」這種不倫不類的奇怪翻譯。

但反托拉斯所要反對的並不是商業信託，而是反對壟斷市場的行為。這又

7 一九〇三年梁啓超赴美八個月，對美國的各方面做詳盡的觀察，他把心得寫成《新大陸遊記》一書，書中對美國政治、社會文化與經濟發展都有詳細的敘述，甚至詳細分析了「門羅主義」，更準確預言了美國的紐約在未來會取代倫敦成為世界金融中心。梁啓超相當重視美國的「托拉斯」現象，書中特別有一節詳細介紹「托拉斯」的概念、起源、發展過程及影響，是把「托拉斯」這個名詞引進中文的第一人。

怎麼會跟信託扯上關係？

原來在一八七九年的時候，俄亥俄州的標準石油公司（Standard Oil）為了迴避俄亥俄州禁止企業交叉持股以避免壟斷的法案，想到了一種創新的辦法，把想合併的公司股票用信託的方式，不直接持有，卻可以間接控制，達成單一壟斷的效果。有人鑽法律漏洞就會有正義之士挺身而出「補洞」，一八九〇年，俄亥俄州參議員約翰・雪曼（John Sherman）[8]提出了這個「反信託」法案，目標就是針對標準石油公司，不准他鑽法律漏洞。

雖然名為「反信託」，不過法案的宗旨是反壟斷行為，希望能確保企業之間互相競爭，藉此保護消費者，也就是說這個法案本來就有點名不符實，不過後來「信託」經過前面提過的重重翻譯，變成了「托拉斯」，與原本的「信託」兩個詞分開，於是「托拉斯」在中文中也就順理成章的成為代表企業獨占或壟斷的詞彙，這結果可說是誤打誤撞了。

言歸正傳，可想而知，這個法案一定會受到財團百般阻撓，結果法案出爐後一直被擱置，第一次使用已經是四年後，而且對象竟然不是原本的目標標準石油公司，甚至也不是用來對付企業，而是用來對付美國鐵路同業工會的

[8] 這位約翰・雪曼，他的二哥正是美國南北戰爭中大名鼎鼎，將亞特蘭大城燒掉的雪曼將軍，後來美國在二次世界大戰時的主力戰車，就以雪曼將軍的姓氏為名；而他的小弟是一位銀行家，創辦愛荷華公正人壽保險公司（the Equitable Life Insurance Company of Iowa），這家保險公司於一九九七年併入ING金融集團。

罷工。[9]

到了一九一〇年三月，雪曼反托拉斯法才終於用來對付它原本的目標：標準石油公司，這起案件開庭審理的過程一波三折，一直拖到隔年一月還重新開庭，最後到一九一一年五月才真正定案。

雪曼反托拉斯法經過重重困難才達成原來的目標，但這把尚方寶劍終於被拔出來指向壟斷的財團與企業，卻造成了一陣大恐慌。炒作公司股票時，往往挪用公司資金護盤以「鎖定籌碼」，而炒作實物期貨，譬如說橡膠就是其中之一，往往也是由「多頭」聯手壟斷市場上所有的貨源，藉以「軋空」，來拉高價格，這些行為當然也都是「托拉斯」，於是雪曼反托拉斯法一出，真是個人人如驚弓之鳥，趕緊賣出溜之大吉為妙，結果不但標準石油公司相關的股票應聲大跌，整個美國金融市場都受到震撼，在一九一〇年到一九一一年造成了一場小型的美國金融衰退。

被炒作到史上最高點的橡膠現貨與期貨價格，因此在一九一〇年七月大反轉，國際橡膠價格崩潰，七月底跌到九先令三便士，很快再跌回六先令，橡膠公司的「本夢比」破滅了。

9 一八九三年美國因鐵路投資過度引起金融崩潰，一八九四年，製造火車車廂的普曼公司（Pullman Palace Car Company）因業務萎縮而打算減薪，美國鐵路同業工會的工人為了聲援普曼工人，抗議減薪而發起大罷工，美國總統克里夫蘭以影響到郵政為藉口，引用雪曼反托拉斯法，派兵鎮壓罷工。事後為了討好勞工，克里夫蘭總統把勞動節定為美國的國定假日，美國勞動節為九月的第一個星期一，與世界大多數地區的五月一日不同。

那橡膠股票呢？當然是馬上「㪷塞」，上海股票交易所的橡膠股票直接停止交易，一直到一九一一年初才恢復交易，但每天「無量下跌」——就是只有賣盤，沒有買盤——到一九一一年七月，買盤才開始出現，買盤報價每股四兩，真是個「腰斬再腰斬再腰斬」。

所有直接間接投機橡膠股票的炒家哀鴻遍野，正元、兆康、謙餘三家錢莊共損失五百萬兩，當場倒閉，而他們一倒，被他們借錢的森源、元豐、會大、協豐、晉大五家也只好跟著倒閉，就像是「雷曼債」事件[10]，正當骨牌連鎖效應要發動時，有人出手了！

## 蔡乃煌救市

在美國經濟泡沫崩潰時，負責出手救市的是通稱為「Ｆｅｄ」的聯邦準備理事會，簡稱聯準會。美國的聯準會是因應美國一九〇七年金融風暴的教訓，為了避免類似的銀行連鎖倒閉危機再度發生，於一九一三年設立的，聯準會成立時滿清都已經滅亡了，大清帝國當然沒有這種機構，也無從學習起。

那麼，出手救市的是誰呢？這個古代的「聯準會主席」正是袁世凱手下

10 編按：一八五〇年創辦的「雷曼兄弟控股公司」（Lehman Brothers Holdings Inc.）曾是全美第四大的銀行，同時也經辦美國國庫債券的交易。雷曼對外發行高風險高獲利的債券，二〇〇八年中，因次級房貸風暴影響，承受不住巨幅虧損，旋即於二〇〇八年九月十五日宣布破產，負債高達六千一百三十億美元，受牽連的受災戶廣布全球。

——上海道台蔡乃煌，當時中國的其他地區都還是傳統錢莊，上海卻是超越時代的國際金融中心，但是蔡乃煌卻能理解這個金融危機的本質，並在第一時間出手阻止，動作比現代的美國聯準會主席伯南克還要快速精準，實在是超時代的一流人才。袁世凱有手下如此，怪不得辛亥年中外一致認為只有他才能主持中國。

說起這個蔡乃煌，也是清末時代劇變中很經典的一位複雜人物，他年輕時是廣東文壇「四大金剛」[11]之一，時常替人當科舉槍手，屢次代考，錄取率竟高達百分之百。後來成為唐景崧的部下，一八九四年唐景崧升任臺灣布政使、署理臺灣巡撫，蔡乃煌也跟著來到了台灣，算是與台灣有些淵源，不過隨著甲午戰敗，清廷割讓臺灣，蔡乃煌對台灣毫無留戀，竟然捲走公款潛逃，溜回中國另謀發展。

落魄中的蔡乃煌怎麼翻身呢？他透過「打詩鐘」得到了張之洞的賞識，打詩鐘是清末文人聚會時所玩的遊戲，玩法是隨機抽出兩個字，規定要用在一首詩的第幾個字，在時間限制以內，以這樣的條件完成一首詩，然後比誰寫得好，可說是古代版的腦筋急轉彎。

11 編按：清末民初廣東文壇的「四大金剛」：劉學詢（一八五五—一九三五）、蔡乃煌（一八六一—一九一六）、鍾榮光（一八六六—一九四二）、江孔殷（一八六四—一九五二）。

身為代考高手的蔡乃煌對這個遊戲駕輕就熟，深得張之洞喜愛，他把蔡乃煌介紹給袁世凱，袁世凱賣張之洞面子，竟然就幫蔡乃煌在上海道找了個工作——所以各位家長別覺得小孩「玩物喪志」，搞不好哪天就是因為什麼微不足道興趣而結識了一輩子的貴人呢！

蔡乃煌之所以能升為上海道台的過程也很讓人絕倒，一九〇七年清廷發生了「丁未政潮」，袁世凱遭到政敵瞿鴻禨與岑春煊聯手政治鬥爭，袁世凱一時居於下風，蔡乃煌在上海找了相館，以暗房合成技術偽造出岑春煊與康有為狀似親密的合照照片，慈禧因為戊戌政變的關係，生平最痛恨康有為，見到合成照片「鐵證如山」，大怒之下將岑春煊罷歸，袁世凱終於大獲全勝。

蔡乃煌可說是為政治目的偽造照片的始祖，在立下這樣的大功之後，一九〇八年在袁世凱的力挺下升任為上海道台。現代電腦影像處理軟體很發達，許多人都用影像處理軟體合成出一些趣味照片，自娛娛人，但恐怕沒想到「修圖」竟然還能升官發財吧？

不過蔡乃煌的能力可不只在限時寫詩與偽造照片這種雞鳴狗盜事項上，他對上海的金融與實業都有相當深入的了解，在橡皮風波發生後，他馬上明白事態的嚴重性，不過蔡乃煌沒有現代聯準會的權力，他必須上奏才能行動，於是他立即和上海商務總會會長周金箴，乘專車趕到江寧去見兩江總督張人駿與江蘇巡撫程德全，請張人駿轉奏朝廷。

七月二十七日，朝廷批准向外國銀行緊急借款，八月四日，蔡乃煌與匯豐、麥加利、德華、道勝、正金、東方匯理、花旗、荷蘭、華比九家外國銀行簽訂「維持上海市面借款合同」，借款三百五十萬兩白銀，以其中的一百四十萬兩代替倒閉的正元集團歸還欠款，其餘兩百一十萬兩則存放於規模最大的兩家龍頭錢莊源豐潤與義善源，再緊急自上海官銀撥出三百萬兩，也存放於源豐潤和義善源及所屬的各分支莊號，以穩定這兩大金融機構，一時間就把這個四千五百萬兩規模的大爆炸給鎮壓住了。

當時中國全國的金融體系中，最具領袖地位的就是源豐潤和義善源兩家，它們可以不依靠外國銀行的拆款而稱雄，主要就是因為背後有上海道官銀的支持，上海官銀約有六成存於源豐潤體系，四成存於義善源體系。只要這兩家支柱穩定下來，上海就不會發生抽銀根、擠兌等金融風暴，蔡乃煌救市直指要害，可說是對市場了解甚深。

但是，因為《辛丑條約》的庚子賠款，滿清每年都會提撥上海海關關稅稅款「滬關庫款」用來償還賠款，滬關庫款歷來由上海道台經手，蔡乃煌提撥的上海官銀之中就有當年要還款的滬關庫款一百九十萬兩，這意外成了問題的引爆點。

兩個月後，一九一〇年九月，滿清政府按照慣例要繳賠款了，於是要上海道從源豐潤、義善源等莊號提取一百九十萬兩滬關庫款來付賠款。

這蔡乃煌雖然自己很懂市場，但是上海市場太超越時代，朝廷裡的官員根本搞不清楚狀況，蔡乃煌一聽到要從源豐潤、義善源提款，簡直是在好不容易補起來的洞上面戳，心想這下要糟，連忙上奏朝廷，請求暫時不要從源豐潤等錢莊中提錢，改先由大清銀行撥款兩百萬兩銀子墊付。

源豐潤發行的銀票

義善源發行的銀票

不幸的是，中央官員度支部侍郎——侍郎相當於副部長——陳邦瑞不但搞不清楚狀況，而且他平時就跟蔡乃煌有舊怨，蔡乃煌的靠山袁世凱又已經於一九〇九年一月「足疾」退隱[12]，陳邦瑞趁機進行政治鬥爭，由於上海歸江蘇省管轄，陳邦瑞就指使江蘇巡撫上奏彈劾蔡乃煌，指控他：「妄稱市面恐慌，恫嚇政府，不顧朝廷顏面，拖付庚款。」清廷立即將蔡乃煌革職。

蔡乃煌知道事態嚴重，即使被革職了，還是再次急電軍機處，要求寬限時日，一再說明絕對不可以從源豐潤等錢莊急提滬關庫款。

不料軍機處仍然認為他是「恫嚇政府」，下旨嚴厲斥責蔡乃煌，還限令兩個月內交割完畢，蔡乃煌只好向源豐潤和義善源急提兩百多萬兩，十月七日，外國銀行宣布拒收二十一家上海錢莊的莊票，市場資金鏈已經很緊張，蔡乃煌一提款之下，果然源豐潤應聲倒閉。

源豐潤是全中國金融業的龍頭，一垮下去，六家大型銀號也跟著一命歸西，外國銀行見狀連忙開始停止拆款，並急著追討欠款，「雨天收傘」抽銀根幅度達六百萬兩，這時候度支部才連忙發電報命令大清銀行緊急調運一百萬兩白銀到上海，又在十二月十一日以江蘇鹽厘擔保向滙豐、德華、東方滙理三外

12 一九〇八年十一月光緒帝與慈禧太后與相繼過世，宣統帝繼位，以光緒帝之弟載灃為攝政王，袁世凱本為軍機大臣，於慈禧死後五十七日遭載灃下令以「足疾」為由解任一切官職回到故鄉隱居。

銀借款三百萬兩，哪裡填得上？一九一一年初又有三十家錢莊倒閉，這下子，義善源也搖搖欲墜了。

## 盛宣懷的黑

當時義善源的大股東李經楚是李鴻章的侄子，同時任郵傳部右侍郎、交通銀行總理，而交通銀行幫理是袁世凱的親信梁士詒，熟人好說話，李經楚於是從交通銀行緊急借款兩百八十七萬兩，暫時保住義善源。

不幸的是，一九一一年初袁世凱的死對頭盛宣懷就任郵傳部尚書，為了打擊袁世凱安插在交通銀行的梁士詒，以查帳為政治鬥爭手段，李經楚只好立即歸還義善源從交通銀行拆借的款項，一提款之下，上海義善源總號帳面上現銀只剩下七千兩，義善源總號經理丁維藩試圖利用股票為抵押，向新任的上海道台劉燕冀借款十萬兩急調頭寸，竟被回絕，隔日，義善源開不了門只能倒閉，負債一千四百萬兩。

源豐潤、義善源分號遍布全國，往來莊號之多簡直難以計算，它們一倒閉，使得北至營口、北京，南至廣州，西至重慶，全國各大商業工業城市金融全面崩潰，上海本身的九十一家錢莊倒了四十八家，南京、鎮江、揚州、蘇州、杭州、寧波六大經濟重鎮倒閉了十八家著名錢莊和票號，骨牌效應下，接著除蘇州以外的五大城市民間金融全數滅絕。天津也有多家銀號倒閉，還牽連布莊，洋行帳房，連經收海關稅款三十年之久的裕豐官銀號也不能倖免。

可以想像，接下來全中國的工商業陷入一片蕭條，金融界一片混亂，許多產業遭到波及，政府的財政也大受影響。

談到此，或許各位會覺得有些疑惑，盛宣懷身為清末最知名的「官商」，從輪船招商局出身，精通洋務，對金融危機的可怕應該不至於沒有了解，怎麼會在這個節骨眼，還故意擴大危機呢？

或許是盛宣懷低估了這次危機的嚴重性，說起來，這並不是清末第一次發生金融危機。早在一八七二年，上海就曾經發生股市崩潰，滙豐銀行等外資銀行拒絕提供貸款，導致茶莊之間資金借貸鍊斷裂，連帶波及錢莊系統，最後江浙一帶倒閉了五十幾家錢莊。

而一八八三年時，滿清經歷了一次更嚴重的金融風暴，而這次風暴，盛宣懷肯定記憶猶新，因為他不但親身參與，還藉由這次風暴擊垮了畢生的對手胡雪巖。

當時，由於清法戰爭危機，上海房地產大跌，大手筆炒作房地產的徐潤，一時周轉不靈，徐潤與股東們本來還想找盛宣懷出錢解救，誰料到這根本是「請鬼開藥單」，盛宣懷不幫忙就算了，還趁機揭發徐潤挪用輪船招商局的公款投機房地產，徐潤因而遭招商局革職查辦，所有房地產只能賤售以賠償公款。

由於輪船招商局有股票上市，本是上海股市中本地公司的「績優股」，資金被挪用的負面消息傳出之後，上海股市暴跌，招商局股票、開平煤礦股票從每股兩百五十兩，腰斬再腰斬，跌到七十幾兩。

戰爭的心理影響、房地產崩跌，加上股市崩潰，使得上海市場上銀根極為緊縮，胡雪巖旗下的錢莊深受影響，當時胡雪巖的資金積壓兩千萬兩於蠶絲炒作之中，更成為他的致命傷，盛宣懷在李鴻章授意下，以電報居間聯絡，阻撓胡雪巖出售蠶絲變現，再配合李鴻章指使身兼江蘇省蘇松太道與江海關道的邵友濂，拖延支付胡雪巖墊付的西征餉款，讓胡雪巖無可周轉，盛宣懷再發動手下前往胡雪巖的錢莊擠兌，並散布謠言，造成恐慌，使得胡雪巖的阜康錢莊一一倒閉，一八八四年，胡雪巖破產，在次年鬱鬱而死。

這兩次金融危機，都沒有動搖滿清的國本，後來上海還是再次欣欣向榮，而盛宣懷在第二次金融危機的過程中，從輪船招商局中鏟除了徐潤，又消滅了胡雪巖，從此盛宣懷成為清末第一官商。有這樣的經歷，也難怪盛宣懷把金融危機當成打擊異己的大好時機，而絲毫沒有顧慮這麼做的危險性。

然而，盛宣懷萬萬沒想到，這次的金融危機卻與前兩次不同，這次的危機竟然引爆鐵路產業，進而引發「保路運動」，成了燎原之勢，最後結束了滿清的統治。而之所以會如此，又正是盛宣懷自己一手造成的。

這中間的過程到底是如何？在此且賣個關子，留待下幾個章節詳述。

我們先回到太平洋另一端的美國，橡膠價格飆漲的始作俑者：亨利．福特的T型車後來又如何了呢？

一九一三年，福特想到把T型車的生產流程改為動態的生產線，也就是說由一條輸送帶把零件依序帶到工人面前，工人在原地不動，不停的組裝面前的零件，每個工人只做一個步驟，做好後往後由下個工人接手下一個步驟，這就是後來幾乎所有工廠生產線製造流程的基礎，也是福特T型車為人類帶來的最大貢獻。

在引進生產線以後，T型車的生產成本大為降低，售價從一九〇八年時的一輛八百二十五美元一路下降，到一九一六年已經降至三百六十美元，不到原本的一半，銷售也跟著一飛沖天，一九一四年售出二十五萬台，一九一六年售出四十七萬兩千台，到了一九一八年，福特T型車攻佔了一半的美國汽車市場，生產線一直延續到一九二七年，最後總共製造了一千五百萬輛之多。

美國汽車市場也的確出現爆炸性的成長，從一九一〇年的五十萬台，至一九一七年，成長至四百八十萬台，將近十倍，到一九二七年突破兩千萬台。[13]

當然，橡膠的用量也跟著激增，隨著第一次世界大戰開打，橡膠的用途更加拓展，固特異在第一次世界大戰期間，總共製造了一千個軍事氣球、六十架飛船、七十一萬五千具防毒面具、四百七十五萬個軍用零件（如輪胎氣閥等），輪胎生產量從一九一六年的一天兩百五十條，在第一次世界大戰時激增到一天四千條。

不過，隨著東南亞的橡膠園大量生產，橡膠價格始終沒有回到一九〇九、一九一〇年的價位，一九二〇年代，英國試圖控制產量，將橡膠價格再度拉高，卻因為荷蘭人趁機在荷屬殖民地大量生產而又告下跌。

13

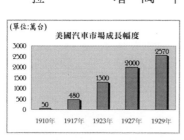

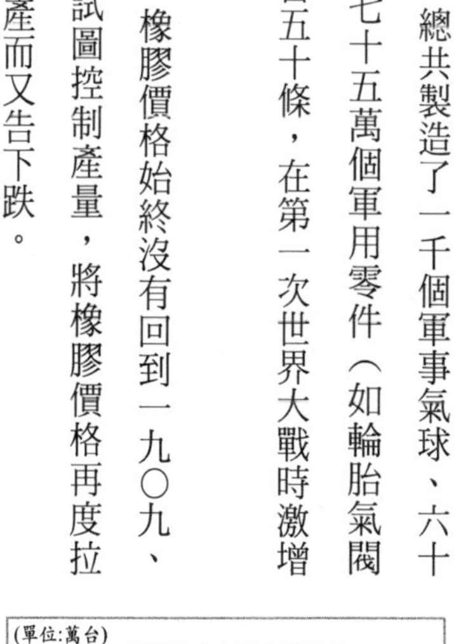

而這些都是後來的事了，一九一二年二月十二日，清廷發布《宣統帝退位詔書》，福特都還沒為T型車引進生產線時，滿清已經一命嗚呼。

## 鐵路推翻了滿清

以往，談到英國工業革命，總以「瓦特發明蒸汽機」為代表，還有「科學家小故事」說：瓦特因為看到水壺的水開了，推動壺蓋，所以想到要發明蒸汽機。不過，瓦特並未發明蒸汽機，這怎麼說呢？

早在一七一二年，就已經有湯瑪斯・紐科門（Thomas Newcomen）製作出第一台實用的蒸汽機[14]，即紐科門蒸汽機，用於礦坑抽水。紐科門蒸汽機深受英國各地的積水礦坑歡迎，到了一七二九年紐科門過世時，他已經賣出超過一百具蒸汽機，而瓦特此時尚未出生呢！[15]

各位可能會質疑：就算紐科門蒸汽機發明在前，若是瓦特並不知道，而獨自發明出瓦特蒸汽機，那麼也算是發明蒸汽機啊！

但瓦特真的見過紐科門蒸汽機，不但見過，還修過。

原來，瓦特當年專門為蘇格蘭的格拉斯哥大學（University of Glasgow）修理機器與儀器，一七六三年，格拉斯哥大學裡的一台紐科門蒸汽機壞掉了，

[14] 在紐科門以前，最早約於一六〇〇年左右，就已經有許多研究者打造出一些小型蒸汽機的原型機，用來製造人工噴泉；而一六九八年英國發明家湯瑪斯・薩佛伊（Thomas Savery）發表了蒸汽抽水機的設計，並申請專利，後來紐科門發明紐科門蒸汽機的時候，薩佛伊的專利尚未過期，使得紐科門必須付出專利費用。

[15] 瓦特生於西元一七三六年。

請瓦特來修理，瓦特雖然修好了，卻還是覺得那台蒸汽機相當耗煤，出力又不足，瓦特發現這是因為紐科門蒸汽機有一些設計上的缺點，改進之後，就成了瓦特蒸汽機[16]。

也就是說，瓦特蒸汽機貨真價實的是由紐科門蒸汽機演變而來。我想，應該說瓦特改良了蒸汽機，而不能說發明了蒸汽機，而瓦特因為看到水壺的水開了而發明蒸汽機的「科學家小故事」更不可能是真的。

這是題外話了，談這些離題的故事，只是想提一下，許多流傳甚廣的說法，其實是以訛傳訛，並沒有真實性。

不僅瓦特沒有發明蒸汽機，甚至，論起工業革命對英國，或全人類文明的影響，蒸汽機也並不是最重要的因素。

已故的管理學大師彼得‧杜拉克（Peter Ferdinand Drucker）就認為：蒸汽機只是「革命的象徵」，而鐵路，才是「工業革命中真正革命性的因素」。

不只是現代的學者這麼說，一八三八年，柏林到波茨坦的鐵路通車，通車典禮上，普魯士國王威廉四世（Friedrich Wilhelm IV）就認為鐵路將「終結人類的貧窮」。

16 蒸汽機的原理是當水沸騰成蒸汽時，體積會增為兩千倍，可產生強大的力量推動機械。紐科門蒸汽機在同一個汽缸中注入與冷凝蒸汽，所以會浪費熱能在使槽體反覆加熱與冷卻上，瓦特將冷凝器與氣缸分離，因此可以節省能源，同樣的工作量下，瓦特蒸汽機所需煤炭大約僅需紐科門蒸汽機的三分之一。

鐵路這一個促進人類文明進步的重要因素，被認為會終結貧窮的美好發明，卻怎麼會成為一個王朝滅亡的因素呢？

且賣個關子，讓我們先回到十九世紀初，來到地球另一頭的英國。

## 民營鐵路的泡沫之旅

生活在鐵公路交通發達的現代，搭乘電氣化列車，或許有點難以想像十八、十九世紀，駛著蒸汽火車的鐵路，對人類有多麼巨大的影響。

現在各國的鐵路公司，包括台灣的台鐵在內，偶爾會把舊有的蒸汽火車頭翻修，在一些特別的日子提供搭乘蒸汽火車的懷舊之旅，若有幸能搭上蒸汽列車，體驗噴著白煙的火車緩緩而行的悠閒模樣，實在是很難得的經驗。

不過在十九世紀當年，蒸汽火車在鐵路上行駛的速度，對當時的人來說已經是「飛快」，「快」到當時有許多人杞人憂天，認為火車的速度太快，會讓人七孔流血，或甚至分解為原子。這些顧慮在我們看來簡直是可笑，不過這反應出了當時人對火車速度的看法。

當年的蒸汽火車，比馬車快了一倍；而用來運貨的成本，則節省了三分之二，於是，鐵路促進工商業發達，形成了國家市場，促成了民族國家，也成為國家戰略上的重要角色。

許多學者都將當年的鐵路與現代的網路相提並論，我們覺得網路讓我們「天涯若比鄰」，能第一時間與全世界聯繫，大大開展了我們的視野；當年的鐵路也起了同樣的影響，原本人們要從一個地區到下一個地區，就有如今日我們要出國一樣困難，鐵路建設打破了區域的隔閡，更拓展了人類的視野，從此人類看世界的角度大不相同了。

令人意外的是，蒸汽火車頭這麼重要的發明，卻這麼晚才出現。「這麼晚」是怎麼說呢？

前面提到，一七一二年紐科門發明了紐科門蒸汽機，瓦特花了十幾年的光陰改良，一七七六年，瓦特打造出第一台商用瓦特蒸汽機，九年後蒸汽機就應用於棉紡，卻一直到一八〇四年，蒸汽機火車頭才第一次在鐵路上試車[17]，而第一具商業上實用的蒸汽火車頭，則到一八二五年[18]才行駛於英國斯托克頓（Stockton）與達令敦（Darlington）之間的鐵軌上。

也就是說，從第一台商用蒸汽機到第一條商用蒸汽火車頭行駛於商用鐵路

[17] 一八〇四年，理查・特維夕克（Richard Trevithick）將一台他製作的蒸汽打鐵機改裝為蒸汽火車頭，在一次打賭中，這台蒸汽火車頭於威爾斯的一條礦坑鐵道上拉動十噸鐵、五輛車，以及七十名乘客，以四個小時又五分鐘行駛完全程，共十六公里，雖然不是正式商業營運，但可說是蒸汽火車頭運用在鐵路運輸之始。

[18] 羅勃・史帝文生（Robert Stephenson）在一八二五年打造蒸汽火車頭「火車頭一號」（Locomotion No.1），在英國斯托克頓（Stockton）與達令敦（Darlington）之間的鐵路上，拉動載客車廂行駛，時速約十三公里，是世界第一條載客鐵路。

上，花了一百一十三年的時間，發展的速度可說是蝸速。

但在此之後，僅僅二十五年，地球上鋪設了四萬公里的鐵路，再過三十年，又增加到三十八萬公里，簡直是飛速成長，這是怎麼回事呢？

前面提到許多人認為工業革命時代的鐵路，與資訊革命時代的網路，有許多相似之處，提示到此，聰明的各位一定已經想到了「網路泡沫」，的確，當年的鐵路與兩千年以前的網路一樣，很快成為投資的熱門焦點。

一八二五年第一條商用鐵路開始營運，馬上就引起了投資人的注意，不過英國於一八二五年四月才剛經歷股市泡沫崩盤，到十二月時演變為金融危機[19]，於是才剛萌芽的鐵路熱也就暫時冷卻，六年後，鐵路投資熱正式啟動，接下來，鐵路所帶來的，不是人類的幸福，反而是一連串的金融崩潰史。

在英國，因為鐵路投資泡沫，在一八四七年爆發金融危機，並且很快蔓延到全歐洲，僅僅過了十年又重蹈覆轍，沒想到有一就有二，有二就有三，鐵路投資泡沫繼續吹漲，到了一八六六年，因為批發銀行[20]歐維倫古內銀行（Overend, Gurney and Company）投資鐵路等長期投資過高，造成現金流量不足而倒閉，引發了英國一八六六年金融崩潰，這次金融風暴還延燒到香港，使

19 一八一五年拿破崙戰爭結束後，英格蘭銀行實行了好一陣子的緊縮政策，以恢復黃金存底，在一八二一年終於恢復黃金兌換，在緊縮政策結束，加上戰後需求回升，以及南美洲的新需求，使英國出口激增，投資也大增，股市一片榮景，但景氣也讓許多銀行掉以輕心，過度貸款，於是，在一八二五年四月發生股市崩盤以後，許多英國銀行接連倒閉，於十二月與一八二六年初造成經濟大蕭條。

20 「批發銀行」指的是以大型企業、組織或是其他銀行為服務對象的金融機構，又稱為「銀行的銀行」。

得香港在一八六七年體驗了第一次金融崩潰的滋味。

英國投資在鐵路上的金額，以最後一次崩潰前而言，在一八六一年到一八六五年間，英國投資於新建鐵路的金額總共高達十九億英鎊之譜，這是一個什麼樣的數字呢？

後來甲午戰爭滿清戰敗，為了賠款及其他開支借了三筆外債，總值「僅」四千三百萬英鎊；而英國本身在一八五三到一八五六年間與帝俄開打的克里米亞戰爭，總共耗費六千九百三十萬英鎊。英國光是最後一次鐵路泡沫所花掉的錢，可以打上好幾十場戰爭。

英國連續三次被鐵路投機泡沫搞到金融崩潰，好像終於學到了教訓，不過大哲學家黑格爾有句名言：「歷史帶給人類最大的教訓就是，人類永遠不會從歷史學到教訓。」英國人學乖了，但同樣的戲碼在美國卻仍繼續演出。

一八五七年，正當英國第二次鐵路泡沫崩潰，美國華爾街也經歷了第一次大規模股市崩潰，其引爆點正是鐵路。當時俄亥俄壽險集團（Ohio Life Insurance & Trust Company）因過度投機鐵路股票而現金流量不足，在市場傳言下遭到擠兌，應聲倒閉，恐慌蔓延使得一天內有十八家銀行宣布止付，為了求取現金，銀行只能大舉拋售股票，造成股市崩盤，最後導致北美有五千家企業倒閉。其結果使得美國北方與南方對經濟事務上的歧見加深，間接引發一八六一年的美國南北戰爭。

南北戰爭之後，美國鐵路熱仍然繼續發燒，一八六六年到一八七三年之間，美國總共花費近十五億美元，鋪設九萬公里長的鐵路，美國各州政府認為蓋鐵路促進交通是好事，所以往往贈送鐵路沿線的土地給鐵路公司以獎勵投資，於是，這就成了炒作的題材：鐵路經過的地方，地價會翻上兩翻，鐵路公司就會賺大錢。

結果，到了一八七三年鐵路泡沫又引爆金融風暴，這回大蕭條持續到一八七九年[21]，不只美國受害，歐洲各國也都遭到波及。而這還不是美國的最後一次，二十年後的一八九三年經濟大恐慌也一樣是由鐵路公司破產起頭的。

許多學者都認為鐵路之於工業革命，有如網路之於資訊革命，不過，鐵路與網路最相像的一點，恐怕是它們都引起了金融泡沫。二〇〇〇年到二〇〇一年的網路泡沫崩潰，想必許多人還記憶猶新，然而網路泡沫就那麼一次，鐵路在英、美卻分別引起了三次金融泡沫崩潰。

21 此次國際性的長期蕭條除了美國投資鐵路過度以外，尚與國際金本位體系的建立有關。

英國不僅承擔經濟泡沫崩潰，還因為各鐵路公司各自為政導致許多路線重複或是商業價值低落，趕建出來的鐵路施工也往往十分粗糙；而美國的鐵路公司經營者為了拉高獲利以炒作股價，壓低成本到危險的程度，以至於出軌、鍋爐爆炸等意外頻傳。英國與美國的經驗顯示鐵路放任交由民營的下場並不理想。

在德國的前身普魯士，一開始鐵路也是開放民營，也一樣造成了鐵路投機狂潮，不過到了普法戰爭以後，鐵路在國防戰略上的重要性已經非常明顯，著名的「鐵血宰相」俾斯麥認為鐵路應該收歸國有，由於當時的投資人已經預見鐵路日後會虧損，樂於將股票賣給國家，因此國有化的過程十分順利。

而在法國、奧匈帝國，鐵路建設則以國有與少數特許的方式進行，並由著名的猶太金融世家羅斯柴爾德家族把持，也就沒有發生投機泡沫的鬧劇。

到了一八七〇年代，歐洲的鐵路建設已經差不多完成，只有起步較晚的美國還在大建鐵路，於是歐洲各國興建鐵路的興頭就轉向了開發中國家，其中自然包括了大清帝國，於是，清末第一官商盛宣懷，又要再度粉墨登場。

## 清廷失其路，天下共築之

清末最早開始對於鐵路的作用有所了解，是在鴉片戰爭前後，當時林則徐命人翻譯英國著作《世界地理大全》編集成《四洲志》，稍後將書稿交給好友魏源，增寫為《海國圖志》，初版於一八四三年刻印，後來魏源持續「更新」，最後寫了一百卷之多，「師夷之長技以制夷」這個主張，就出於《海國圖志》。同時代的徐繼畬，也根據他擔任福建巡撫以及代理閩浙總督時與外國人交流的經驗，於一八四九年寫成《瀛寰志略》，這兩本書中都提到鐵路的作用與影響力。

《海國圖志》也有誤解偏見之處，如魏源認為洋人會把華人的眼睛挖出來，用來把鉛煉成銀等等，在現在看來相當荒謬，不過古人民智未開，也就不足為奇了。無論如何，《海國圖志》在滿清沒有受到重視，反而流傳到日本，後來成為明治維新的重要參考書之一。

而最早提出修建鐵路想法的，卻是太平天國的「干王」洪仁玕，他於一八五九年撰寫《資政新篇》主張建造鐵路「以為全國之脈絡，通則無病焉」，隨著太平天國的滅亡，他的主張也無疾而終。

至於實際提案，並著手建造鐵路，那得等到李鴻章的時代了。一八七四年台灣發生牡丹社事件，李鴻章驚覺日本的近代化發展將造成威脅，除了提議建立海軍，也認為興建鐵路有利於國防[22]，一八八〇年代，又以同樣的理由請奏建議修建多條鐵路，在朝中引起兩次大爭論。

在多方阻礙下，甲午戰爭之前，只修建了天津到山海關的唐胥鐵路，天津到大沽的津沽鐵路，以及關東鐵路和由劉銘傳——也是李鴻章淮軍系統人馬——主建的台灣鐵路。滿清在甲午戰爭前對修建鐵路意興闌珊，只有李鴻章在一頭熱。

不過甲午戰爭以後就不同了，甲午戰爭的結果讓清廷馬上了解李鴻章之前說破嘴也不聽的鐵路國防戰略重要性，明白鐵路建設有助於調動部隊、運送後勤補給，掌握戰場主動權，於是鐵路建設躍居國家建設的最重要事項之一，一八九六年，清廷設立了「南北鐵路總公司」，首任鐵路總辦大臣就是盛宣懷。

當時與發生橡皮泡沫的一九一〇年不同，大清帝國的工商實業尚未發達，民間資本不足，更別說缺乏興建鐵路所需的工業技術和管理人才，盛宣懷為

[22] 李鴻章於〈籌議海防折〉中表示：「中國南北洋濱海七省自須聯為一氣，方能呼應聯通。惟地段過長，事體繁重，一人精力斷難兼顧……有內地火車鐵路，屯兵於旁，聞警弛援，可以一日千數百里，則統帥當不致於誤事。」

了發展鐵路建設，採取借外債、與外國資本「合股官辦」築路的政策，用這樣的合作方式，盛宣懷利用了外國的資金、外國的技術，還有外國的人才，於一八九六年到一九〇四年間，總共興建鐵路一萬三千餘里。

不過依靠外國當然不是白吃的午餐，向外國貸款的條件，往往就是把鐵路的管理權、用人權、稽核權、購料權讓給外國借款公司，有時還加上鐵路附近的土地開發與開礦權也一起奉送，除了明文規定的部分，暗地裡的還要加上各種回扣、經紀費。借款合約上也規定，中方必須以整條鐵路產權作為抵押，如果到期不能還清本金、利息，外國可以把鐵路佔為己有。

另一方面，隨著甲午戰敗的國際情勢，西洋各國紛紛逼迫清廷訂約，取得在華建築鐵路的特權。甲午戰後，李鴻章說服俄、德、法干涉日本歸還遼東半島，清廷又為了籌集賠款，不得不向各國貸款，這些「服務」當然附有條件，一八九五年，清廷向帝俄與法國借了第一筆甲午賠款貸款，金額為四億法郎，貸款期限三十六年，這筆貸款的附帶條件就是要給予帝俄在東北，與法國在雲南的鐵路路權。[23]

當時的「有識之士」一看，包括了借款、施工和鐵路建成後的經理營運、

[23] 之後還有兩筆，一八九六年三月十四日清廷與英國、德國簽訂了第二筆甲午戰爭賠款貸款，金額為一千六百萬英鎊，其中八百五十萬英鎊為日軍駐紮威海衛的軍費，以關稅做為抵押。一八九七年，本來要向德國、法國、帝俄、比利時借第三筆甲午賠款貸款，但是法國與帝俄要求的權益太多，各國間彼此也無法妥協，於是到一八九八年，改向英國、德國貸款，金額一千六百萬英鎊，為期四十五年，貸款條件是讓德國佔領膠州灣，法國佔領湛江，俄國租借遼東半島，英國租借香港新界九十九年。

行政管理權等，明的暗的全都交給外國人，真是「利權流失」、「不平等條約」，民間紳商覺得鐵路有賺頭，應該要自己來撈一票，不要讓外國人賺走，而愛國份子則高呼要收回鐵路「以維國格」。

這些「有識之士」不曉得英國、美國因為搞鐵路而崩潰了好幾回，一八七〇年代中歐與東歐鐵路大王史特勞斯堡（Bethel Henry Strousberg）蓋了一輩子鐵路，最後也以破產收場——這也是俾斯麥之所以順利將德國鐵路國有化的原因，因為投資人發現鐵路並不是穩賺不賠，還很可能會營運後持續虧損，樂得交給政府去承擔。

不過我們也別嘲笑古人，百年以後，台灣要興建台灣高鐵時，許多政治人物甚至動用特權搶購高鐵股條，根本沒想到通車以後虧損累累，現代人都如此了，所以我們也沒什麼資格說百年前的人的閒話。

總之，在這樣的氣氛下，全中國開始掀起一股收回鐵路路權由中國人自己經營的風潮，首開風氣之先的是四川，一九〇三年，四川總督錫良上奏建議「鐵路商辦」，也就是說由中國民間集資來辦鐵路，不假外國人之手。

此時的形勢與甲午戰後的一八九六年不同，在庚子後新政之下，民間工商實業已經有初步發展，民間資本想找投資管道，躍躍欲試，於是從朝廷、商部、戶部、外務部到各省的紳商，均空前一致表示贊同，清廷允許募集商股，成立鐵路、礦務、工藝、農務等項公司。

同年，四川總督錫良奏請自辦川漢鐵路，並於次年成立了川漢鐵路公司。大門一開，打著「拒外債、廢成約、收路自辦」的口號，全國的士紳摩拳擦掌，把興辦鐵路看作一樁一本萬利的發財好機會，打算在建鐵路事業中大撈一筆。

這下子，在英國、美國已經分別燒過三次的鐵路投機泡沫，就要在大清帝國上演了。

## 橡皮炸掉了鐵路

說滿清的滅亡是因為「橡皮炸掉了鐵路」，這說法或許讓各位感到挺困惑：鐵路、橡皮，真是看起來八竿子打不著關係的兩回事，火車又沒有輪胎不是？更別說還因此推翻滿清了……不過事情往往就是「史實比小說還離奇」。

前頭提到，清末各省的紳商都摩拳擦掌要來投資鐵路，不過，要搞鐵路事業，他們還有一個障礙，那就是先前路權已經簽給了外國人，所以，第一步是必須收回先前已經給予外國公司的路權，才有辦法談投不投資的問題。

外國人當然不願意吐出路權，為此產生不少爭執，不過錢可以解決一切問題，一九〇四年，湖北、湖南、廣東省的紳民要求收回粵漢鐵路路權，張之洞聽從湖南士紳王先謙的建議，以「租股」、「米捐股」、「鹽捐股」、「房捐股」等地方稅來籌集資金，最後用高於原價近一倍，六百五十萬美元的巨資，買回美國合興公司發行的股票，贖回粵漢鐵路的修築權。

張之洞打響了第一砲，各省紛紛起而仿效，一九〇五年至一九〇八年，各省紳商競相「贖路」，爭取贖回了滬寧鐵路、蘇甬杭鐵路、廣九鐵路承辦權，收回鐵路成為一種社會運動，一九〇四年成立民辦鐵路公司的省份，竟有十三省之多，其中，四川、湖北、湖南、廣東四省不僅紳商、地主成了鐵路公司的股東，就連不少農民手中都有鐵路股票。

其中，「股權分布」最廣的當屬四川，前面提到湖南、湖北與廣東是庚子後新政下，民間實業發展僅次於江浙的地區，這幾省民間資本雄厚，湖南、湖北主要是紳商出資，而廣東則還有華僑集資，不過四川比較窮，紳商資本不如湖南、湖北，於是「租股」、「米捐股」、「鹽捐股」、「房捐股」所佔的比例就高了。

所謂「租股」，其實就是強迫中獎，對人民額外加稅，強迫以稅金入股，米捐、鹽捐、房捐意義也雷同，米捐股就是糧稅額外加稅入股，鹽捐股就是鹽稅額外加稅入股，房捐股就是依房地產額外加稅入股，這樣一來，全四川的人，不論是貧還是富，從士紳到每個販夫走卒，都有了一點鐵路股票，於是四川人都被綁在川漢鐵路這條船上，成了「命運共同體」。

不過，現代中國自建「動車」都會搞到撞車，當年的中國也一樣沒能力完全靠本國獨力經營鐵路事業，首先是資金就不足，一九〇九年郵傳部勘察各地自辦鐵路實況，發現川漢、西潼、洛潼、江西、安徽各條鐵路合計估算資金應為七千兩百萬兩，實際到位的資金卻只有一千三百一十萬兩，僅百分之十六・六。鐵路總里程為三千四百二十里，實際建成的才八十九里，僅百分之二・六。

資本籌不齊，建設率偏低也就算了，另一方面則是人謀不臧，當年的中國，挪用與虧空公款是常態，前面提到盛宣懷揭發徐潤挪用公款，但盛宣懷自己也一樣挪用，可說其實是官場與商場的慣例，徐潤被趁機鬥倒，只是「比較倒楣」。

鐵路公司也不例外，粵漢鐵路移交時，實收資本額為一千六百萬元，其中花費大約一千萬元，只鋪設了四十英里的鐵路，大部分的錢都上哪兒去了？當然是被層層貪污掉了，但這也不是中國的特例，當年美國鐵路公司虧空公款中飽私囊的例子也相當多，只能說天下烏鴉一般黑。

撇除貪污虧空問題不談，各鐵路公司缺乏管理人才，又各自為政，搞到路線都銜接不起來，就算能建成，恐怕也沒辦法營運。

這些鐵路公司資本已經不足，路線計畫缺乏專業，經營管理不善，又被虧空挪用，偏偏內憂外患一齊來，一九一〇到一九一一年間，適逢橡皮股票泡沫，把全國的錢莊都炸掉了，沒了借款的金融機構，要籌募新資金繼續營運就更加困難。

在股市泡沫時期，許多公司不把手頭的資金拿去實際投資產能，而是用來炒作股票，想靠在股市撈一票來美化獲利，川漢鐵路負責財務調度的施典章也有這個打算，他手握三百五十萬兩的現金，卻不在四川蓋鐵路，反而是坐鎮在上海，「彈性運用」這筆錢。

他委託「操盤」的對象，正是正元、兆康、謙餘錢莊的大股東陳逸卿，施典章手中的資金有兩百萬兩都交由陳逸卿「操盤」，前面提過，正元、兆康、謙餘三家錢莊正是投機橡膠股票最積極的三家錢莊，他們根本就是風暴的核心。

當橡皮股票泡沫一破，陳逸卿很快被捕，雖然他是被關押在租界比較文明的法院，沒有遭「滿清十大酷刑」，不過他還是承受不了破產的壓力，服毒自殺身亡。

施典章本人也在稍後被捕，此案由攝政王載灃親自批示偵辦，但查出來只是一團爛帳，施典章除了在三家錢莊違規存款以外，還被指控有侵吞公款，虛報開銷等等情事，不過不論如何，川漢鐵路的三百五十萬兩是一去不復返了。

像川漢鐵路這樣，自己的股款拿去炒作橡皮股票，想賺些「業外收益」的鐵路公司，如今股款都跟著橡皮泡沫一起炸掉了，雪上加霜的是，許多鐵路公司雖未參與炒作，但存款存在錢莊中，在錢莊倒閉時也跟著沒了，結果橡皮投機就這樣把鐵路投機給炸垮。

這時，清末最懂鐵路的盛宣懷出馬收拾殘局了。

## 盛宣懷的白

說起盛宣懷這個清末赫赫有名的第一官商，很多朋友可能會覺得很奇怪，既然人稱第一官商，理當很有影響力，在清末歷史中應該會佔很大的篇幅才對，怎麼歷史課本裡頭一個字都不提呢？

盛宣懷對清末歷史當然有巨大的影響力，也的確是一定要提的人物，只是如果一寫了他，大家就知道原來是盛宣懷「搞爆」滿清，那革命黨人不就情何以堪了？

前面提到盛宣懷發動黑心的政治鬥爭逼垮了義善源錢莊，這是一九一一年三月的事，兩個月後，一九一一年五月，有鑒於全國鐵路興建狀況一團糟，盛宣懷再度風風火火的登場，準備改革鐵路，不過這次倒是出於一片好心[24]，他審視全國民辦鐵路的情況，得到一個結論，就是只有完全「砍掉重練」才有得救，於是他決定宣布「鐵路幹線國有政策」，把鐵路強行重新收歸國有，再回到借洋債建築鐵路的老辦法。

盛宣懷一生值得爭議的事相當多，然而，鐵路國有化倒是一個正確的政策，以當時歐美各國建設鐵路的經驗來看，德國的國有化是比較理想的方向，

24 盛宣懷此一政策固然也有私利的成分在內，例如借外債可得回扣、統一鐵軌規格可為漢冶萍鐵廠解套等；但以國有化本身來說，仍是正確的政策。

而德國在鐵路國有化的過程中，也沒有什麼太大的爭議。

甚至滿清垮台以後的民國，也仍然繼續進行鐵路國有政策，其辦法與盛宣懷所要做的大同小異，並沒有發生什麼危機。包括孫文的鐵路建設計畫，也一樣是想抵押路權借外債來蓋鐵路，但沒有任何人因此指責孫文。

但是，從盛宣懷的一生來看，他的國有化主張就很有矛盾之處。盛宣懷的事業起點是「官督商辦」的輪船招商局，所謂「官督商辦」，簡化來說就是現在所謂的「ＢＯＴ」，在輪船招商局帶頭下，清末建立起一系列的「官督商辦」企業，包括原本是官辦，後來因資金短缺改為「官督商辦」的電報總局在內。

清廷內部對於這樣的企業一直有雜音，「三不五時」就有人上奏要將輪船招商局收歸國有，但都被李鴻章給擋下了，盛宣懷身為督辦，又擁有相當多股份，當然也是站在反對國有化的一方，後來袁世凱把輪船招商局強行國有化，待袁世凱下台後，盛宣懷又把輪船招商局完全民營化，設立董事會，這是一九〇九年八月的事。

才過一年多，換到鐵路上頭，盛宣懷就說鐵路要國有化。輪船搞民營化，鐵路搞國有化，這實在說不過去，怪不得無法讓人信服。

另一方面，盛宣懷這次國有化計畫以前，清廷對國有化政策就已經有過反反覆覆的不良記錄，清廷一九〇三年才說允許民間自辦鐵路，到了一九〇八年，卻任命當時已經是軍機大臣的張之洞擔任粵漢鐵路督辦大臣，兼督湖北境內部分的川漢鐵路，想實質上以官方力量控制鐵路，此舉當然遭到地方紳商強烈反對，結果清廷退讓了，於一九〇九年及一九一〇年初，先後准許粵漢、川漢鐵路民辦。

才剛准予民辦，才過了一年多，又在盛宣懷的主張下宣布鐵路國有政策，簡直是「裝孝維」，地方人士當然無法接受，甚至有不少人懷疑清廷是故意要欺騙百姓的血汗錢。

滿清之所以如此，除了鐵路本身的問題以外，還有其他不得已的困境。

八國聯軍之後，滿清每年需賠付鉅額《辛丑條約》賠款，地方也要一起分攤，使得全國財政相當困難，除了各種增稅以外，還想了許多旁門左道來弄錢，例如各省都以「善後籌款」的名義辦起了彩券，彩券大省如湖北省，收入不但可用來還賠款，還能支應全省一半的財政支出，後來不只省辦彩券，連州、縣都辦起了非法彩券，甚至民間的學校、企業都辦彩券，泛濫成災的結果，於一九一〇年清廷明令全數禁止。

這下彩券這個財源沒了，不過地方還有個弄錢的辦法，就是直接「印鈔票」，當年使用的不是紙鈔，而是銀兩和銅錢，原本銅錢就像古裝戲裡頭一樣中間有個洞——這個方形的洞就是「孔方兄」一詞的來源——後來清末引進機器壓製銅幣，如果壓鑄完成中間還要打洞，多了一道工序，不僅成本提高，技術門檻也提高，於是乾脆就不打洞了，成為跟外國一樣的完整硬幣，稱之為「銅圓」。

各省「印鈔票」就是壓鑄可大量生產的銅圓，鑄好以後拼命花用，外流到鄰省，結果各省還祭出保護措施，想辦法要禁止別省的銅圓流入，搞得天下大亂，一九〇八年時，清廷為了中止亂象，一度限令停鑄，結果各省反而在限期之前大舉瘋狂趕鑄。一九〇七年，湖北的三個鑄幣廠獲利達五百五十六萬兩，可說是不無小補。

各省這樣濫鑄銅錢，造成嚴重的銅錢通貨膨脹，民生物價，尤其是米價持續攀升，一九〇九年十二月，湖州府發生農民抵制政府徵收漕糧[25]的「鬧漕」

25 中國各朝由大運河沿線的江蘇、浙江、江西、安徽、湖南、湖北、山東、河南省徵收糧食，經大運河的漕運輸送往首都，稱之為「漕糧」，到清末，由於以輪船海運成本更低，因此雖然仍稱為「漕糧」，實際上已經不用大運河漕運運送，而是以輪船海運，民國以後不再徵收糧食，改為收取稅金，因此「漕糧」一詞就完全名存實亡了。

事件，一九一〇年二月，上海米價高漲使得上海道台下令禁止囤積，緊接著，三月，湖南長沙以及江蘇省各地都發生「搶米運動」。

大清帝國的經濟面臨雙重危機，一方面因為金融泡沫崩潰、民間借貸資金鏈斷裂而嚴重通貨緊縮，又同時因為銅幣濫發而嚴重通貨膨脹，滿清為此勢必要進行貨幣改革，而貨幣改革需要資金，國內的金融系統已經在橡皮泡沫中滅絕，只能跟外國貸款，向外國貸款需要抵押，但是當時滿清因為歷來的賠款與借款，所有可以抵押的稅、費都已經「當光光」了。

在沒有辦法之下，盛宣懷想出了一個同時拯救鐵路與經濟的妙計，那就是把鐵路國有化以後再把路權抵押出去。

一九一一年五月九日，滿清新成立的責任內閣頒布鐵路國有政策，宣布要重新把民間集資贖回路權建設的鐵路幹線收歸國有，再以收回的川漢、粵漢兩條鐵路路權，加上湖南、湖北兩省的鹽稅、厘金收入作為抵押，與英、美、德、法四國銀行團借款六百萬英鎊，用於改革幣制，以及振興東三省的實業等用途。

純就政策面來看，這是一舉解救經濟危機與鐵路產業的妙策，說起來，盛宣懷在鐵路國有化這件事上並沒有什麼不對，只能說，他在錯誤的時機做了正確的事，結果？一發不可收拾！

## 保路運動

義大利著名政治哲學家馬基維利有句名言：「殺父之仇易忘，奪財之恨難消。」用這句話來說明清末此時的情況最為貼切了。

鐵路國有化政策宣布後，全國鐵路股民一聽到消息，真是個「奪財之恨難消」，「保路運動」就此爆發，首先起來抗爭的是湖南、湖北。湖南長沙舉行了萬人「保路」集會，從長沙到株洲的鐵路工人罷工示威，並號召商人罷市、學生罷課，並拒絕繳稅以示抗議；湖北的宜昌等地，築路工人抄起平時築路的器械，和清兵大打出手。

緊接著，廣東粵漢鐵路股東也召開萬人大會，提出「鐵路國有，失信天下」、「萬眾一心，保持商辦之局」的主張。

然而兩湖和廣東的保路運動很快平靜落幕了，這是怎麼回事？原來在湖南、湖北，政府決定全額退還股本，既然錢財平安，那麼也就沒什麼好爭的了，保路集會解散回家。

在廣東，則只賠付股本的六成，不過廣東粵漢鐵路的股東多是華僑，被坑了錢，只能摸摸鼻子回東南亞生悶氣，最多就是資助革命黨作為報復，也沒有鬧出什麼大事。

到此一切似乎都如了盛宣懷的意，但萬萬沒想到，四川卻爆發了激烈的抗爭。

為何四川反應最激烈？有兩個原因。

第一個原因是由於盛宣懷和川漢鐵路督辦端方只同意以四百萬兩的國家保利股票作為民辦鐵路公司股份的補償，不退回現金。當時清廷財政困難，手上沒有現金，如果要退款，就必需再借外債，那得以四川租稅收入作為抵押。

火上加油的是，四川的川漢鐵路公司原本總共募集一千四百萬兩股款，其中只有七百萬兩用於宜萬鐵路的建設，可以用來換取國有化以後的鐵路股票，而施典章拿了三百五十萬兩「彈性運用」，在橡皮泡沫崩潰時炸掉了，清廷當然不認這筆損失。

雖然盛宣懷的想法對政府來說言之成理，但對四川的鐵路股民來說，只覺得被坑了一大筆，又拿不回現金，不滿到了極點。

第二個原因是，前面提到，四川因為缺乏財源，是以各種租稅入股的方式為主要集資來源，使得四川人人皆股民，無數中下層民眾也都是股東，四川本是族群非常複雜之地，平時回人、羌人、彝人、藏人與漢人衝突，基督教徒與非教徒衝突，各階層人士也互相衝突，要四川這些世仇族群站在同一陣線簡直是「不可能的任務」，但是到這時候，由於「奪財之恨難消」，四川人全都心手相連一起「保路」，可說是一大奇觀。各地和各團體的保路分會相繼成立，一時間會眾多達數十萬人。

六月十七日，成都各團體兩千多人在鐵路公司開會，成立「四川保路同志會」，推舉四川省諮議局議長蒲殿俊、副議長羅綸為正副會長，提出了「破約保路」的宗旨，發布《保路同志會宣言書》。

在當天，羅綸高呼：「川漢鐵路完了！四川完了，中國也完了！」很不幸的，不久之後他的發言全部成真。

「四川保路同志會」的領導階層主要來自諮議局的成員，這些議員都是各地有名望的士紳，士紳階級家有恆產，就不喜歡動亂，所謂「千金之子不死於盜賊」，因此他們多數對革命興趣缺缺，而比較傾向立憲，因為只要立憲，他們就可以透過議會參政，體制內辦得到的事，何必動刀子動槍的呢？在保路運動中，他們一開始也是主張「文明爭路」，以和平示威為主。

當時的四川總督趙爾豐在一九一一年四月才剛接任，還沒到任就聽到保路運動爆發，連忙趕到成都，趙爾豐長年經營西康與川邊地區，以鎮壓手段嚴厲聞名，但他並不是單純殘酷的官員，當他抵達成都了解情況之後，反而先為保路運動叫屈，與地方各級官員聯名請求清廷改變鐵路國有的政策。

但清廷不了解地方情況，卻硬要隔空指揮，中央對趙爾豐的回覆，就跟上海橡皮泡沫崩潰時對蔡乃煌的回覆如出一轍：要趙爾豐不要玩乎職守，速速鎮壓。於是，事態發展急轉直下。

九月七日，四川總督趙爾豐接到了速速鎮壓的嚴令之後，設計誘捕保路同志會和股東會首要人物蒲殿俊、羅綸、顏楷、張瀾、鄧孝可等人，封閉鐵路公司與保路同志會，此舉果然只是讓衝突更為激化，逮捕行動後，成都有數萬群眾前往總督衙門和平請願，要求釋放被捕人員。

趙爾豐想以武力快速平息事態，當場下令槍殺請願群眾三十餘人，是為「成都血案」。

但在西康與川邊鎮壓過無數起義的趙爾豐這次算盤打錯了，血案發生後，聰明的四川人找了數百片木板，在上面寫下訊息警告四川人，說趙爾豐先誘捕了蒲殿俊、羅綸以後，接下來要血洗四川，木板投入長江順流而下，當時這個臨機應變的傳遞消息方式被稱為「水電報」，消息馬上傳遍全省。

成都血案的消息一傳開，四川人認為和平已經破滅，於是全省到處是萬人暴動，「保路同志軍」遍布四川各縣，總人數多達二十萬人，連羌、彝、藏人土司也趁機起義。這規模是如何呢？以稍後的武昌起義來比較，當晚起義的新軍大約只有兩千人左右，四川「保路同志軍」的數量是他們的百倍以上。

然而同志軍有個有趣的現象，就是一般的良民不願出頭領導「造反」，各地同志軍之中如果有革命黨人願意出頭，往往就擁他們為首，革命黨人反正本來就愛出頭，如果沒有革命黨，那就找個會黨——以比較現代的名詞來說，就是黑道份子——當時四川的會黨主要是哥老會，不過哥老會也不全是黑道幫派，有大部份只是類似兄弟會性質的聯誼組織，這類的哥老會，稱為清水袍哥。

在崇慶縣就發生找不到一個革命黨能當頭的窘境，而當地的哥老會是清水袍哥，老大就是當地的士紳自己，他才不想出頭，群龍無首之下，竟然到隔壁縣去把牢裡的一個土匪——四川稱之為「棒客」——給放出來，要他帶頭，沒想到連土匪都不敢帶頭，一群人威脅利誘了老半天，最後才勉強答應，不過一旦有人帶頭，馬上滾雪球似的迅速發展。

清廷眼看事態不妙，連忙要川漢鐵路督辦端方取代趙爾豐出任四川總督，端方抽調了湖北新軍一整個協開往四川，這造成湖北兵力空虛，是武昌起義容易成功的原因之一，但端方見大勢不妙，根本不敢進入四川，只在原地停留觀望局勢。

在此狀況下，九月二十五就有同志軍佔領了榮縣，宣布榮縣獨立，比武昌起義還要早，所以如果要說辛亥年頭一個成功宣布獨立的地方就是「中華民國的生日」，那恐怕要算是九月二十五日榮縣獨立，不是十月十日。

在武昌起義的同時，四川各地也相繼宣布獨立，端方率領的新軍也倒戈殺了端方，四川省再也非清廷所有，再不久，連滿清都整個滅亡了。

等等，四川只不過是大清帝國的其中一個省而已，其他省的保路運動不是平息了嗎？怎麼會一省動亂，就讓整個帝國滅亡呢？

武昌起義，「各省響應」的關鍵是什麼？

其實答案在橡皮與鐵路的故事中已經呼之欲出，關鍵在於兩個字，那就是「士紳」。

# 是誰推翻了滿清？

「士紳」這兩字，在現代化的社會裡，大概會理解為「社會賢達」，或是有聲望、有影響力的人士，很難理解他們在過去的作用。

想像一下，在清朝的盛世期間，總人口從一億多成長到近四億，全國有約一千五百個縣，平均每個縣有二十幾萬人口，比較大的縣人口可能是這個數字的好幾倍，這樣的人口規模，放到歐洲去，已經是一個城邦國家全國的人口數。

做個對比，在工業革命前夕的英格蘭[26]人口才約不到六百萬人，倫敦市的人口也不過二十萬人左右，也就是說，清末的一個縣的人口就多於工業革命前的英格蘭首都倫敦市。

而一個知縣，不但要負責整個縣的行政業務，包括徵收賦稅等，還兼任司法官，不只要開庭審案，連案件調查和逮捕關押人犯也一手包，縣衙可說是檢、警、調、法院、監獄五位一體；有時還要負責準軍事行動，如掃蕩強盜等等。這麼多業務，他下頭只有一些胥吏、衙役、捕快、稅吏，卻要管理一整個

26 據R.A.Houston《不列顛及愛爾蘭人口史，1500-1750》（The Population History of Britain and Ireland, 1500-1750），西元五四一年英格蘭人口為大約三百零二萬人，一六五六年成長至五百四十七萬人，一七四一年達五百九十萬人。而在工業革命之後，英國人口在一百年內增加了一．九倍。

倫敦市的人口。

雪上加霜的是，這些知縣是科舉考試出來的，而清代規定不可以在本籍當官，不是本籍有什麼關係？

現代的影視文學，常常為了觀眾的方便，有意無意的忽略方言問題，例如在「建國大業」、「建黨偉業」中，蔣介石與毛澤東竟然講著一口標準的「國語」或「普通話」，然而，這兩人當年許多演講的歷史影片都還存在，一聽毛澤東的當年的公開演講，簡直是外星話，一個字都聽不懂——而且那還是他講「普通話」的時候——蔣介石的江浙腔「國語」稍微好一點，但是如果他們兩位講起湖南話和江浙話，那可就只有家鄉人聽得懂啦！

這件事，原本台灣應該最能理解，因為當年國府「播遷來台」時，把全中國各省的人都一起帶來，真是個雞同鴨講，很不幸的是，在「禁說方言」的政策下，絕大多數的中國各省方言在台灣都滅絕了，所謂的外省第二代往往只會講「國語」，不過台灣還有客語和閩南語，可以想像一下，如果你不會客家話，進入一個只講客家話的地區，或是不會閩南語，卻到了一個只講閩南語的環境，大概就能理解雞同鴨講的情形。

我曾經跟香港——講粵語——的朋友見面，雖然平時筆談愉快，一見面，卻只能以英語互相溝通。相信如果有類似經驗的朋友，一定能理解一個官員被派到非本籍的地區，是什麼樣的狀況。[27]

知縣跟地方上的人連語言都不通，如果整個縣的事務全數都由知縣或縣衙來處理，一定會完全癱瘓，因此長久以來，地方上的行政，相當仰賴士紳的協助與配合。

這些士紳，有的是地方上的名門望族，或是管理很多佃農的地主，或是整個宗族的領袖——如各地有很多全村都是同宗的某家村，村長就是宗族領袖——或是三者兼有。鄉紳在地方上就像是小型地方官，他們會分配宗族的資源，補助優秀的子弟考科舉以庇蔭地方、在災荒時減少租金或救濟困苦，以及領導鄉民進行一些小型地方建設。

鄉紳也負責排解糾紛，甚至當起準司法機構，驅逐不肖子弟，甚至還執行私刑。鄉里之間大部分的糾紛都會在士紳的調解下排除，只有少數排解不了的才會鬧進縣衙，這就大大減輕了審案的壓力。稅政方面，在雍正年間，禁止士紳包攬稅收，但在清末中央政府力量衰弱時，士紳包攬稅收的情況就故態復萌。

27 梁啓超就曾批評：「夫以數千里外渺不相屬之人，而代人理其飲食、訟獄之事，雖不世出之才，其所能及者幾何矣？」

通常一鄉也只有鄉紳家有人識字，所以很多文書事務都要委託他代理，小至代為寫信及讀信，大至各種法律文件；而人口統計、地方治安也常由鄉紳管理，在白蓮教、太平天國等亂事時，為了保護鄉里不受土匪的侵襲，鄉紳負責帶頭組織團練，所以還是民兵武裝的指揮官。

因此，鄉紳可說是地方上真正的父母官、「土地公」[28]，是真正統治中國的階層，但他們的行為只靠傳統倫理道德的約束，因此難免有藉此作威作福者，後來共產黨把這些人全都打為「土豪劣紳」，實際上真正的劣紳只是其中的部分。

士紳領導鄉民，根據的不是法律，而是憑藉著一種「君君臣臣父父子子」倫理從屬關係，廣大的鄉間，就這樣處於歷史學家黃仁宇所說的「以倫理統治」的狀態，黃仁宇稱，是中國共產黨建立了中國現代基層架構，指的就是中國共產黨把這種傳統的混沌狀態給摧毀，重新建立了現代的底層行政機構去控制社會的基層。

所以可以說，在清末民初，實際上統治中國的，實際上決定中國的動向的，其實是這一大群士紳階層。保路運動會在如此短的時間內就野火燎原，一方面是各階層的人都持有鐵路股票，利益一致，一方面也是這個運動是由當時

[28] 民間信仰往往讓「陰間」參考實際的政治與社會組織，如縣、省城隍，就相當於縣令和省的行政首長，土地公則相當於地方士紳。

中國最具實質影響力的士紳階層所帶頭發起的。

而武昌起義後，關鍵的「各省響應」，過程中當然也少不了士紳的身影。

## 各省響應

孫文等革命黨人革命了十幾年，革到了辛亥年，多數中國民眾還是把革命黨當亂黨，武昌起義後，武昌大多數市民不願意剪掉辮子——留辮子是效忠滿清的象徵——覺得剪了就是「從賊」，於是革命軍人把守城門口，強迫經過的人剪辮，附近的農民因而不願意進城賣米賣菜，導致糧價高漲。革命黨人不得基層百姓的民心可見一般。

本節請對照刊頭彩頁「辛亥革命各省響應圖」。

武昌起義成功後，竟然要強迫一個從未參與革命活動的黎元洪來當領袖，也是因為同樣的原因，在十月十日那次意外成功的武昌起義之前，革命黨人有一次流產的武昌起義計畫，在該次起義計畫中，孫武、蔣翊武等人就已經打算要找黎元洪當起義後的領袖，因為他在軍中與社會上具有聲望，革命黨人明白自己在社會大眾心中地位低落，若非以黎元洪為首，搞不好連一張安民告示都貼不出去。

十月十日武昌起義之所以能在成功後穩住陣腳，另一個主因是湖北諮議局議長湯化龍支持革命行動，身為議長的湯化龍，也是最被敬重的湖北士紳領袖，他的支持，協助穩定了革命後湖北的民心，若沒有他在各方面的大力協助，革命軍可能根本無法建立湖北軍政府。

而在孫文屢次革命的重心廣東，也是由諮議局議長丘逢甲——就是那位在台灣民主國抗日到一半就先開溜逃到廣東，還寫下：「宰相有權能割地，孤臣無力可回天；扁舟去作鴟夷子，回首河山意黯然。」名詩的丘逢甲——出面召開各界大會後，決議宣布獨立。

在山西省，山西巡撫陸鐘琦之子陸光熙留學日本時曾經加入同盟會，也就是說其實是個革命黨人，陸光熙本來打算勸陸鐘琦響應革命，結果卻先一步被起義的新軍殺害全家，事後由立憲派的諮議局議長梁善濟出面主持大事，梁善濟與閻錫山熟識，公推閻錫山為山西都督，這是後來閻錫山成為「山西王」的起頭。

在上海，革命黨的青幫領袖陳其美，攻打上海江南製造局，結果製造局守衛一開槍，陳其美的部下就逃之夭夭，陳其美連炸彈都來不及扔就被逮住了，還是由支持起義的士紳李平書領著商團[29]，帶著革命黨人李燮和一起把他救了出來。

在浙江，原本浙江諮議局士紳已經在勸說浙江巡撫增韞宣布獨立，十一月四日晚上杭州新軍起事，活捉躲在廁所裡的增韞，浙江諮議局議長陳黻宸於是出面勸說巡防營協統貴林，但身為滿人的貴林卻在家中藏匿軍械，想武裝數百名家奴「殺漢」，結果全家被殺。事後，陳黻宸就去電上海，邀請浙江立憲派領袖人物湯壽潛回杭州出任都督，十一月五日浙江宣布獨立。

在福建，福建諮議局也在第一時間主張宣布獨立，要求滿人總督松壽交出政權，但駐防八旗將軍朴壽組織旗兵抵抗，於是由新軍起義，以同盟會員新軍協統許崇智為總指揮，攻下福州，然而福建都督一職卻推舉新軍第十鎮統制孫道仁擔任，一如黎元洪在湖北的角色。

而江蘇省的獨立更是和平，蘇州紳商聯合了新軍，要求巡撫程德全宣布獨立，程德全答應照辦，就直接被新軍推舉為江蘇都督，「政權和平沒轉移」，一切人事與制度都完全照舊，只不過掛起了代表革命的五色旗，程德全派人拿竹竿挑掉了巡撫衙門屋頂上的幾片瓦，表示「革命需有破壞」，如此而已。不

[29] 這位李平書曾任上海商團公會會長，一九〇九年時在蔡乃煌協助下創辦閘北水電公司。所謂「商團」，簡單的來說，就是上海各種商紳出錢僱用的傭兵性質武力，平時是維持秩序，保護商家安全，到革命時，李平書決定站到革命的一方，就用這些現成的傭兵們來協助革命。

過包括上海在內，江蘇省各地也各自宣布獨立，造成「一省五督」的奇觀。

後來這個程德全在孫文「二次革命」時被推為南軍司令，結果棄職潛逃，這也不能怪他，程德全一輩子在清朝為官，從來就不是革命黨，突然要他當起革命武力的司令，簡直是「裝孝維」，怪不得他要逃走了。

廣西省的情況也差不多，巡防營統帶王芝祥和巡撫沈秉坤商量後，命人樹立「大漢廣西全省軍民恭請沈都督宣布廣西獨立，廣西獨立萬歲」黃色大旗數百面，一時旗海飄揚，頗有聲勢，廣西諮議局當然支持，於次日「背書」宣布獨立。

在安徽省，新軍六十二標也曾經發動起義，但安徽巡撫朱家寶發給新軍每個人六塊大洋，要他們繳械，起義軍就這樣解散了。但不久之後，朱家寶眼看江西、江蘇都已經宣布獨立，便也順應地方紳商的請求，宣布安徽獨立。

在貴州，貴州諮議局原本要求巡撫沈瑜慶宣布獨立，巡撫沈瑜慶棄職逃走後，貴州諮議局便逕自宣布獨立，公推新軍教練楊藎誠為都督。

而在雲南，雲貴總督李經羲是李鴻章的姪子，他在武昌起義後害怕雲南也發生革命，在晨操時下令收回新軍的軍械，沒想到就是這道命令激怒了新軍，新軍在蔡鍔領導下起義，激戰一晝夜後佔領昆明，蔡鍔沒有為難李經羲，將他禮送出境。

蔡鍔身為梁啟超學生，又是楊度的友人，雖然也與革命黨人友好，卻一直是立憲派人士。後來蔡鍔在袁世凱稱帝時發動護國軍，也是出自於梁啟超的策劃，護國軍被課本寫為正義之師，但在蔡鍔死後，同一批部隊又被寫成是叛亂的「滇軍」。

在湖南發生的事則最顯露出革命黨與「各省響應」的本質，湖南本來由革命黨以武力拿下，長沙的革命黨人在大西門正街的賈太傅祠放了一把火，駐紮城外的新軍倒戈起義衝進城中，官員或死或逃，於是革命黨人推舉出身哥老會的共進會成員焦達峰為湖南軍政府都督，陳作新為副都督。

焦達峰時年二十五，血氣方剛，加上哥老會的江湖習氣，與陳作新主持湖南軍政府時，身上各披一條白綬帶，上書「大都督」、「副都督」，會黨的習性是有福同享，有難同當，於是焦達峰一人得道之後，不僅每天都要開四百席流水席，晝夜不息，會黨中人前來求官也人人有獎，一開始軍政府由書記官在白色綬帶上書寫官銜發給求官者，後來人多到書記官來不及寫，便將大量白色綬帶預先蓋上官印，讓人自己愛當什麼官就寫什麼官，許多人自封了標統、協統，就來討軍餉，一時長沙滿大街的人，都掛著指揮刀，唯一一家賣指揮刀的店鋪，存貨銷售一空，而那些自命為軍官的人向軍政府要錢被拒時，就當場大鬧，拔出指揮刀亂砍，湖南人看到這樣天下大亂，對革命黨人的觀感如何可想而知，湖南諮議局也開始抵制焦達峰的亂政。

革命黨人譚人鳳眼看焦達峰的命令出不了總督府，實際政事都由湖南諮議局士紳主持，竟然建議解散議會，以都督獨裁專制，這種建議出自鼓吹民權的革命黨人口中，實在諷刺，而這個建議也馬上把湖南所有有影響力的士紳都趕到焦達峰的對立面去了。

十月三十一日，士紳們聯繫新軍管帶梅馨發動兵變，先誘殺陳作新，接著攻入督署逮捕焦達峰，將他於門外處決。兩人死後，湖南依然繼續獨立，原諮議局改制為參議院，眾人推舉院長——也就是前諮議局議長——譚延闓繼任都督。這位譚延闓後來在蔣介石的國府內當到國民政府主席、行政院長，但是他在辛亥革命時卻是謀殺革命黨的立憲派士紳領袖。

在江西省，會黨也造成了大鬧劇，江西九江新軍先宣布起義，推舉新軍標統馬毓寶為都督；稍後南昌新軍也起義，推新軍協統吳介璋為都督，造成「一省兩督」。江西有革命派會黨洪江會[30]，他們與革命派留學生都向吳介璋討官要錢，動輒拔手槍拍桌子，吳介璋沒有參加過同盟會，誰都不敢得罪，於是洪江會眾就在南昌城內成群作亂，許多人自稱師長、旅長，背著大刀大搖大擺，公然開賭、整天鬧事，甚至打家劫舍。吳介璋對此束手無策，乾脆把都督讓給同盟會員彭程萬，彭程萬才當了一個月也受不了了，辭職把都督讓給九江的馬毓寶，「兩督」合而為一，稍後馬毓寶也因為不接受孫文安插熊樾山到內務部，稱病辭職，才把都督位置讓給同盟會的李烈鈞。

在陝西，在革命黨武力攻下西安城後，推舉張鳳翽為都督。但此時哥老會首領張雲山不服氣，自封為「見官大一級、聽調不聽宣、天下都討兵馬大元帥」，聽這個名稱就明白這個張雲山完全是個守舊人物。

張鳳翽為了擺平人人想當統領的問題，自任陝西大統領，封了兩個副大統領、三個都督和三個副都督，加上張雲山這個兵馬大元帥，結果陝西一省有十個長官，但這十個長官沒有半個有民主共和的新氣象，每個人的部下，都大辦碼頭、大擺香堂，時人形容為「哥弟雲布、碼頭星羅」，緊接著就是互搶地盤，

[30] 洪江會的相關故事，請參本書〈同場加映——清末民初的革命志士們〉中，「『出包』烈士與女俠」一節。

哥老會不但自相火拚，更發動燒學堂、拆教堂、砍電線桿等等義和團行為。

由於會黨跟新軍混在一起編成民軍，於是軍中內八堂、外八堂、山主、軍師、洪棍、老么、紅旗、藍旗、黑旗的名目眾多，舵把子上街時還鳴鑼開道、衙役封街，甚至在地方上到處設立公堂審案，以為自己是包青天，動不動打人板子，然後把看不順眼的一方推出去就斬。外國傳教士記載，此時的陝西簡直成了人間地獄。

這就是武昌起義後「各省響應」的大致經過，從中可以發現，革命黨人，或是起義新軍，在其中只是跑龍套的作用，真正運籌帷幄，底定各省獨立大局的，都是諮議局的議員與士紳們。在少數真的由革命黨人主事的省份，如陝西省，則不但沒有任何進步氣象可言，反而在會黨統治下陷入嚴重倒退的危機。

而這些諮議局的議員與士紳們，原本大多是立憲派，支持的是君主立憲，卻在一九一一年的這個節骨眼全面倒向革命，這是武昌起義真正能成功的主因——沒有湯化龍主持大局，沒有各省響應，武昌的兩千名起義新軍只能坐待被勦滅的命運。[31]

士紳們家有恆產，天性不喜歡動亂，所以和革命的破壞主張八字不合，傾

[31] 孫文於《建國方略》之一，《孫文學說》第八章「有志竟成」中，便說：「武昌既稍能久支，則所欲救武漢而促革命之成功者，不在武漢之一著，而在各省之響應也。……」

向支持和平取得政治權力的君主立憲；而革命黨的表現，也的確相當糟糕，以致於在湖南省，士紳還要再度發動軍事政變，把革命黨人除掉。那麼，又是什麼讓這些原為立憲派的士紳們，一口氣全倒向革命呢？

## 最好的民主

讓士紳對清廷支持度降至冰點的根本原因到底為何？且先賣個關子，讓我們從科舉制度開始講起。

隋唐時代建立的科舉體系，其誕生的原因，與士紳階級習習相關，在南北朝時代，世家大族的政治影響力凌駕於皇權之上，經過隋、唐的大動亂，唐朝初年的政府官僚權力已經壓倒了傳統世家，但是這些官員回到鄉里後一樣置產並發展宗族，若新的官員又從這些宗族中誕生，日後仍然會演變成新的世家。

為了避免再度產生南北朝的世族，科舉這個辦法應運而生，由於科舉的錄取率相當低，而每個家族不一定每一代都有能在科舉考試上佔上風的後代，因此產生了隨機分配的效果，也提供了一定程度的社會流動性，一個高官家族，可能因為就是生不出會考試的後代而沒落，一個普通的土財主，也可能因為培養出一個考上進士的後代，而在社會地位上升級。

但是，這個流動性其實並不如一般所想的可讓窮人翻身，因為真正基層的貧農，根本不可能讓兒子不種田，還請塾師來教他，更負擔不起趕考的費用。

在科舉隨機分配效果下，能代代都出官員的家族少之又少，但倒是讓很多商人家族翻身，因為商人有錢之後，可以培養出能考上功名的後代，有時自己生不出優秀子弟，乾脆從較貧窮的宗族之中收養一個；另一方面，在清末隨著國際貿易與工業化的發展，越來越多傳統的鄉紳移往城市居住，把資本投資在工商業，原本商人被視為「士農工商」的最底層，但在上述的雙重作用下，紳與商的面貌分界就模糊了，於是清末出現了大量的「紳商」，這些紳商不但有傳統的力量，也在工商業有影響力，而為了保障商業上的發展，他們對政治上的需求更大了。

科舉不只是為了灌輸「君君臣臣父父子子」的倫理，其實也是為士紳階級提供了一個參政的管道，因為士紳子女才有能力上私塾念書識字，也才能去應考，考上科舉後可以成為政府官員，來「罩」親族的產業——就算不能在本籍任官，仍然可以透過官場上的影響力間接幫助家鄉的宗族。

八國聯軍卻打亂了這一個長久以來的傳統，在《辛丑條約》中，先是懲罰發生義和團亂事的地區都不能科舉，緊接著，庚子後新政於一九〇三年起限縮科舉，到一九〇五年完全廢除科舉，中斷了士紳階級的參政管道，至於新學，那屬於沿海大城市，廣大的鄉間士紳需要一個新的管道讓他們能重新參政。

不過，新政又剛好提供了這個管道，那就是立憲。

在立憲規畫下，地方可組成諮議會，而議員並非如今日由一般民眾一人一票選出，而是由地方上「合格紳民」——也就是說士紳階層自己——「舉賢」互相選出。

這下子，新的參政選擇：立憲，比起傳統的科舉，簡直是魅力無窮，因為科舉還要看小孩有沒有那個讀書寫文章的慧根，一個成功的士紳，小孩不見得很勤學，但是立憲的話，只要在地方上聲望好、影響力大，直接被選為議員，即可擁有參政權，不必等到下一代；另一方面，就算小孩考上科舉，也不能在本籍當官，而要透過官場上種種間接的人際關係來影響家鄉，但若是選上議員，則可以直接對本地的施政有發言權，這實在太有吸引力了。

因此，清廷於一九〇六年九月下詔預備立憲時，獲得士紳階級一致高度支持，連原本參加同盟會的士紳如黃炎培，也背棄了革命，倒向立憲陣營[32]，上海商界舉行了慶祝立憲會，北京的學生們也歡慶立憲，在海外，許多留學生原本倒向革命陣營，現在大批大批的回到立憲陣營，正如革命黨人吳樾[33]所預料的，革命快要混不下去了。

滿清決定立憲的契機，是一九〇五年日俄戰爭結束後，當君主立憲國日本戰勝帝制國家俄羅斯，一時全國有識之士忽然「醒悟」：原來甲午滿清戰敗，日俄戰爭俄國也戰敗，是制度的問題，許多最積極的立憲派甚至認為只要一立憲，滿清的所有問題都能迎刃而解，雖然這樣想得太天真，但立憲的確能解決當時滿清的許多問題。於是許多包括滿清高層官員在內，都上奏請求立憲。

其中帶頭衝鋒的正是袁世凱，在清廷高層中，最懂立憲的就是他，還編輯了《立憲綱要》，而對立憲最積極的也是他，因為立憲不但對國家有好處，對袁世凱本人也有無比的潛在政治利益。

在專制體制下，就算現在受到統治者的恩寵，也隨時會翻盤，小則丟官，大則人頭落地，在八國聯軍前，慈禧先把一批反對宣戰的大臣給砍頭[34]，到了戰敗後，為了跟外國人交代，那批支持她開戰的「忠心耿耿」臣子也一個個賜

[32] 黃炎培直到辛亥年才又回頭支持革命陣營。

[33] 吳樾事蹟，請見本書〈同場加映——清末民初的革命志士們〉中，「自殺炸彈客」一節。

[34] 就在北京城破前三天，慈禧處死了力主反戰的許景澄、袁昶、立山、聯元，徐用儀為前兩人哭殮，也被處死，是為「主和五大臣」。

死或處斬[35]，而統治者交班的時候，更往往是一批新人換舊人。袁世凱日後在慈禧死後五十七天就被迫以「足疾」退隱。

但是憲政體制下就不同了，內閣人選要有國會的支持，而袁世凱當年於庚子後擔任直隸總督，把本來被八國聯軍打得殘破的直隸省積極建設成了新政的模範，引進大量國外師資，創辦無數各級新式學堂；建立發電廠，並讓天津街頭有了中國前所未有的電燈路燈；引進自來水、電話、無線電；建立了中國的警政，稍後清廷命全國模仿直隸建立警察……無數的貢獻，與推動工商業的實績，讓袁世凱當時不論在國內還是國際上，都享有大改革家的美譽。

在此情況下，若是由民間代表所組成的國會來考量內閣人選，袁世凱可穩坐內閣要津，不會受到宮廷內各種變動的影響——後來在辛亥年間與「二次革命」期間，國內士紳多半支持袁世凱，而對孫文相當冷漠，正是因為袁世凱有顯赫施政實績，孫文卻只有拼拼湊湊而成的學說與理論，而且只在海外說說而已。

對袁世凱來說，推動立憲既可以富強國家，又能搏得美譽，還能穩固自己的政治地位，是十拿九穩的好生意，因此袁世凱一頭熱的推動立憲，還打算一次到位，把中央制度也一口氣改成近代西方的責任內閣制，由內閣總理大臣

[35] 八國聯軍列出一百六十七名「禍首」，其中較重要的大臣中，徐桐於北京城破時先行自殺，其子徐承煜先前曾在菜市口監斬「主和五大臣」，他與啓秀也在同一處被斬；剛毅心知不免，每天不停吃甘肅白蘭瓜，腹瀉而死，趙舒翹賜自盡，毓賢於甘肅處斬，載漪流放新疆，所有反洋主戰大臣一掃而空。

總攬施政，並把傳統的吏、戶、禮、兵、刑、工六部改成近代西方的政府各部門，讓滿清一口氣就跟上時代。

不過他卻忘了，他穩固了權位，代表有其他人的權位會不保，這一改之下，更裁汰了很多當一輩子官只想撐到年資可達升遷的傳統官員，於是批評如潮水般湧至，袁世凱的改革計畫被修掉了大半，慈禧也對袁世凱起了疑心，袁世凱的政敵瞿鴻禨與岑春煊利用這個機會，對袁世凱與他的政治盟友慶王奕劻發動「大參案」，史稱「丁未政潮」，差點將袁世凱扳倒，最後他靠著蔡乃煌送上的一張偽造合成照才打倒對手。

立憲的旗手被困在政治鬥爭中，成了立憲的第一次逆流，等袁世凱好不容易解決對手，回首一看，已經是一九〇七年下半年了，立憲再度開始往前邁進，一九〇七年九月，頒布《設資政院諭》，下令設立資政院，作為國會立法機構的雛形；十月，發布《著各省速設諮議局諭》，命各省儘速設立諮議局，作為地方的議會；一九〇八年七月，清廷頒布各省《諮議局章程》及《諮議局議員選舉章程》，隨即各省舉行諮議局選舉，有些省份如江蘇省，則在此之前就已經舉行了諮議局選舉。

近代中國展開了它最有趣的一幕，才不過二十年前，當初「三權分立」、「議會」、「投票」等思想傳進中國時，這些士紳還把它們當成是西洋奇聞，現在卻有模有樣的開始選舉了起來。在當時的大清帝國，一方面選舉只有士紳階級與知識份子可投票[36]，一方面是對這樣的「新遊戲」還沒有經驗，於是選舉過程融合了傳統中國的風氣，成為「有中國特色的民主選舉」。

現代的台灣，選舉時常發生候選人互相攻訐的負面選戰，即使沒有使用負面手段，爭奪民意代表席次也仍然競爭相當激烈，但當時諮議局選舉，有時竟有當選人再三推辭，主動讓賢的情況，而選舉時往往也是以有功名、聲望卓著者「以德服人」當選；但也有相反的情況，就是聲望高的士紳「潔身自愛」不願參選，或是認為不用出來拉票，而熱衷的鄉下士紳發動親友投票反而當選，或是由商會等組織出身而當選的。

民主本來是以利益競爭，相互制衡為原則所設下的制度，台灣人經常恥於過去國會打架遭到國際媒體報導，殊不知許多國家的國會都經過這個打架的階段，然而在清朝的最後時光，於民主的萌芽時期，卻意外成了「君子之爭」，如果能在這個絕無僅有的機會繼續發展下去，或許會成為最好的民主也說不定。

[36]《諮議局章程》規定，要成為一個選舉人，必須為該省籍貫二十五歲以上的男子且具備下列條件之一：

一、在該省地方辦學務及其他公益事務滿三年以上著有成績者。

二、曾在本國或外國中學堂及與中學同等或中學以上之學堂畢業得有文憑者。

三、有舉貢生員以上之出身者。

四、曾任實缺文七品、武五品以上未被參革者。

五、在本省地方有五千元以上之營業資本或不動產者（非本省籍貫，寄居滿十年以上，如有一萬元以上的營業資本或不動產者，亦得有選舉權）。

此外，還規定有不端品行者或從事賤業者不能成為選舉人。

但就在此時，立憲又遇到了第二次逆流，領導大清帝國半個世紀的慈禧，身體已經越來越差，如今她的心思擺在如何穩定的將權力交接下去，下一任皇帝由誰來當，誰攝政、誰輔政，以及光緒皇帝要怎麼解決——如果光緒晚於慈禧去世，則光緒有可能推翻她的一切布局——等重大問題。在這個節骨眼最好不要添亂，或許在這樣的心態下，當一九〇八年八月頒布《欽定憲法大綱》時，慈禧潑了所有熱心立憲人士一盆冷水，宣布「九年後實行立憲」。

緊接著，十一月，光緒與慈禧就先後去世了。

## 皇族內閣

慈禧如果不是於一九〇八年死亡，她會怎麼繼續立憲改革？這個問題的答案已經不可能知道，但從慈禧的一生來看，她相當懂得釋放權力之後分權制衡的技巧，第一次經驗是在太平天國時放權給曾國藩，之後是李鴻章的淮軍與北洋海軍，再之後是袁世凱的北洋，她把權力下放給這些權臣，有時讓他們一個人控制了半壁江山，或是讓整個國家最有效率的軍隊集中於一人之手，但也正因為如此，這些權臣把國家事務當自己的事去經營，更全心擁戴把如此大權交給他們之手的慈禧，然而慈禧也總是讓他們的政敵一直保有一席之地，在雙方互鬥時由慈禧來做最後的裁判，於是慈禧雖然對一切政務一竅不通，卻能把權力穩穩抓在手中。

她沒有歐美的責任內閣觀念，卻也「略懂」得其中奧妙，要辦什麼事時，找李鴻章、袁世凱去做，她樂得清閒，一旦出了事，掉烏紗帽的也是李鴻章、袁世凱，不會直接衝擊到她，這就有那麼一點以責任內閣為緩衝的味道。

而慈禧更嚴守政治平衡的原理，在她的掌控下，滿人與漢人要平衡，皇族與非皇族也要平衡，權臣之間要平衡，政治權力的平衡讓所有人都覺得公平、有機會，更讓慈禧能以仲裁者的身份高居權臣們之上。

觀諸慈禧的一生，可說她相當了解一個原理，如西諺所說：「握緊拳頭，掌中一無所有」，慈禧懂得大膽的放權，卻能擁有一切，太平天國時，她的政府放權給漢人將領與地方團練，於是他們幫助朝廷打敗了叛亂，促成「同光中興」。

立憲的舉動，若放在這個放權的思考軌跡上，似乎也合乎邏輯，在八國聯軍以後，清廷的威信降至谷底，在戰爭期間各省「東南自保」的準叛亂行動，慈禧也只能當沒看到，立憲可以帶來地方士紳直接的忠誠，各省諮議會又能制衡權力過大的各省總督、巡撫，國會也能制衡行政官僚，雙方發生爭執時，由慈禧來裁決，那麼慈禧又有了無上的權力。

但她的繼任者卻沒有這樣的智慧，慈禧死後接掌國家大權的攝政王載灃，在慈禧時代眼看袁世凱、張之洞以下的漢人官員一個個身攬大權，覺得滿清皇族大權旁落，很是著急，他接手大清帝國以後，滿腦子想的就是要把權力全都收回到皇家的手中，他自以為這樣才能保護大清的政權。

於是袁世凱被剝奪了一切職位，回到原籍，只因張之洞等人的求情，和袁世凱黨羽遍佈朝野的關係，讓他保住了一條命。立憲的旗手沒了。

但立憲還是繼續進行著，一九〇九年三月，清朝下詔命各省當年內成立諮議局。到當年十月中旬，全國有十六省諮議局相繼成立，各省諮議局第一次會議開幕；一九一〇年九月，資政院開院，十月舉行資政院會議。

不過議員們與載灃之間，卻有一個相當大的誤會，立憲派認為立憲的最終目標就是英國式的君主立憲，之前搞砸了的滿清皇室只要在一旁涼快就好，由國會監督責任內閣來帶領這個國家，也就是說清廷應該釋出越來越多的政治權力給議會與國會。

但載灃的想法相反，雖然他其實對立憲有一定程度了解，並非真的一竅不通的守舊派，但他認為國會是來協助行政，議會是幫中央與地方聯繫，並幫忙監督地方官員，管理與教育百姓的機關，議會只是出意見給他，當作施政參考，無權對施政指指點點，所有的實質權力，本應當是皇家的，他一心所想的，是提振已經衰微的皇權。

有了這個基本上的歧見，就引發了「國會大請願」的行動。

請願從慈禧還在世時就開始了，一九〇八年夏，各省立憲派代表齊聚北京，各省代表也向都察院投遞了請願書，幾位督撫和駐外使節也一起上奏，要求「速開國會」，得到的結果是「九年後實行立憲」——九年也未免太久了，就跟現在的民選首長說：「下一任必可實現政見」一樣「裝孝維」——慈禧過世，宣統皇帝即位，清廷發布《重申仍以宣統八年為限實行憲政諭》，毫無改變主意的意思，讓全國立憲派十分失望。

一九〇九年，各省諮議局正式成立以後，議員們決定以正式的身份再接再厲，發動第二次立憲請願，在北京組織「請願速開國會同志會」，一面將請願書交給都察院，一方面遊說軍機大臣及各部官員，官員們私下多同意憲政施行，但載灃以「國民智識程度不足」為理由推託，拒絕了速開國會的要求，仍然維持九年預備立憲。

一九一〇年六月，國內又發動了第三次請願，網羅海外及各行各業的代表共一百五十多人，收集了二十幾萬人的請願書，齊集北京再度請願，清廷又以「財政困難」推託。

不過代表們並不放棄，資政院開院以後，繼續向資政院與載灃上書，還發起組織「各省諮議局聯合會」，以後來主持湖北武昌起義後局勢的湯化龍為代表，提出速開國會的決議。在地方上也發動集會遊行呼應，直隸、山西、河南、四川、福建等省先後出現數千人集會，要求各省督撫代為請願。湖北提出「不開國會，不認新捐」的口號，在直接感受到「民意」的壓力下，十八個督撫、將軍、都統，由先前在四川時開啟民辦鐵路，現在轉任東三省總督的錫良領銜，聯名上奏要求立即組織內閣，並於次年開設國會。

載灃本來拒絕接見請願代表，眼看各省官員也一齊上奏，只好讓步，宣布縮短預備立憲期限，於一九一三年召開國會，並立即重定官制，設立內閣。但同時也強硬宣布禁止再請願。大部分的請願者聽到有國會、有內閣了，雖然不是他們要求的一九一一年就召開，不過「雖不滿意但還可以接受」，請願活動至此停止。

另一方面，資政院開院後，也生出許多風波，資政院是作為日後中央立法機構的預備機構，議員共兩百人，一半由各省諮議局推舉「民選」議員，一半由朝廷欽定「欽選」議員。在欽選議員當中，有宗室親貴、滿蒙王公貴族，各部院官員，此外，還有學者以及「納稅特別多的百姓」各十人。各省諮議局的成員是士紳，「納稅特別多的百姓」自然也是士紳，加起來就過了半數，於是士紳就主持了國會。

一九一〇年，湖南巡撫楊文鼎沒有經過省諮議局開會決議就擅自發行地方公債，湖南諮議局議長譚延闓抗議無效，憤而將該案提交資政院，資政院將此案提交給朝廷處理，朝廷卻認為巡撫只是一時疏忽，公債還是可以照發。

這樣的回覆完全反映出清廷只想把資政院當諮詢機構的心態，但資政院的議員認為他們是有資格過問國政的國會議員，歧見爆發，議員紛紛發言譴責朝廷，當時官制尚未改組，滿清的最高行政機構仍然是相當於皇帝秘書處的軍機處，於是資政院就要求「最高行政機關」軍機處到議會來接受質詢。

軍機處認為軍機處只是秘書單位[37]，沒有所謂接受質詢這回事，當資政院又再發文質問時，軍機處回答：只有責任內閣才能接受議會質詢，現在內閣尚未成立，所以無法答覆。

清廷也不是一直都如此「顢頇」，在江蘇省也因為預算案導致總督與諮議局衝突，造成諮議局全體辭職抗議，清廷在此案中就逼迫總督張人駿讓步，然而，各省糾紛層出不窮，總有處理不好的，湖南公債案已經夠激怒議員了，雲南和廣西又各自發生諮議局與督撫糾紛鬧上資政院，於是資政院議員一舉表決通過彈劾軍機處。

攝政王載灃將此案留中不發，但是他也得盡快至少搞出個內閣來接受質詢，不然議員們遲早會暴動，更別說之前已經答應要有內閣。於是清廷於十一月十四日宣布縮短預備立憲期限，國會開設之前會先設置責任內閣。

你們要內閣，就給你們內閣，這下子總該覺得滿意了吧？

但載灃缺乏政治平衡的基本觀念，讓他鑄下大錯，原本士紳相當期待責任內閣的組成，沒想到，當責任內閣名單一出來：

37 「軍機處」是雍正一七二九年設立，本是臨時性的非正式機構，作為雍正的秘書組織，但成立後取代了原本的內閣，成為實質上的最高行政單位，並在雍正死後仍繼續沿用，一直存在至責任內閣成立為止。

內閣總理大臣：慶親王奕劻
內閣協理大臣：那桐、徐世昌
外務部，外務大臣：梁敦彥
民政部，民政大臣：肅親王善耆
度支部，度支大臣：載澤
學部，學務大臣：唐景崇
陸軍部，陸軍大臣：蔭昌
海軍部，海軍大臣：載洵
法部，司法大臣：紹昌
農工商部，農工商大臣：溥倫
郵傳部，郵傳大臣：盛宣懷
理藩部，理藩大臣：壽耆

載灃把組織內閣當成集中皇權的手段，閣員中盡量安插皇族，但他自認為很「體恤民情」的選擇了皇族中的改革派，如以巨貪聞名的奕劻，之前是袁世凱的政治盟友，在國際上有改革派名聲，也公開支持改革和三權分立；載澤、溥倫、善耆、紹昌也很熱心於憲政。

但是看在士紳眼裡，只見內閣十三人裡頭，漢族四人，滿族九人，以往軍機處軍機大臣漢人至少會佔一半，現在竟減為三分之一，這就算了，內閣有七人為皇族，竟超過一半，士紳只看到皇族緊緊抓權，毫無誠意可言，他們立刻就抓狂了，批評這是「皇族內閣」。

但載灃竟然反唇相譏，說決定閣員是君主的權力，議員無權干預用人大權，全國議員聽到當場「翻桌」，至此士紳對立憲完全灰心，如湖北諮議局議長湯化龍、湖南議長譚延闓、四川議長蒲殿俊等人都開始轉而與革命黨聯絡，湯化龍更在武昌起義中扮演了相當重要的角色。

## 愛之，適足以害之

各省諮議局中的議員都是地方上的實力人物，在武昌起義時，他們紛紛和地方官員勾結響應革命，是革命成功真正的中堅力量，民國早期的官僚及國會議員相當多是原本各省諮議局中的成員，革命黨出身的反而是少數，但立憲的主張卻隨著滿清滅亡而煙消雲散——沒了君主怎麼君主立憲？——使得民國之後共和成為顯學。

康有為曾經感嘆：「蓋辛亥革命之前，舉國不知有共和之事，及辛亥革命之後，舉國不容人議共和之非。」

康有為身為保皇派，對「不容人議共和之非」心有戚戚焉，不過他的證言，也告訴我們，共和是隨著滿清的倒台，突然間「勝者為王」成為顯學的，在之前，「舉國不知有共和之事」，革命黨的宣傳，沒有什麼作用，滅亡滿清的主力是士紳階級，而激起他們的怒火的，是橡皮、是鐵路、是盛宣懷，還有這篇提到的攝政王載灃。

「皇族內閣」一出，清廷馬上失去了士紳的支持，他們之所以沒有馬上造反，只是因為身有恆產者不喜歡冒險，他們只是在等待機會。

而這個機會也由「皇族內閣」的成員提供了，那就是內閣名單中的郵傳大臣盛宣懷，他風風火火的進行兩件事，一是黑心的政治鬥爭，清算袁世凱的黨羽，這把義善源錢莊給逼倒，擴大了橡皮泡沫帶來的金融風暴災情，更進一步打擊了士紳階級，讓他們更離心離德。

二是基於國家建設需要的鐵路國有政策，這讓被橡皮泡沫炸翻的川漢鐵路引爆四川保路運動，在清廷強硬要求趙爾豐鎮壓下，一發不可收拾，演變成全四川的大暴動，為了平亂，調動了湖北的軍隊，造成武昌起義容易成功。

而四川大亂，與武昌起義，給了各省的士紳一個信號：這就是機會！於是短時間內，「各省響應」，獨立省份連成一氣。

但是滿清可還沒有就此滅亡，滿清還擁有戰力遠比可以隨意收買的新軍強大的北洋陸軍，可是，他們在「皇族內閣」的陸軍大臣蔭昌指揮下，動也不動。

於是清廷想到了袁世凱，他一手打造的戰鬥機器，只有他能夠指揮——後世因此說袁世凱是奸雄，批評他把軍隊納為己有，但想想，如果有個老闆被迫離職了三年，三年中員工的薪水都是別人付的，可是當他一回來，所有下屬都願意為他效命，那麼，他是否一定有相當的優點？

但袁世凱也變了，當年，他還是立憲運動的旗手時，他只想當個內閣總理大臣就滿足了，但經過「足疾」這一回，再復出時，他不可能留著當年差點讓他掉腦袋的滿清權貴們繼續在權力寶座上。

載灃一生處事相當優柔寡斷，別人說什麼都好，他攝政期間大概只有三件事最果決，一是罷袁世凱，二是組「皇族內閣」，三是「鐵路國有」，就這三件事沒得商量，也就這三件事炸掉了滿清的江山。以此觀之，讓滿清滅亡的最大「功臣」，首推攝政王載灃。滅亡滿清的人，竟是最愛它的人，只能說，愛之，從來都適足以害之啊！

諷刺的是，在傾覆之前，清廷終於端出壓箱寶《憲法重大信條十九條》，簡稱《十九信條》，宣布將採行英國的虛君共和政體，憲法學家譽為是中國史上第一部真正的憲法，深得英國憲法的精神，君主不具實權，由議會為政治的中心，完全能符合士紳們的訴求。如果早幾個月提出的話，說不定大清帝國到現在都還存在。

只可惜，宣布《十九信條》為時已晚，清廷早已失去所有人的信任，於是，中國第一個民主憲政的機會，也隨著滿清一起滅亡了。

# 第二章

# 滿清是怎麼滅亡的？

見到這一章的標題，或許會大惑不解：前一章不是才花了一整章的篇幅講了橡皮是怎麼推翻滿清的嗎？怎麼這會兒又來問滿清是怎麼滅亡的，莫非作者成天批評古人「裝孝維」久了，自己也開始「裝孝維」了？

一個王朝的傾覆，原因必然錯綜複雜，如果本書也武斷的說就是橡皮推翻了滿清，那豈不是與以前認為滿清只因腐敗滅亡的一元化史觀一樣了嗎？

上一章的最後，提到袁世凱以一手打造的北洋陸軍戰鬥機器，從「足疾」中復出，因而重新掌權，終於逼迫清廷退位，這是滿清滅亡的關鍵之一，袁世凱的北洋陸軍是怎麼來的，各省的新軍又是怎麼來的，總也該講上一講。

這麼一來，就得大費周張，把年代再倒退個上百年，從美國的華盛頓、法國的拿破崙說起……咦，不是要講滿清末年袁世凱的故事嗎？怎麼會是要從美國的華盛頓與法國的拿破崙說起呢？

回想第一章，咱們不是也是從美國的固特異與亨利・福特說起的嗎？

經過了第一章的洗禮，相信各位對美國、法國與清朝之間會互相影響，應該已經不會太驚訝了才對。

# 銀子從哪裡來？

清朝與美國的華盛頓和法國的拿破崙是怎麼扯上關係的？這一切都與「銀子從哪裡來」的問題有關。

前面提過，中國一直是以銀和銅作為通貨，古中國很早就有銅錢，但是銀子卻一直處於一種很奇特的狀況下，銀「兩」的「兩」其實是個重量單位，而不是一個貨幣單位，一直到清末，銀還是以一種貨物的方式存在，鑄成各種大小，如五十兩的「元寶」，十兩的「中錠」，三到五兩的「小錠」，這些不同重量的銀錠並沒有成為固定單位，只是為了計算上的方便鑄造成整數重量，更有趣的是，如果要找零沒有銅錢，可以把銀子用大剪刀剪下一小塊下來使用，這個動作稱為「鉸」，剪下來的就是「碎銀」。

銀兩支配了清朝經濟的大宗貿易，跨省交易以及國際貿易都透過銀來進行——如果使用銅錢會重到搬不動——而繳稅也是收銀兩，因此銀可說是清朝經濟體的大動脈。

西班牙銀幣「佛頭」（雙柱）

歷史小知識

## 為何叫「通貨」

說起「通貨」這個詞彙，現代人拿鈔票買東西，覺得理所當然，有時看到經濟學家說「貨幣」，不知是否腦海中會閃過一絲懷疑：新台幣就是「幣」，為何又要說是「貨」？而當聽到經濟學家說「通貨」，那又是什麼呢？

在古代，人類的交易是從「以物易物」開始的，不過要找到彼此剛好需要對方手上有的貨物才能互相交換，難度有點高，於是聰明的人類就想到使用一種「通用的貨物」，先把要賣出的物品換成一種通用的貨物，之後再用那種通用的貨物跟別人買自己要的東西，這樣一來，交易就方便多了。

這個「通用的貨物」，就是「通貨」，可以是貝殼，也可以是鹽，但最後大部分的人類使用金屬來作為「通貨」，包括金、銀、銅，很快的，人類就想到把一定量的金屬，做成固定單位的錢幣，譬如金幣、銀元與銅錢，這就是「貨幣」，後來演變成金本位貨幣，再由金本位的終結演變為現在的新台幣這樣的「信用貨幣」，脫離了原本的形態，但「通貨」這個名詞還是留了下來。

只要是銀，什麼都行，清朝大量流入西班牙殖民墨西哥時期以墨西哥銀礦鑄造而成的銀元，稱為「本洋」，而清朝的人民與政府，對於本洋上有西班牙國王頭像——這是一種國家貨幣主權的象徵——一點都不覺得有什麼不妥，還因為本洋純度與重量都一致而覺得很好用，暱稱為「佛頭」。後來墨西哥獨立以後，再鑄造的墨西哥銀元，上頭有老鷹的紋樣，也是墨西哥政府的主權象徵，不過清政府與人民一樣只把它當普通銀子照單全收，暱稱為「鷹洋」。

相對於西班牙銀元印上國王頭像，清朝的元寶與銀錠，上頭也有印字，但是並不是國家字樣或統治者的名字，而是印上鑄造的年份、來自於哪個錢莊，由哪位銀匠鑄造的，這些印字可用來衡量銀的品質，因為每個不同省份、不同錢莊，甚至不同銀匠造出來的銀錠純度都不同，甚至連重量標準都不統一，使用時還要再依照不同的純度來折算——這也是本洋流行的原因之一，因為每個本洋的品質與重量都是一定的，邊緣還有凹凸邊設計，可防止有人把銀幣的邊緣削小來謀利，比銀錠方便可靠。

而一個經濟體同時使用銀兩與銅錢的狀況，從現代人的角度來看，也相當奇特[1]。簡化一點來說，銀與銅錢，就好比是現在的新台幣千元大鈔與一塊錢硬幣之間的關係，銀兩用於大筆的交易，日常生活零售交易則多用銅錢。清朝規定銀兩與銅錢的比值為一兩銀值一千文錢，又經常依照「七折錢」慣例，也就是說一兩銀子值七百文銅錢，但是實際上市面上的價格比例卻會隨著市場狀況而改變，有時銅錢的價值較高，有時銀兩價值較高，一兩銀可以值七、八百文錢，但也有漲到一兩銀子值兩、三千文錢以上的時候。

從現代人的觀點來看，會覺得簡直不可思議，想想，如果你手上的每張千

1 有兩種通貨並行並不是古中國的專利，只是西方國家用的是兩種貴金屬：金幣與銀幣同時通行。金與銀的價格比例也是會隨市場狀況變動，例如在英國，法定一個基尼金幣值二十先令銀幣，不過隨世界的金銀供需狀況不同，市場上的比值一直在改變，如一六九五年英國進行幣制改革的期間，基尼曾經漲到三十先令。

在地理大發現以後，由於亞洲的中國與印度都以白銀為通貨，產生對白銀的強大需求，使得亞洲的銀與金的價格比，較歐洲的來得高，因此歐洲人就不斷把銀幣熔成銀塊，送到亞洲去買商品，或換回金塊，來鑄造成金幣，從中套取價差，於是銀流到亞洲而黃金流到歐洲，這個過程長期的影響使得英國為領導的歐洲國家與美國都漸漸走上「金本位」，也就是貶低了銀幣的地

歷史小知識

## 銀兩不是你想的那麼簡單

白銀在不同地區，鑄成的樣貌與名稱都有所不同，有中央鑄造的「紋銀」，江蘇浙江「元絲」，湖北湖南江西「鹽灑」，陝西「西漕」、「水絲」，四川「土漕」、「柳漕」、「茴香」，陝甘「元漕」，廣西「北流」，雲貴「石漕」、「茶花」，此外還有「青絲」、「白絲」、「單傾」、「雙傾」、「方漕」、「長漕」等，總共有上百種，這些名稱經常是形容銀兩的形狀與因不同鑄造方式而成的表面紋路。

而銀兩的含銀量，即「成色」，也各有不同，「純銀」的含量為千分之千銀，「足銀」、「十足銀」、「十寶銀」名義上為純銀，實際上只有千分之九九零；連官方法定的銀兩成色「紋銀」也不是純銀，而是千分之九三五點三七四，因此一百兩的紋銀要再添加六兩，才能相當於是「純銀」的銀量，這添加的部分稱之為「申水」或「升水」。

官方規定交易以「十足紋銀」來核算，而各地銀兩成色不同，也要加「申水」，如北京的「十足寶」、天津的「化寶」，成色是千分之九九二，五十兩一錠的十足寶與化寶，折合成紋銀時，要「申水」二兩六錢，於是又稱「二六寶」，依此類推，各地不同成色的銀子就有「二五寶」、「二七寶」、「二八寶」、「一九寶」等等的稱呼。

外觀與成色不同以外，連重量單位都不同，重量標準分為四大類：「庫平」、「關平」、「漕平」、「市平」。庫平就是官方收稅使用的標準，但是連官方標準都全國不同，中央與各省之間不同以外，連同一地區都還有「藩庫平」、「道庫平」、「鹽庫平」等不同標準；「關平」是海關所使用的標準；「漕平」是漕米改折以後的標準；「市平」則是各地市場的不同標準，名目更是多不勝數。

在實際的銀兩以外，還有記帳用的「虛銀兩」，由此可知清末的通貨極度紊亂，這樣的亂象一直要到民國以後「廢兩改元」才結束。

位，只把黃金認作真正的貨幣。

元大鈔，來自不同銀行的，價值不一樣，有的比較高價，有的比較低價；而千元大鈔與一塊錢硬幣之間的比值還隨時會改變，法律規定是一張千元鈔換一千塊硬幣，但實際上平時一張千元鈔換七百塊硬幣，可是有時又會漲到一千多，甚至兩、三千塊硬幣；而且千元大鈔還可以剪碎使用……最怪的一點是，這些「千元大鈔」還大部分來自國外。

中國的銀產量自古以來一直相對稀少，在唐朝時，每年產銀大約十萬餘兩，宋朝時期則增加到二十一萬兩左右，到了清朝，在國內主要依賴雲南的銀礦，每年約產三十萬兩，相較於清朝咸豐年間全國銀的總流通量約十六・七億兩，可說是杯水車薪，那麼，銀子都從哪裡來的呢？

在清初，最大宗的海外銀子來源是日本，日本石見銀山開採的銀，從長崎、或經過朝鮮，或是從日本九洲的薩摩藩經琉球流向中國，在清朝最初半個世紀，一年從日本直接進口的銀，平均有八十至一百萬兩之多，而經過朝鮮流入的量更是直接進口量的數倍到千倍不等，從日本源源不絕流入的銀子，充實了清朝經濟的大動脈。

石見銀山的產量在一六三〇年代達到最高峰，之後就逐漸衰退，隨著石見銀山慢慢枯竭，日本銀產量減少，流入的量也逐漸減少，德川幕府也注意到銀大量流失，因此自一六六八年起試圖禁止白銀出口，一七〇〇年以後日本流入中國的銀大量減少，到一七六〇年之後甚至變成是中國出口銀給日本了。

日本以外，白銀的來源還有緬甸、越南邊境的銀礦，然而一七五八、一七五九年，緬甸銀礦因遭搶劫而關閉，一七七五年，越南國王不滿銀礦稅收過低，把越南銀礦收歸己有，於是到此，亞洲的白銀來源都告斷絕。[2]

西諺說：「上帝關了一扇門，必會再開另一扇窗」，正當亞洲銀源逐漸斷絕的同時，在十六到十八世紀，中南美洲西班牙殖民地以墨西哥、秘魯、玻利維亞為主的各產銀區，大量開採出白銀，總產量大約佔全球的百分之八十五左右，亞洲銀源斷炊以後，中南美洲就成了中國龐大銀子需求的「救世主」，於是，清朝的經濟，與太平洋對岸的美洲產生了奇妙的關聯，這也就把清朝與美國的華盛頓和法國的拿破崙給連結起來了。

## 中國茶、美國獨立、印度鴉片

在第一章中我們提到美國亨利・福特的T型車造成滿清滅亡，或許是歷史

[2] 林滿紅《銀線——十九世紀的世界與中國》。

的巧合，美國的誕生，卻是清朝出口茶葉所造成，串起中國茶與美國獨立之間關聯的，正是鼎鼎有名的英國東印度公司。

一六八五年，康熙解除了海禁令，貿易之門再度敞開，英國東印度公司來到沿海口岸，採買絲綢、瓷器等歐洲人熱愛的東方奢侈品，不過他們很快就發現另一個商品更有利可圖，那就是茶葉，十八世紀以來，茶這種異國來的飲品，不知為何攻佔了英國人的口腹，成為廣受歡迎的大眾飲品，比起只有少數人買得起的奢侈品，茶葉這種大眾商品市場更大，銷售量節節上升，竟然佔了東印度公司出口總值的九成。

對這麼重要的商品，東印度公司自然無所不用其極的壟斷貨源，想辦法把廣州的茶葉供貨全數買斷，以排除其他的競爭對手；而在英國，一六九八年起，議會給予東印度公司獨家進口茶葉的壟斷權，為了進一步消滅外國競爭對手，英國議會又在一七二一年決議北美殖民地只能從英國進口茶葉。

但荷蘭也在亞洲殖民地種茶，且對茶葉並沒有課稅，於是荷蘭的茶葉就遠比從英國轉口來得便宜，利之所趨，無數走私客從荷蘭走私茶葉到美國，走私茶在美國市面上竟然佔了九成之多，可以想見東印度公司的茶葉幾乎賣不出去，到了一七七二年，東印度公司庫存了大量中國茶葉，積壓的資金把它壓得快破產了。

由於東印度公司是英國政府與王室重要的財源，不能坐視它倒閉，於是英國政府於一七七三年推出《茶葉法案》。原本法律規定東印度公司要將所有茶葉於英國卸貨拍賣，英國商人買下後再轉口到北美殖民地去，於其中英國政府可抽取相當可觀的貨物稅，《茶葉法案》解除了這個限制，讓東印度公司可以不經過英國，直接賣茶葉到北美殖民地，這樣一來不但省下了貨物稅，也少讓中間人賺一手，於是東印度公司的茶葉有史以來首次比走私茶還便宜，而且便宜了超過一半。

英國推動了讓茶葉這個民生物價下跌一半的德政，殖民地的美國人應該感恩戴德吧？……如果是那樣的話，那他們就不是美國人了。

美國人完全不領情，他們認為這是要用傾銷消滅走私商，以控制整個殖民地市場的惡劣陰謀，更懷疑茶葉只是第一步，接下來東印度公司會依樣畫葫蘆的控制每一項商品市場，於是輝格黨人決定發起抗議行動，他們自稱「自由之子」，在波士頓率領六十個人變裝成印地安人，溜上東印度公司的茶葉船，把三百四十二箱茶葉都搗毀丟入海中，整個過程就是美國史上赫赫有名的波士頓茶黨事件。

在此之前，英國已經因為各種加稅，以及一七七〇年殺害了五名殖民地平民的波士頓大屠殺——美國人命的確比較值錢，五個人就稱為「大屠殺」——與殖民地之間鬧得水火不容，波士頓茶黨事件更激化了雙方的對立。一七七四年，英國因為波士頓茶黨事件，針對波士頓所在的麻薩諸塞州訂定一系列加強控制的強制法案，成為壓垮駱駝的最後一根稻草，殖民地建立大陸議會，決議脫離英國獨立，長達八年的美國獨立戰爭就此開打。

一百多年後，美國生產的T型車讓滿清滅亡；美國的誕生，卻又是清朝出口的茶葉造成的，歷史的循環，實在是相當微妙。

但故事還沒結束，回到廣州，由於茶商只收銀子，因此東印度公司購買茶葉要用上大量的銀，這些銀一部分靠「港腳」貿易商[3]從印度出口生棉到廣州提供，但是數量遠遠不足所需，剛好北美殖民地當時以銀幣為主要貨幣，墨西哥生產的銀有部分流往北美殖民地作為貨幣，東印度公司在北美殖民地賣茶，恰好可以取得所需要的銀，沒想到弄巧成拙，搞出了美國獨立革命，一打就是

[3] 十七世紀末至十九世紀中，在印度、東南亞與中國之間進行貿易的散商稱之為港腳商人（country merchant）。

八年，東印度公司自作自受，美洲銀的來源暫時斷絕。

屋漏偏逢連夜雨，印度生棉的生意也出了問題，原來中國的華北地區本來就產棉花，中國商人很快發現從華北海運棉花到華南，比印度貨來得便宜，於是棉花換銀子的這條路也告吹，東印度公司急著要找出辦法弄到銀，才能繼續與中國貿易，但儘管歐洲對中國茶、絲、瓷的需求很大，當時的中國人卻不太需要歐洲的產品，最後東印度公司發現，只有一種產品，在中國有足夠的需求，能賺到茶葉貿易所需要的白銀，那就是成癮性的毒品：鴉片。

多數學者認為鴉片戰爭是中國近代史的開頭，當我們繞了一圈從茶葉講到美國獨立，鴉片戰爭的主角：鴉片，終於登場了。

一七七三年，就在波士頓茶黨事件的同一年，東印度公司的印度總督華倫・哈士汀（Warren Hasting）在孟加拉設立東印度公司鴉片專賣部，由於清朝法律禁賣鴉片，東印度公司並不敢明目張膽的自己帶鴉片到中國銷售，而是賣給「白手套」代理商，讓他們自己去打通關節走私進口。

接下來，傳統的論述是：鴉片從各方面削弱了清朝，讓無數官員、軍人、紳商因為吸食鴉片而成為廢人，導致百業廢弛與「無兵可用」，而在經濟上，因為購買鴉片，使得大量白銀外流，也就是所謂的「銀漏」。

當時的朝廷雖然沒有現代經濟學知識，但是也已經觀察出銀漏產生的眾多害處：銀的減少，使得經濟體內缺乏大宗貿易所需的通貨，也就是現代經濟學所說的通貨緊縮，於是許多商業活動都停擺了；另一方面，由於採銀兩與銅錢並行的貨幣體制，因為銀短缺，使銀相對於銅錢的價格升高，於是老百姓手中的銅錢都相對貶值了，這又是通貨膨脹。

在同時通縮又通膨的惡劣情況下，社會出現無數亂象，清朝的行政慣例又加重了問題，銅錢相對貶值，收稅卻要以銀來計算，於是雖然康熙「永不加賦」的承諾還在，老百姓要繳的稅以銅錢來計算時卻實質上增加；而發給士兵的軍餉，名義上是以銀兩支付，但實際上卻是發給銅錢，原本以比「七折錢」高的比值：一兩兌換一千文錢來優待士兵，但在銀漏時銀兩已經大幅升值到超過一千文錢，發餉還是以一千文計算，相當於變相減薪。

對照實際的數據，的確自一八一〇年代起，流入中國的白銀銳減，一八二〇年代起轉為流出，而對照當時的清朝社會情況，銀兩缺乏造成通縮與通膨同時發生的惡劣情況的確存在，而鴉片進口量從一八〇一年到一八二一年間每年約四千五百擔上下，到林則徐前往廣州禁煙的一八三九年，已激增到四萬擔，進口量的確大幅成長，因此鴉片造成銀漏的傳統說法，似乎站得住腳。

但是林滿紅教授等學者卻提出了不同的看法，根據學者們的重新計算，在一八五六年以後到一八八六年間，白銀又轉為流入中國，總共達六・九一億銀元，但這個時期，鴉片每年進口量高達六、七萬擔，比鴉片戰爭前夕還要多得多。[4]

鴉片戰爭時有銀漏現象是不爭的事實，但是如果後來進口更多鴉片時，卻並沒有銀漏，那麼鴉片造成銀漏的假說顯然就站不住腳了。

如果不是鴉片，那麼又到底是什麼造成銀漏？

在此，不妨先武斷的說：是拿破崙造成的。

[4] 林滿紅《銀線——十九世紀的世界與中國》。

## 革命之火燒回美洲

我們把目光再拉回美國，一七七八年，華盛頓率領的美國大陸軍戰況逐漸好轉，法國認為美國已成氣候，可以用來打擊宿敵英國，於是與新生的美國結盟，法國王室沒有想到此舉所打擊最大的將是他們自己——由於參與美國獨立戰爭，以及之前參與七年戰爭，使法國政府債台高築，在十年後不得不想辦法進行財政改革，因而引發了一連串事件，最後導致爆發法國大革命。

革命後的混亂讓拿破崙坐上了權力的寶座，一七九九年，清朝的乾隆太上皇駕崩，嘉慶帝親政，同一年，拿破崙也發動了霧月政變，成為法國的獨裁者，五年後，清朝的嘉慶皇帝終於平定了各地的白蓮教之亂時，拿破崙修改憲法，把法國從共和國改成了帝國，加冕稱帝。

一八〇五年十二月二日，拿破崙以法國皇帝之尊親征，在位於現今捷克境內的奧斯特里茨以寡敵眾，大破俄國沙皇亞歷山大一世與奧皇法蘭茲二世親自領軍的俄奧聯軍，由於這次會戰有三個皇帝參戰，史稱為「三皇會戰」，是拿破崙畢生的巔峰之作，戰後拿破崙逼使奧地利放棄神聖羅馬帝國的稱號，次年，拿破崙又於雙重會戰中將普魯士軍打得將近覆沒，再次年，拿破崙在弗里德蘭戰役中擊敗了俄普聯軍，迫使沙皇亞歷山大一世請和。

連戰連勝，全歐洲都向他俯首稱臣，拿破崙志得意滿之餘，覺得自己當上法國的皇帝還不滿足，還想讓全家人每個都到各國去封王，成為統治歐洲的王族家族。一八〇八年，他趁著西班牙動亂，竟然逼迫本來是盟友的西班牙王室退位，以他的大哥取而代之，成為新的西班牙國王，這個舉動引起西班牙全國起而反抗，讓拿破崙陷入半島戰爭[5]的泥淖當中。

半島戰爭一直持續到一八一四年，在七年間，法軍、西班牙軍隊與民兵、葡萄牙民兵，以及支援他們的英軍拉拒激戰，可想而知，西班牙政府機能完全停擺，也失去了對美洲殖民地的控制能力，於是革命之火從美國燒到法國後，又從歐陸燒回了美洲。

一八一〇年起，原為西班牙殖民地的中南美洲等地紛紛爆發獨立革命，南美各國獨立之父「解放者」西蒙・玻利瓦（Simón José Antonio de la Santísima Trinidad Bolívar y Palacios）與阿根廷的聖馬丁（José de San Martín）轉戰南美洲大陸各處，與西班牙部隊交戰，最後雙雙擊敗西班牙，使得南美洲西班牙殖民地包括玻利維亞、哥倫比亞、厄瓜多、巴拿馬、秘魯、委內瑞拉，以及阿根廷和智利都取得獨立。

在墨西哥，效忠於西班牙的保皇派則一直掌握大局，獨立革命軍只能以游擊的方式作戰，一打就是十一年，就在革命軍內部分裂、瀕臨潰散的時候，一八二〇年，西班牙本土卻發生了武裝政變，自由派軍人起義，逼迫西班牙國王遵守一八一二年的西班牙大憲章，開啟了三年的君主立憲民主政治時代[6]。

[5] 拿破崙在西班牙與葡萄牙的戰事，稱之為「半島戰爭」，以發生於伊比利半島而命名。

[6] 西班牙此次短暫的民主憲政只持續到一八二三年歐洲國家默許法國入侵西班牙，摧毀民主立憲政府，重新建立王權為止。

諷刺的是，原本一直把墨西哥革命軍壓著打的保皇派，卻因為對民主立憲政府的諸多政策感到反感，竟然倒戈與革命軍站同一陣線，於是墨西哥宣布獨立，接著，今日中美洲各國瓜地馬拉、薩爾瓦多、宏都拉斯、尼加拉瓜、哥斯大黎加等地區也有樣學樣，以「中美洲聯合省」的名義宣布獨立，到一八二三年，西班牙喪失了除了古巴與波多黎各以外所有的殖民地。

這場因拿破崙染指西班牙而起，導致中美洲與南美洲天翻地覆的大動亂，從一八〇八年半島戰爭起，直到一八二三年才大勢底定，這期間西班牙政府的停擺與中南美州各國內戰戰火使得銀礦停產、銀幣停鑄，在獨立各國情勢穩定以後，才開始恢復銀礦的生產，不過已經荒廢的礦區不是一時三刻就能馬上回到原本的產能，大體上，各國的銀礦一直到一八五〇年代以後才完全恢復原本的產量。

拿破崙還造成了另一方面的影響，在拿破崙上台以前，法國革命政府因財政困難，曾經試著使用以沒收貴族與教會土地為發行基礎的「土地兌換債券」（Assignat）做為通貨使用，結果因為超額發行，產生惡性通貨膨脹而貶值到一文不值，之後法國政府幾度試圖更換紙幣，只是重蹈覆轍，這場財政混亂直到拿破崙征服義大利帶回大量戰利品，並於一八〇三年以「真金白銀」重建法郎，發行百分之九十含銀量的法郎銀幣，與價值二十法郎的拿破崙金幣，才使法國人對貨幣恢復了信心。

但這也導致拿破崙戰爭期間，法國對金、銀的需求量突增，拿破崙征戰歐洲，每次征服新的國家，就忙著把該國的黃金白銀通通搬回去鑄成金幣銀幣，

歷史小知識

## 法國大革命的鈔票災難

法國在大革命前的財政危機時，賣官、賣城、以未來各種稅費收入抵押借款等手段都用盡了，但寅吃卯糧的結果使得最後財政無計可施，法國大革命爆發後，由於沒收了貴族與教會的財產，讓問題暫時解決，革命政府以這些沒收的地產為擔保，發行「土地兌換債券」，一開始還有利息，但一七九〇後取消利息，讓「土地兌換債券」從一種政府公債成為正式的貨幣。

然而革命後的法國為了因應反法聯軍的軍事開支，加上政府系統混亂，財政很快又陷入困難，結果政府大量印行「土地兌換債券」，終於導致嚴重通貨膨脹，「土地兌換債券」大貶值而金屬貨幣相對值錢，於是法國人人囤積金屬貨幣，使得市面上連小額硬幣都消失了，到一七九六年，「土地兌換債券」價值只剩原本的百分之一，印製工廠被憤怒的民眾搗毀，國民公會政府也跟著垮台。

繼任的新政府以新的紙鈔「土地券」（**Mandats territoriaux**）取代「土地兌換債券」，但是一口氣發行了二十四億法郎，果然重蹈覆轍，到一七九七年二月，政府被迫宣布紙鈔無效，只能以百分之一的面值兌換錢幣。而接著法國政府又想要清空公債，宣布發行「三分之二抵債券」（**La banqueroute des deux tiers**），試圖把計息公債減到三分之一，其他則用剛發行就已經形同廢紙的「三分之二抵債券」來償債，在這一連串的財政惡例之後，法國人民再也無法相信任何紙鈔了。

當拿破崙攻破威尼斯時，搜刮了無數精美的金飾藝術品，但拿破崙對它們無價的藝術價值不屑一顧，只忙著把它們熔掉。

拿破崙的這個措施不僅吸乾了他所征服的歐洲領地，連未被征服的英國都受到影響，發生嚴重的金、銀外流，於是整個歐洲都陷入金銀短缺的狀況，再加上之後因西班牙殖民地獨立而造成的銀減產，使全世界在十九世紀的上半發生了一場銀荒。[7]

一七五二年，蘇格蘭經濟學家、哲學家與史學家休謨（David Hume）於《論貿易平衡》（Of the Balance of Trade）文章中指出金、銀就像水一樣的流動，「水位」太高時就會自己流出國家。清朝在銀漏時期也是一樣，由於全世界發生銀荒而使全世界銀的「水位」偏低，讓清朝的銀子「水位」相對偏高，因此怎麼防堵都會外流，不管是透過鴉片也好，或是茶、絲的出口減少也好，或是其他任何貿易或非貿易的因素都好，銀漏是不可避免的，鴉片只是問題的表相。

道光皇帝與林則徐等人只從中國的角度看，只看到銀漏，無法理解是遠在地球另一邊的戰亂使世界發生了銀荒，於是鴉片就成了代罪羔羊——雖然鴉片

[7] 受拿破崙戰爭影響，世界也同時發生金荒，但由於一七九一年美國在漢彌爾頓主導下，將金銀官方價格比定為十五比一，低於世界價格比，使得美國黃金大量流出，幾至完全消失，在一定程度上緩和了世界金荒。

並不是什麼好東西，但是堵住鴉片其實並無法停止銀往外流——他們為了解決國內因為銀荒造成的諸多問題，積極的想要堵住可見的銀漏管道，於是，鴉片戰爭也就勢在必行了。

## 林則徐虎門銷煙

鴉片對中國來說並不是新鮮事，古中國人使用鴉片已經有上千年的歷史，因此並不能說是英國人帶進中國，雖然東印度公司在華氏城[8]鼓勵印度佃農種植鴉片的原料罌粟，再由加爾各答的提煉廠精煉出質與量都遠勝於從前的鴉片，無疑是鴉片市場初步擴張的原因之一，不過，鴉片年進口量增加到四萬擔，卻不是東印度公司有意造成的。

由於清朝每幾年就三令五申禁止鴉片，東印度公司也一直很「守法」，從不用公司的船隊運送鴉片到中國，而是就近在加爾各答賣給怡和洋行與寶順洋行等代理商，所得的現銀，用來補貼買茶葉所需。到一八二五年，鴉片貿易已經完全能補足東印度公司購買茶葉的需求，原本應該適可而止，但接下來，整個鴉片貿易卻開始走火入魔。

8 地理位置請參刊頭彩頁「印度鴉片產銷圖」。華氏城為印度比哈爾邦首府巴特納（Patna）的古稱，該地所種植的罌粟品質全球最佳。

第一個關鍵是摩臘婆[9]鴉片，摩臘婆私種的鴉片一直挑戰東印度公司的壟斷特權，東印度公司起先痛恨私種鴉片與走私商，想盡辦法以各種禁令與限制阻擋摩臘婆鴉片，但到了一八三〇年，東印度公司終於體認到不可能禁絕私商，與其費力防堵，不如分一杯羹，於是轉而讓摩臘婆鴉片經孟加拉出口，賺取轉運費用，鴉片貨源的擴增使得接下來幾年內，中國每年進口鴉片量躍增到兩萬擔以上。

第二個關鍵是一八三四年東印度公司失去中國貿易壟斷權，於是人人可經營鴉片生意，在兩個因素加乘下，鴉片進口量很快飆上三萬擔，更於一八三九年爆出四萬擔的大量，說起來，這並不能算是東印度公司的責任，只能怪它先打開了「潘朵拉之盒」，結果成為後世責怪的對象。

鴉片進口量激增，使得它馬上與銀漏聯結在一起；不過，在道光時代，清廷朝野官員關心銀漏問題時，嫌疑犯還不只有鴉片，道光皇帝就曾諭示，認為各種外國銀元也是銀漏的可疑原因，因為本洋等外國銀元的含銀量約九成，低於紋銀以及各地銀兩，道光皇帝懷疑商人引進外國銀元，用來買含銀量高的各地銀兩後，運出銀兩鑄成含銀量較低的外國銀元，以套取利益。

9 摩臘婆的地理位置請參刊頭彩頁「印度鴉片產銷圖」。摩臘婆（Malawa）今日仍是合法鴉片的重要產地之一，位於印度今日的中央邦境內，摩臘婆的譯名出自於玄奘《大唐西域記》。

在一八三〇年代的道光皇帝以及他的群臣們，就已經在積極處理通貨緊縮的問題，而且還考慮到是否因為套匯造成，實在很難把這樣的他，與後來輕視英國軍事力量，撕毀《穿鼻草約》，搞得鴉片戰爭擴大的同一個道光皇帝聯想在一起。

而鴉片戰爭的主角林則徐，針對兩種可能的銀漏原因，也都分別提出過他的看法，針對外國銀元問題，他認為應該鑄造本國銀元與其競爭，這個主意不錯，可惜當時的清朝工業能力太差，做不出像樣的銀元而失敗；針對鴉片問題，林則徐則在一八三三年提出應該讓種植本土鴉片合法化，這樣一來就不會白銀流向海外。

後來林則徐銷毀鴉片，被歷史課本讚揚為反毒英雄，每年還有禁菸節紀念他呢！但是，從林則徐曾支持本土鴉片的論點來看，他並不是站在反毒的立場要禁止鴉片，根本上還是以解除銀漏為考量。

諷刺的一點是，對付銀漏是為了解除通貨緊縮以改善經濟，但到了日後鴉片流通更盛行的時候，鴉片本身也被當成通貨使用，清末與家鄉借款的商人可以寄鴉片回去償還借款與本金，甚至鴉片定貨單也成了準通貨，可以拿來當成鈔票使用；更值得一提的是，當時中國沒有一個商品有鴉片這麼高的利潤，由於有了鴉片，中國內陸的商販才有辦法打平路費與沿途官匪層層勒索而深入內地，建立全國貨物的流通管道，這讓其他商品也跟著受惠，因此其實鴉片在某方面來說發揮了正面的經濟作用。

除了林則徐以外，許多大臣也都提出合法化鴉片，以管理取代限制，即可解決銀漏的主張，但是道光皇帝認為吸食鴉片對清朝臣民危害過大，無法接受這樣的看法，他打算採取嚴格的全盤禁止措施，一八三八年十二月，道光皇帝派遣一位擁有完全授權的欽差大臣前往廣州，盡一切必要的手段禁絕鴉片，這位欽差大臣正是林則徐。

於是，曾經主張支持本土鴉片的林則徐，張起道德的大旗，聲張反毒的口號，開始進行全面打擊鴉片的行動了。

專制政權下，為官之道本來如此，但林則徐在執行禁絕鴉片一事上，倒展現了他的真本領，林則徐在與道光皇帝「奏對」[10]時，就侃侃而談他的禁絕計畫將如何實施，到任前後，一一執行，首先針對鴉片癮君子恩威並施，一方面以嚴刑恐嚇，一方面給予必要的醫療協助以度過戒斷症狀，第二個方針，則是

10「奏對」，即臣子當面與皇帝討論，回答皇帝的問題。

截斷鴉片的運輸網路。

在廣州，外國貨運船隻到了珠江口的伶仃洋，所有進口商品都得先在內伶仃島靠岸，由廣州海關關員檢查進口貨物並收取關稅，才能入關。當然，鴉片這種非法商品是不能接受檢查的，因此運送鴉片的洋行武裝商船，就在內伶仃島附近下貨，或是下貨到停泊在島旁無數的走私船基地，無數的私梟，把鴉片轉運到遍布內伶仃島四周圍的各種小型快船上，偷運離島，由強悍的蜑戶[11]領著船溯珠江而上，穿梭在島嶼淺灘間，再上溯各支流，沿岸的河防巡邏早就被收買，聽任他們在各個倉儲地點下貨，然後轉批發給煙館的老闆。

林則徐計畫雷厲風行的打擊這整個運送過程中的各環節，並掃蕩收賄的各級官員。在後來的實際行動中，他逮捕一千六百多個煙販，又強力取締煙館，迫使他們只能歇業或轉入地下，在運輸與銷售通路都遭到截斷的情況下，廣州的鴉片貿易凍結了。

英國駐華商務總監義律（Charles Elliot）原本並不同情那些鴉片商人，他本人就曾抱怨以鴉片獲利是大英帝國之恥，更認為非法的走私行為不值得保護，如果林則徐的反煙行動只針對中國鴉片私販，那麼雙方並不會起什麼衝

[11] 蜑戶是散居在廣東、福建沿海的少數民族，被視為「賤民」，不准上陸地居住，因此以船為家，從事捕魚、採珍珠，以及船運等工作，也時常成為河盜或海盜，民國以後蜑戶解除賤民的身份，如今蜑戶一詞有時已經失去原意，只單純的指「水上人家」。

突，偏偏林則徐或許因為只打擊中國商人會引起非議，總要向洋人示個威才能堵住眾口，或是認為要有個「大型表演」來宣誓一下反煙行動，整個禁煙行動從一開始就往擦槍走火的方向前進。

在廣州，外國商人被限制在一個稱為「十三行」的狹窄地區，裡頭只有十三排的房舍，因此得名。十三行的東西向只有兩百七十步寬，區域裡只有三條南北向的小巷弄，分別是同文街、靖遠街和新豆欄街，房門口走出來，走了五十步就到了珠江江濱，這一小塊狹窄地區裡頭住了外商大約三百五十人。

後來擔任美國駐華公使的伯駕醫師（Dr. Peter Parker）——英文原名與「蜘蛛人」同名——就在新豆欄街開了一個診所，即「新豆欄醫局」，收治許多中國病人，相傳林則徐於禁煙期間疝氣發作，曾要求伯駕為其製作疝氣帶，解決了疝氣的毛病，在林則徐臨終時，指著天說出「星斗南」三個字，有人認為，以福州話發音，應是在說「新豆欄」，或許林則徐是在病重之際，想找新豆欄醫局的伯駕再幫他看看病。

但在一八三九年，林則徐對十三行則是不假辭色，二月二十六日，林則徐尚未抵達，就下令在十三行前處決一名中國鴉片販，給洋人們一個下馬威，三月十日正式抵達廣州，限令外商交出所有鴉片，並於三月二十四日封鎖了十三行。十三行只是一小片江邊的狹窄地帶，完全無可防守，也沒有囤積飲水與糧食，林則徐這一步把洋商逼到了死角，然而，這也使義律認為林則徐已經危害了大英帝國商人的生命財產安全，自此，林則徐把義律推向了與他對立的一邊。

於是，義律施展了一個聰明絕頂但又極為陰險的策略，他要洋商先將所有的鴉片由他統一收繳，成為大英帝國的財產，再從他手頭上，把鴉片交給林則徐。義律向洋商保證會獲得賠償，當時洋商手上的鴉片已經積壓五個月賣不出去，不但樂得把鴉片脫手，還急忙調來更多貨，以便日後支領賠償金；另一方面，林則徐則以為義律非常配合，認為「英夷」已經俯首稱臣。

林則徐萬萬沒想到，義律此舉，使得他能夠以「損害英國財產」為由，向國內請求興兵開戰——到了戰後，更依此向清廷求償六百萬兩。

不過此時林則徐還不曉得日後的事，只顧著「大型表演」，六月，林則徐終於想到如何銷毀鴉片的最好辦法，將兩萬箱鴉片以「海水浸化法」，在大鍋裡與石灰混合，倒入虎門外灘特別打造的銷煙池，流入大海銷毀了——事前，林則徐還為了將鴉片倒進海中可能荼毒生靈而向東海龍王致祭道歉——史稱

「虎門銷煙」。

## 自殺炸彈猴與馬桶

林則徐如願銷毀了鴉片，洋商則離開了廣州，上船，停泊在香港的港灣中，雙方關係暫時和緩，但一八三九年七月，發生了英國水手殺害中國人林維喜的事件，這使得林則徐與義律再度交手。

義律認為當時的中國根本沒有司法系統[12]，而且缺乏當時西方的人權共識，經常濫用刑求，審判也常是主觀認定有罪，而不重視證據與邏輯，因此拒絕將兇手交出。在現代，任何先進國家，如果有國民在司法較原始的國家被控犯罪，駐外官員一定會設法營救，因此義律只是盡忠職守而已。

然而，站在林則徐的角度，殺人兇手當然要交出，由他來審判並正法，不然國家主權何在？說起來兩個人都是為了各自維護自己國家的主權，並沒有誰是誰非的問題，但這樣的爭執無法化解，最後只能兵戎相見。

林則徐斷絕飲水與糧食補給，想逼義律就範，而義律的反應是在一八三九年八月底，率領路易莎號（Louisa）、珍珠號（Pera）與窩拉疑號（Volage）三

12 中國一向由行政官員兼司法官，例如由知縣在縣衙審案，直到清末的最後關頭，才開始建立法院的司法體系，於一九一〇年頒布《法院編制法》。

艘小型艦，前往九龍要求補給，當清朝水師拒絕時，義律下令開火，這場微不足道的小衝突，成為滿清與西方砲艦的第一次交火。

戰鬥過程相當無趣，雙方互相開火打了上百發砲彈以後，都沒有什麼重大損失，義律的三艘船打到沒有彈藥了，於是返航，中國水師尾隨而來，砲打前來會合的英國小艇甘米力治號（Cambridge），導致三人受傷，這就是後來史稱「九龍之戰」的實際狀況。

林則徐向北京上奏摺時卻大筆一揮，當場變成：以寡擊眾獲勝，擊沉英艦一艘，擊斃英人十七人。

這成為滿清官員在與西方交戰時捏造戰報之始，後來在整個鴉片戰爭過程中，官員紛紛捏造戰勝，這個惡習發展到八國聯軍前夕，裕祿明知大沽口砲台在幾小時內就淪陷，卻還向慈禧上《接仗獲勝折》謊報在大沽口接戰獲勝，稱義和團「民心極固，軍氣甚揚」，使慈禧誤判局勢，在次日下達《宣戰詔》與八國宣戰。就這點來看，林則徐的行為與禍國殃民的裕祿[13]恐怕沒什麼兩樣。

九龍之戰只是個熱身，好戲正要開始，林則徐銷煙以外，還要求洋商立下具結書，保證之後再也不夾帶走私鴉片，如果被查到的話，貨物沒收，船上

[13] 裕祿稍後在八國聯軍中兵敗自殺，可說害人害己。

的船員也要當場正法。義律再度認為這侵犯了英國人民的人權，站在義律的角度，就算英國人犯法該處死刑，也是要經公正的司法審判，確定有罪，才予以判刑，而不是「就地正法」，義律認為自己的職責所在，是保護大英帝國子民應有的人身安全，因此義律下令所有英國商人不許簽具結書。

大清律例並沒有近代司法觀念，也沒有什麼人權的想法，林則徐並不認為把人就地拖去砍了有什麼不妥，認定義律只是在袒護英國人，於是他「以商圍政」，表示若英商不簽具結，就無限期終止貿易。

雙方僵持到了十月底，英商擔麻士葛號（Thomas Colts）船長彎剌（Warner）受不了了，決定私自去簽具結書，緊接著皇家薩克遜號也有樣學樣，義律為了阻止皇家薩克遜號，派出窩拉疑號攔截，於是最怪異的一戰發生了：這場被稱為「穿鼻之戰」的遭遇戰，竟然是英國的軍艦要砲打英國的商船，而中國水師卻是趕來保護這艘英國商船，因而爆發的。

義律以窩拉疑號與海阿新號（Hyacinth）兩艘船，對上關天培的十六艘戰船及十三艘火船，戰鬥結果：兩艘英國船只受到輕微的損傷，反而中國戰船一艘爆炸沉沒、三艘被擊沉、輕重傷數艘，最後除了旗艦以外都溜了。

那林則徐怎麼上報的呢？毫無疑問，這又是一場「擊退英夷的大勝利」！

有趣的是，雖然林則徐只把這兩次小衝突與稍後的關閘之役[14]列為勝仗，但最後總結時卻灌水成兩倍：「大小接戰六次，俱係全勝。」

英國人當然沒有被擊退，就在穿鼻之戰的隔天，英國外務大臣巴麥尊子爵（Henry John Temple, 3rd Viscount Palmerston）決定派出遠征艦隊，倫敦國會對此展開投票表決，雖然保守黨（Troy）不支持派兵保護鴉片走私者，不過英國商人長久以來對滿清的高關稅、重重限制、官員貪腐收賄與自我中心的態度已經極為不滿，正想尋釁修理它，以爭取更好的貿易條件，鴉片衝突發生得正是時候，正好成為一個出兵的藉口——事實上，到鴉片戰爭後，英國也並未要求要將鴉片貿易合法化——在商人遊說之下，巴麥尊的戰爭預算案於投票中以兩百七十一與兩百六十二票，九票之差險勝。

林則徐為了知己知彼，很努力的學習英語和葡萄牙語、翻譯外國書籍，但是以他的背景與時代限制，他再怎麼努力也很難去了解英國的政治，另一方面，英國人卻很明白中國的要害所在，廣州不是朝廷關心的地方，要出兵就要攻擊華中心腹要地，截斷大運河的運輸，要不然就是逼近首都北京。

[14] 林則徐以「保護」澳門的名義，向澳門出兵，英軍因而攻擊澳門邊界線上的關閘，最後英軍僅四人受傷，擊沉中國水師戰船兩艘，並於成功焚毀關閘的彈藥與軍需品之後揚長而去，但林則徐仍然呈報為勝利。

因此，遠征軍佔領定海，並抵達北河河口，直逼守衛天津的大沽砲台——日後，第二波進攻時，英軍則是溯長江而上，直指南京。

到這個時候，道光皇帝終於察覺事情不對勁了，飆了林則徐一頓：「外而斷絕通商，並未斷絕，內而查拿犯法，亦不能淨，無非空言填塞，不但終無實際，反而生出許多波瀾。」

一八四一年，林則徐流放伊犁，在鴉片戰爭的舞台下台一鞠躬。他在前往伊犁「勞改」的途中，致書友人[15]侃侃而談清英雙方在軍事技術上有極大的差距，英國的火砲射程遠、射速快，所向披靡，而戰略上英國也佔便宜，戰艦機動性高，但陸地上的清兵卻無法瞬間移動，並且各地清兵都是以冷兵器面對面作戰，沒辦法習慣遠距離砲戰。林則徐指出清軍最起碼就缺乏能對敵的大砲，就算被尊為軍神的岳飛、韓世忠再世，也只能束手無策。

他明知無法與英軍對抗，卻還要挑起戰端並假造戰功，明知需要什麼改革的辦法，卻從未提倡改革，當定海淪陷後，林則徐對於收復定海的建議是：打算以詐術和民兵的人數優勢取勝，他認為這樣一來，對付英軍「殺之將如雞狗」，這樣的「人民戰爭」連當時的清廷都不採納。

[15] 出自蔣廷黻《中國近代史大綱》。信件內文為：彼之大砲遠及十里內外，若我砲不能及彼，彼砲先已及我，是器不良也。彼之放砲如內地之放排槍，連聲不斷，我放一砲後，需輾轉移時，再放一砲，是技不熟也。求其良且熟焉，亦無他深巧者，不此之務，既遠調百萬貔貅，恐只供臨為之一哄。況逆船朝南暮北，惟水師始能尾追，岸兵能頃刻移動否？蓋內地將棄兵丁，雖不乏久歷戎行之人，而皆睹面接仗，似此之相距十里八里，彼此不見面而接仗者，未之前聞。徐嘗謂勦匪八字要言：器良技熟，膽壯心齊是矣。第一大砲要得用，今此一物置之不講，真令岳、韓束手，奈何奈何。

歷史小知識

### 林則徐的「人民戰爭」

林則徐在《密探定海情形併擬計劃襲取片》中說：「或將兵勇扮作鄉民，或將鄉民練為團勇，陸續回至該處，論詐為見招而返，願與久居，一經聚有多人，約期動手，殺之將如雞狗。行見異種無遺。」

當時道光帝下令禁止與英國人交易，斷絕英軍定海駐軍的糧食補給，英軍當時一面四出尋糧，一面派人貼榜安民，希望居民回城與他們交易，因此林則徐提出派士兵扮成鄉民，或把鄉民練成鄉勇，假裝要回城交易，卻突襲英軍的主意。清廷並未採納這種「人民戰爭」的主張。

在稍後發生了「三元里事件」，七千五百名廣東鄉民包圍了七百人的英軍，結果英軍只死一人，傷十五人，之後在兩個連陸戰隊增援下輕易脫出重圍，說明了沒有受過戰鬥訓練的鄉民即使人數再多也不堪一戰，日後的義和團再度證明了這一點。然而許多鄉民卻因為英軍突圍撤退而認為是一場「勝利」。

日後徐廣縉升任總督時，問林則徐「馭夷之法」，他的答覆竟是：「民心可用。」

林則徐學習英語、葡語，並搜集各國資料，翻譯國際法與數本英國書籍，身為當時整個國家最了解西方的人，卻仍表現如此，也就無怪乎清朝在備戰期間，搞出許多莫名其妙，讓人哭笑不得的「不對稱戰法」。

先從林則徐本人說起，林則徐曾計畫雇用小船，逼進英船下方將它炸沉，不過當年的英國軍船早就有防備此種攻擊的設計與訓練，而且當時中方的火藥威力也不足。後來靖逆將軍奕山曾派水陸軍一千七百多人，乘快船以火箭與噴火筒夜襲英船……對英艦只起了搔癢的作用。

林則徐還想到要利用中國戰史上經常使用的攔江鐵鏈封鎖河口，但英船的噸位約為中國水師戰船的十倍，那些鐵鏈對它們來說，一撞即斷，並不構成困擾。

而台灣道——等於是「台灣縣」的縣長——姚瑩，則相信廣東沿海的蜑戶之中有很多深藏不露的高手，不但是像《水滸傳》裡的「浪裡白條」一樣善泳，甚至還能閉氣在水底行走，走到英船旁奇襲——又不是電影「神鬼奇航」中的骷髏兵——姚瑩建議應該徵召這些「水勇」，很不幸的，林則徐測驗的結果，發現水勇們的「龜息大法」都不合格[16]。

林則徐也曾想要招募江湖武林高手，用輕功跳上英船，以武術和英軍作戰，不過，林則徐實地測驗發現：不只「龜息大法」不存在，「輕功水上飄」也並不存在。

異想天開的士兵們則想到要利用善爬的猴子，把牠們身上纏滿鞭炮，想辦法要牠們跳到英船上，成為自殺猴炸彈，先不論是否虐待動物，或是鞭炮是否有效，事實證明，猴子果然不是良好的自殺炸彈客，根本沒辦法指揮牠們跳上

[16] 出自《台灣道姚瑩上督撫言防夷急務狀》。後來林則徐測試「水勇」發現他們都無法水中行走，但是林則徐認為這些「水勇」可能會為洋人服務，或進行海盜勾當，「當防其吃緊之時，恐其輩被他們勾作漢奸，或為盤運貨物，利之所在，不免爭趨。仍惟收而用之，在官多一水勇，即在洋少一匪徒。」因此還是建議徵召「水勇」，而道光皇帝也下令徵召訓練「水勇」。

船，只好作罷[17]。

不過最爆笑的是林則徐堅信英國人無法在陸上作戰，這個「流言」是來自於乾隆年間，英國使節馬戛爾尼（George Macartney）堅拒向乾隆跪拜，現在我們有了人權與尊嚴的觀念，很能理解馬戛爾尼的想法，不過古中國人沒有這些概念，他們認為向皇帝跪拜是天經地義，無法理解馬戛爾尼為何始終不願跪拜，最後認為是英國人「無法下跪」，林則徐則認為是英軍的綁腿造成的：「夷兵除槍砲外，擊刺非其所嫻，而其腿足裹纏，結束緊密，屈伸皆所不便。」一直到英軍攻陷定海，林則徐還堅持這個看法，上奏說英國人「渾身裹纏，腰腿僵硬，一仆不能復起」，跌倒了就爬不起來，所以連鄉民都可以打倒他們，於是有了前述的「人民戰爭」提案。

實際上英軍的綁腿是為了增強腿力，當然不會造成「屈伸不便」，更不可能像林則徐意想天開以為的一跌倒就爬不起來，定海交戰後清軍也知道這點，於是林則徐的「人民戰爭」提案當然不被採用。

林則徐下台一鞠躬之後，其他將領使用的「武器」更是離奇。

湖南提督楊芳，宿有名將的美譽，但是當他看到英國船在波濤洶湧之中

17 故事出自於貝青喬的《咄咄吟》。

開砲竟然還能命中目標，一口咬定一定是用了妖法，所以他對抗英國的辦法，就是下令搜集婦女用過的馬桶陳列於河邊「鎮邪」，又廣建道場，紮了無數紙人，接著更進一步，把馬桶擺上了一排排的木筏，馬桶口對著英艦，向英艦衝過去「破邪」。

很難想像英軍在船上看到一排排馬桶朝著他們衝過來會作何感想，不過我們可以確定的是，馬桶或許會讓人覺得噁心，但要「破邪」以剋制英艦的大砲？完全沒用。

而揚威將軍奕經則打算用時辰來打敗英國人[18]，他到關帝廟求籤，得到籤詩「不遇虎頭人一喚，全家誰敢保平安」，於是奕經將進攻的時間選在道光二十二年農曆正月二十九日四更，虎年虎月虎日虎時，這下就有四隻虎，他再任命屬虎的總兵段永福為主將，湊足了五虎，他說這是「五虎撲羊」——羊指洋人——自然可以大獲全勝啦！結果他費心求神問卜占得的「吉時」，卻剛好是在下大雨的時候，於是全軍深陷泥淖，接著水師竟然暈船，而他手下來自四川的精銳「川勇」因為誤解了命令，只帶著短刀就衝進英軍的火力射擊範圍，在連續砲轟與射擊之下積成了屍山血海。

18 魏斐德在《大清帝國的衰亡》一書中誤記為怡良，但對照郭廷以《近代中國史綱》，他所描述的應為揚威將軍奕經。

那麼英國人呢？以英艦「復仇女神號」（Nemesis）來說，它已經有水密船艙可避免觸礁沉沒，平底設計讓它能在淺水航行，艦上火砲能輕易摧毀清軍的岸防砲台，更裝備康格里夫火箭（Congreve rocket），對付清朝水師的木造船艦有如摧枯拉朽。以英軍配備的槍枝來說，部分英軍已經配備布朗斯威式來福槍（Brunswick rifle），這種槍枝是以火帽擊發，點火用的雷汞包覆在銅製的火帽裡頭，不會被水淋濕，讓英軍在滂沱大雨中仍能開槍作戰[19]。除了武器上的優勢以外，英軍在戰術、訓練、紀律與士氣上，也都遠勝於清軍。

最後，道光皇帝在英軍進逼南京城的情況下，議和簽訂《南京條約》，這件事被後世視為是「喪權辱國的不平等條約」之始。

如果說鴉片戰爭輸了是誰的錯？一開始決定禁煙而非弛煙，在過程中又撕毀《穿鼻草約》重啟戰端的道光皇帝自然要負全部的責任，但是，林則徐明明知道英船砲厲害，都還不肯承認事實，道光對事態的理解來自許多不實報告，又怎能怪他呢？

那麼，要怪罪林則徐嗎？劉鶚在《老殘遊記》中說：自古清官為禍最烈，他指的是縱容義和團，最後引爆八國聯軍的禍首毓賢。

[19] 並非所有英軍都已經配備火帽槍，其他英軍配備火繩槍與燧發槍，在三元里事件時，適逢滂沱大雨，火帽槍可以開槍，而火繩槍也勉強能開槍，但燧發槍就熄火，因此造成英軍的一些困難，否則英軍死傷人數可能更低。

林則徐、毓賢都清廉而勤政，而且都很聰明能幹，卻也都是引發戰端的元兇，林則徐打出道德的大旗，在後世被「封」為「反毒英雄」，而他與洋人槓上，所以成了「民族英雄」，又只參與一些小衝突，鴉片戰爭的重頭戲在他離開後才開始，所以日後慘敗的責任也沒有落到他頭上。這類「名在利前」的人往往都能得到他們想要的清譽，還能名留歷史受到紀念呢，怪不得這種人在每個時代都有。

但是，林則徐就算迷信，至少還去實證，其他人則更糟糕；林則徐謊報戰功固然可惡，但奕山在丟了廣州城以後一樣也謊報戰勝，水師暈船而不敢登陸舟山島時也一樣謊報戰勝，姚瑩擄獲了船難的英國人也一樣謊報戰勝。這已經不是個人的問題，而是官場上普遍的情況。

我們儘可嘲笑林則徐竟然以為英國人一跌倒就爬不起來，但他已經是當時最努力了解洋人的人，林則徐命人翻譯英國出版的《中國人》為《華事夷言》，又命人編譯國際法為《各國律例》，並把英國作者慕瑞（Hugh Murray）的《世界地理大全》編譯為《四洲誌》，後來交給魏源，改編為《海國圖志》。

林則徐做到這個地步，其實離完全了解西洋還很遠，但已經在社會上引起軒然大波，被認為是「潰夷夏之防」，遭當時的「清流」嚴厲抨擊，他如果再更進一步研究，或是還提倡改革，那恐怕改革不成，自己先丟官了。

而楊芳想用馬桶破敵，也不能說是他一個人愚蠢，而是社會習俗所致，從明末的流寇，到乾隆晚年的白蓮教起義，一直到之後的太平天國之中，都還有交戰雙方潑黑狗血、雞血、燒羊角、灑糞汁，最蔚為奇觀的是許多戰役中還有叫來婦女裸露生殖器「裸陰」面對敵方，試圖用來「破邪」讓大砲膛炸或無法命中的記錄，直到八國聯軍時，義和團也還相信同樣的把戲。

出現「自殺炸彈猴與馬桶」已經不是誰的錯，也不該去追究是誰的錯，借用歷史學家黃仁宇的一句話來說，是「整個社會的失敗」。

然而，回到當年，道光皇帝倒沒有覺得那麼「喪權辱國」，畢竟，《南京條約》中說要多開通商口岸，那也不就是比「一口通商」以前的「四口通商」再多開一口罷了，不是什麼了不起的事；而割讓香港？雖然道光皇帝曾經因為這點把琦善給抄家，但是想想當初澳門根本就沒有什麼條約割讓，只憑天朝的「好心」就讓給葡萄牙人住，如今再「恩准」把一個小小的香港讓給英國人住，也不算什麼。

於是，在鴉片戰爭後，清廷像什麼事都沒發生過一樣，後世許多學者稱為是「昏昏沉沉的睡了二十年」，有人是說道光昏庸，有人說林則徐沒有盡到建議改革的責任；由於後來《海國圖志》在中國不受重視，卻流傳到日本促進了明治維新，更有許多人想像如果滿清能從鴉片戰爭就開始吸收西方的技術與文明，就不會落後日本……

這個比較並不恰當，在一八四六年，德川幕府對於美國軍艦施壓要求通商也是不置可否，一拖就是六年，到一八五三年培里（Matthew Calbraith Perry）率四艘軍艦「黑船來航」，德川幕府還想辦法推拖，直到一八五四年培里又率九艘軍艦駛入東京灣，才簽定《日美親善條約》[20]，日本的狀況與清廷實無太大差別。

鴉片戰爭也不是真的「船過水無痕」，它已經引起了許多意想不到的重大影響，將在接下來的歷史篇章中，掀起重大波瀾。

[20] 日文漢字為《日米和親条約》。

# 人往哪裡去？

中國歷史上朝代興衰，經常有交互循環「一治一亂」的現象，清朝也同樣受到這個現象的影響。

古中國的知識份子很早就注意到「一治一亂」，早在西元前十一世紀，周文王曾詢問姜子牙「一治一亂」的現象是怎麼造成的[21]，而孟子也說過：「天下之生久矣，一治一亂」[22]，又認為「一治一亂」的週期大約是五百年[23]；這個現象看在小說家羅貫中的眼中，就成了《三國演義》的開場白：「話說天下大勢，分久必合，合久必分。」

關於「一治一亂」的成因，姜子牙認為是國君賢明與否造成的，韓非子也認為是因為統治者的因素[24]，但王充與他們的看法相反，他認為朝代的興衰自有定數，就像人的生老病死都是命定的，與人的因素無關，[25]他更進一步剖析：「國之亂亡，不在政之是非。」

這個「一治一亂」的現象，在現代歷史學者的眼中，就是「朝代週期循

21 《六韜．盈虛》，文王問太公曰：「天下熙熙，一盈一虛，一治一亂，所以然者，何也？」姜子牙的回答，認為原因是國君賢明與否：「君不肖，則國危而民亂；君賢聖，則國安而民治。禍福在君，不在天時。」

22 《孟子．滕文公下》。

23 《孟子．公孫丑下》，「五百年必有王者興。」

24 《韓非子．詭使》，「而世一治一亂者何也？夫上之所貴，與其所以為治相反也。」

25 《論衡》，「國之安危，皆在命時，非人力也。」

環」，民初歷史學家夏曾佑曾詳述這個現象，歸納出每次革命四、五十年以後開始進入太平盛世，可以維持約一百年，之後又會產生亂象，醞釀數十年以後導致天下大亂，又發生革命。

夏曾佑也同時對此一現象提出了解釋，他認為天下大亂以後，人口大量減少，因此土地等天然資源相對來說很豐富，「養之有餘」，人民生活改善，自然天下太平，與統治者的作為其實沒有太大關係。

之所以太平一百年以後就會生亂，其實也是人口問題，古人不特別避孕，在生活環境較好，小孩都養得活的情況下，差不多一百年人口就會繁殖到環境負荷的上限，於是多餘人口無處可去，就形成亂源。這相當於是馬爾薩斯《人口論》的論點，薩孟武等人都持類似的看法。

孔復禮（Philip Kuhn）提到，當清代盛世人口成長到過剩時，人們往山坡地開發邊緣農地，砍伐山林闢為種植玉米與蕃薯的農場，造成水土流失，邊緣農地因土壤流失最後變得無法耕種，而泥土沖入江河，造成生態環境的災難。

黃仁宇指出，朝代初期建立在土地大體上平均分布於自耕農手上的財政制度，到了人口過剩，土地大量兼併到大戶之下的時候，往往會因此失靈，造成如明朝末年財政百病叢生的情況。財政崩潰自然會造成政權垮台。

魏斐德（Frederic Wakeman Jr.）則提到，當朝代末期發生許多農民起義等動亂時，這些失去秩序的狀況，會讓其他人也覺得朝代天命已盡而蠢蠢欲動，造成野火燎原的狀況，而讓朝代真的滅亡。

站在眾多學者的巨人肩膀上，似乎可以看清「朝代週期循環」的全貌了：在朝代初期，因戰亂造成人口銳減，可耕空地很多，因此過了一陣太平日子，在豐衣足食下，人口幾代下來不斷激增，填滿了空地，只好往邊緣農地發展，造成水土保持破壞、河川淤積、農地不可耕種，於是產生水、旱災，造成饑荒，荒年時小農只好賣掉土地，使土地逐漸兼併到大戶手中，小農的狀況每下愈況，而政府的財政也隨之失靈，到最後終於造成民變蜂起與天災人禍並行的朝代末期慘況，讓人民覺得天命已盡，最後使朝代被推翻，天下大亂。

也就是說，亂世成因正是來自於治世的人口擴張，朝代滅亡的原因，往往就是奠基於它的盛世。到頭來，王充的看法似乎是正確的，古中國的朝代的興衰自有一定週期，「不在政之是非」。

這一章，我們要探討的正是「人往哪裡去？」的內在因素，而要談這個問題，自然也是要回到清朝的盛世說起了。

## 馬爾薩斯人口論

一七九八年，英國經濟學家馬爾薩斯（Thomas Robert Malthus）發表《人口論》第一版，大意是糧食的供給以算數級數增加，但人口的成長以幾何級數增加[26]，馬爾薩斯的意思是，糧食每年的產量是固定的，但人口越多，繁殖人口的速度越快，因此，遲早會造成人口過剩，糧食不足的困境。

馬爾薩斯在接下來幾年，走訪德國、瑞典、挪威、俄國等國，考察各國歷史與現況，以印證他的人口理論，之後他於一八〇三年發表了《人口論》第二版。就在他進行這場考查之旅的同時，在地球的另一邊，廣大的中國土地上，也正在印證他的理論。

歷史小知識
**馬爾薩斯也是經濟學家**

雖然馬爾薩斯以《人口論》著名，但他其實也同時是古典學派經濟學家，與著名的經濟學家李嘉圖是好友。馬爾薩斯的人口理論影響了後世的馬克思與凱因斯，但也因《人口論》太過出名，掩蓋了他在經濟學方面的其他成就。

[26] 算數級數又稱線性或等差級數，幾何級數又稱指數或等比級數。

康熙晚年人口約一億人左右[27]，在乾隆六年時，人口總數為一億四千多萬人，而到了乾隆末年，人口已經增加到三億一千萬人以上，較康熙晚年時增加為三倍之多。

早在康熙的時代，康熙就已經對人口成長感到憂心忡忡，他認為天下太平，人口繁衍，但土地卻不會增加，如此下去每戶所分到的地越來越少，人民怎能生活？康熙更曾證言多餘人口已經普遍開墾山坡的邊緣農地[28]。

在康熙年代之所以還沒發生馬爾薩斯所預言的悲劇，主要歸功於農作物上的改良與引進新作物，康熙末年，華中地區推廣「李英貴種稻之法」，使原本一年只在秋收收穫一次的華中地區，能一年收穫兩次，收成倍增；另一方面將福建的旱稻引進其他省份，使原本不宜種植的山坡地也能種旱稻。

最具革命性的，則非引進原產於美洲的高產量作物莫屬，明末時，中國就已經輾轉引進番薯與玉米，到了乾隆年間人口壓力下，大量人口往山坡地、丘陵地移居，番薯與玉米適合種在山地，又有耐旱、耐貧瘠，適應力強的特性，最值得稱道的是產量比種稻穀物高上好幾倍，可「畝收數十石」，成為支持人口的重要基礎。

27 清朝初期因戰亂未平，以及人民隱匿戶口以圖少繳稅負等因素，人口數據低估相當多，如順治時期人口僅一千九百多萬人，明顯低估。到康熙時宣布「永不加賦」，消除了隱匿人口的誘因，人口統計才比較可信，乾隆六年以後以「保甲計口」，以地方的保甲來統計人口，此後有準確的人口數字。

28 康熙曾說：「本朝自統一寰宇以來，於今六十七八年矣。百姓俱安享太平，生育日以繁庶。戶口雖增，而土田並無所增。分一人之產，供數家之用，共謀生焉能給足？」在一七一四年也曾指出：「今人民繁庶，食衆田寡，山地盡行耕種，此外更有何應墾之田，為積穀之計耶！」

除了作物本身以外，康熙更得到了另一項外來的幫助，那就是前一章所談的銀子。在一六八五年海禁結束後，對外貿易使得白銀源源不絕流入，提供足夠的通貨，讓商業規模擴展，也造就了大規模的穀物交易，康熙晚年的福建學者蔡世遠曾觀察到：「福建之米，原不足以供福建之食，雖豐年多取資於江浙，同時江浙之米，原不足以供江浙之食，雖豐年必仰給於湖廣，數十年來，大都湖廣之米輳集於蘇郡之楓橋，而楓橋之米，間有上海、乍浦以往福建……」詳細描述了糧食貿易轉運的情形。

在糧食貿易發達的情況下，市場發揮「看不見的手」的調節功能，「穀貴則商販至，則其價必減」，缺糧而糧價上漲的地區，就會引來賣糧的商人，紓解糧食需求，由於商人促進糧食分配，因此能養活更多人。據學者計算，在全國市場跨地域長程轉運銷售的糧食，高達三千多萬石，而在市場販售的糧食總量更高達二十億零八百多萬石之譜[29]。

在人口倍增，每戶分配到的土地越來越小的情況下，農民光靠耕田已經難以維持家計，妻女還得在家辛勤紡織補貼家用，而城市裡也有紡織手工業者，早上抱著紡好的紗到市場去換木棉，一整天把棉紡成紗，隔天再抱著紗上市

[29] 吳量愷《清朝前期國內市場的發展》。

場，有時竟紡到整晚不睡。不論鄉間還是城市，基層民眾的生活已經跟商品經濟越來越分不開，長江下游地區所出產的紡織品轉賣到全國以及海外，養活了數以百萬計的手工業者。

外來的高產作物，與外來的銀，就這樣支撐起人口的成長，造就了歷史課本上所說的康雍乾盛世。然而，馬爾薩斯的《人口論》之所以被稱為是陰鬱的科學，正是因為「出來混總有一天要還」，儘管以高產作物與商業一時可支撐更多人口，但人口更多，人口成長也就更快，終究還是會有支持不住的一天。

到了乾隆時代，「天下已無不耕之土、不毛之地」，老百姓用盡各種辦法擠出一丁點地也好，田頭、地角，與屋子前後的「十邊地」也全都種上了莊稼，於是「地無棄土」，本來不能種植的鹽鹼地，也想辦法種植苜蓿、柳樹以「治鹽改土」，連這些地都擠不出來的時候，多餘人口就只好外移，湧入東北、遷往台灣，遷入在清初戰亂中人口減少較多的四川，更湧進了丘陵與山區的邊緣農地。

越往這些山邊、水邊的貧瘠農地，開墾種植的投資報酬率越來越低，陝西巡撫陳宏謀記錄乾隆初年時：「各省沃土皆已開墾，山坡水濱，曠土尚多，但地氣淺薄，種一年，需歇一二年。」在這種土地上討生活，農民的日子也就越來越難過。乾隆初年，安徽省廣德的李知縣，寫道當地「歲豐一年之收，僅支一年之食」，像廣德這樣的山區地帶，土地貧瘠，也缺乏水利設施，一年下來所種的糧食剛好夠一年吃而已，若是稍有減產就要鬧糧荒了，但是在人口爆炸的壓力下，農民仍然繼續流入這些邊緣地區。

在湖南與貴州交界，許多多餘人口，在清廷「改土歸流」[30]政策幫助下，深入原本是苗族居住的區域，引起苗人與漢人衝突不斷，由於清廷派出的官員往往偏袒漢人，雙方仇恨越演越烈。

到了乾隆末年，全國人口已達到三億以上，各地的人口壓力都已經到了極限，就好像是一壺將近要沸騰的水，就在一七九五年，乾隆統治的第六十個年頭——乾隆在下一年將政權交給嘉慶，自己擔任太上皇——由苗族首先爆發起義。

清廷派遣部隊前往鎮壓貴州與湖南省西南部的苗族起義，當部隊經過湖北，漫無紀律的士兵沿途搶劫、姦淫，導致官逼民反，於是緊接著苗族起義之後，湖北也發生白蓮教起義。當時湖北、四川與陝西交界的山區地帶，正是在

[30] 苗族等邊區各族，以往是由各族的「土司」自治，清廷計畫逐漸消滅這些「土司」，改派中央官員治理，稱為「流官」。

人口與糧食壓力下最艱苦的邊緣地區，平時生活困頓難以為生，白蓮教一起事，他們就如滾雪球般的加入，整個白蓮教起義的群眾中，大多數都是這樣子的人，真正信仰白蓮教的只有一成左右，後來太平天國也有類似的現象。

白蓮教起義持續了將近十年之久，清廷動用正規軍無力消滅總數超過十萬人的白蓮教眾，只好發動士紳，動員鄉民成為民兵組織「鄉勇」，一同圍勦，在鄉勇的輔助下，到一八〇五年才終於完全平定白蓮教亂，而苗族起義則持續到一八〇六年。十一年的戰爭下來，清廷耗費軍費估計高達一億兩千萬兩之譜，國庫因而枯竭。

嘉慶的麻煩還不止於此，福建、廣東沿海也是山多田少的地區，當人口成長三倍，多餘人口只好往海上謀生，其中一部份就成為海盜，全盛時期海盜多達五至七萬人，一八〇五年，正當內陸的白蓮教起義平息，沿海的七大海盜勢力結合成聯盟，分為紅、黃、青、藍、黑、白六旗，約定團結合作，不再彼此互相攻擊，從此勢力大增，直到一八一〇年才因內部分裂遭清廷逐一招安，最後全數投降。總計擾亂沿海長達二十年之久。

緊接著，又輪到華北出事，在直隸、山東、河南各地興起與白蓮教教義十分相似的八卦教，從其中分出支派天理教，教眾總數高達兩萬人以上，一八一三年，天理教領袖李文成被捕，教徒只好劫獄並提早發動起義，一口氣就佔領了直隸南部以及山東滑縣、曹縣與定陶，但天理教不僅是攻佔州縣，他們還想到要直攻紫禁城，首領林清買通太監，率領兩百五十名教徒攻入紫禁城，計畫刺殺嘉慶帝。

從民變四處爆發看來，清朝到此已經進入「朝代週期循環」的末期，一腳踏入「一治一亂」的天下大亂階段，然而，就在天理教於紫禁城內與滿人旗兵進行殊死戰的時候，發生一件極具象徵意義的事。

當雙方混戰之中，皇子綿寧也加入戰局，他取出平時被禁止在紫禁城內使用的火槍，在天理教眾將要翻越內宮宮牆之際，開槍擊斃一人，擊傷一人，因而逐退教眾，最後援兵抵達，將入侵的天理教眾一網打盡。

這件事有什麼重要的象徵意義，且賣個關子。在此先談談這位在遇事時當機立斷、有勇有謀，又精通火槍的皇子綿寧，他是何許人也？

矛盾的是，他正是後來改名為旻寧，在嘉慶之後即位，被歷史學家孟森批評為「庸暗」的程度「為清朝入關以來所未有」的道光皇帝。

## 鴉片戰爭與太平天國

清宣宗，也就是道光皇帝，在位的時間是一八二〇年至一八五〇年，他與父親嘉慶皇帝的統治期間一起合稱「嘉道中衰」，可說歷史評價有夠差，但嘉慶將全國有如一鍋沸水四處起義的情況平息了下來，道光執政三十年之中，也未再發生大規模民變，說起來應算執政有方，只因鴉片戰爭戰敗，父子倆就被掛上「中衰」的惡名。

然而三十年的休養生息，只是讓馬爾薩斯的陰影更為龐大，在道光任內，人口總數成長到四億三千萬人。

一八三六年，正值這段國內太平的時間，鴉片戰爭也尚未開打，這一年，客家人洪火秀在家鄉花縣通過了縣試，來到廣州參加府試，當年他還只有二十二歲，洪火秀和所有通過縣試的「童生」一起來到「貢院」——也就是考場——附近，這時他遇見一個洋人帶著一個廣州翻譯，第二天，他又看到兩人在貢院附近，還發了一本書給他，那本書是中國首位傳教士梁發摘錄《聖經》故事編寫而成的傳教小書《勸世良言》。

據中國近代史大師史景遷（Jonathan Spence）的研究，洪火秀見到的那位洋人傳教士，很可能就是自一八三二年起就在廣州傳教的美國牧師愛德溫・史帝文斯（Edwin Stevens），但史帝文斯牧師沒有留下見到洪火秀的記錄或敘述，而且就在同一年底，史帝文斯牧師病逝廣州，享年三十四歲。

史帝文斯牧師生前一直致力於傳達福音，他一直認為把福音形諸於文字，印刷成書，傳教會更有效率，他希望這些小冊子能夠「把來自天國的真正曙光照進失落在異教黑暗裡的某些心靈」，如果史帝文斯牧師晚個二十年才蒙主寵召，見到他所散發的「天國曙光」，會照進一個怪異的心靈世界，最後導致一場翻天覆地、超過一億人死亡[31]的大亂，不知會做何感想呢？

無論如何，洪火秀在拿到書的當年，只是大略翻過，那年，他落第了，隔年，洪火秀再度通過縣試，重遊舊地，參加府試，街上不再有人散發小書，一方面是史帝文斯牧師已經不在人間，一方面是廣州官府害怕洋人的傳教小書「妖言惑眾」，派人將膽敢印刷傳教書的印刷廠掃蕩一空。

這一年，洪火秀再度落第，禍不單行，當他回到家鄉時，生了一場重病，重病之中，或許是從梁發《勸世良言》中得到的印象，他夢到了上帝「爺火華」——也就是「耶和華」，梁發當時譯為「爺火華」。

[31] 據葛劍雄教授於《中國人口發展史》中計算，太平天國及所連帶引發的捻亂、回變等動亂，總計造成人口減少一億一千兩百萬人之多。

《勸世良言》只是摘錄《聖經》故事加上梁發自己的解說，而洪火秀又只在一年前大略看過一次，因此夢境完全不符合基督教的教義，還多了許多他自己的想像，在他的夢中，上帝是他的父親，且上帝還有配偶，也就是他的「天媽」，而洪火秀的本名犯了「爺火華」的「火」字的諱，於是他決定要把火字去掉，增加一個「全」字，改名為「洪秀全」——我們熟悉的名字「洪秀全」出現了。

洪秀全在病榻上，成天喊著要斬妖，他想斬的妖魔首領就是閻羅王，也是東海龍王——說起來在基督教信仰中，撒旦就是巨龍，牠是惡魔的首領，掌管地獄，對應到亞洲的傳說中，也可以說是龍王兼閻羅王吧——而他也不認自己的親生父親，為此和家人大吵一架，鄰里之間都認為他得了失心瘋。

不過，洪秀全的失心瘋隨著病好也慢慢平息，除了他的新名字保留下來以外，其他「怪狀」都消失，他又潛心向學準備再次應考，好像一切都沒發生過一樣，等到他再次拿起《勸世良言》閱讀，已經是一八四三年的事了。

一八三九年到一八四二年間的鴉片戰爭，洋槍與砲艦齊發，廣州多處遭砲擊而陷入火海，這些傳統無法解釋的事件或許讓洪秀全有了點啟發，但說起來，會讓他重讀《勸世良言》，影響最大的事件，恐怕還是他在一八四三年再度落第。

當洪秀全「領悟」到他先前夢到的天父其實就是《勸世良言》中所說的上帝，因而開始「傳教」時，他所處的世界，也正在天翻地覆的轉變。

先前提到自一八〇八年拿破崙引發半島戰爭起，全世界陷入銀荒，但由於嘉慶年間四處平亂耗費了一億兩千萬兩的銀子，這些銀子從府庫流入市面，讓銀荒的現象延遲了好久才出現。

銀荒在清的經濟體內，體現的方式就是「銀貴錢賤」，也就是銀相對於銅錢的市價兌換比例上升，在一八〇〇年，一兩銀子值一千零七十文錢，到天理教起義結束之後一年，一八一四年，一千一百零二文錢……沒有太大的變化。

自一八一四年之後，銀荒的現象就越來越明顯，一八一七年一兩銀漲至一千兩百一十七文錢；一八二七年漲破一千三百文，來到一千三百四十一文錢；一八三五年漲破一千四百文，一千四百二十文錢；鴉片戰爭前夕的一八三八年已經漲到一千六百三十七文錢，此時道光皇帝為「銀漏」大發雷霆；然而到一八四五年時，一兩銀已經漲破驚人的兩千文錢的價格，來到兩千零二十五文錢[32]。

[32] 嚴中平：《中國近代經濟史統計資料選集》。

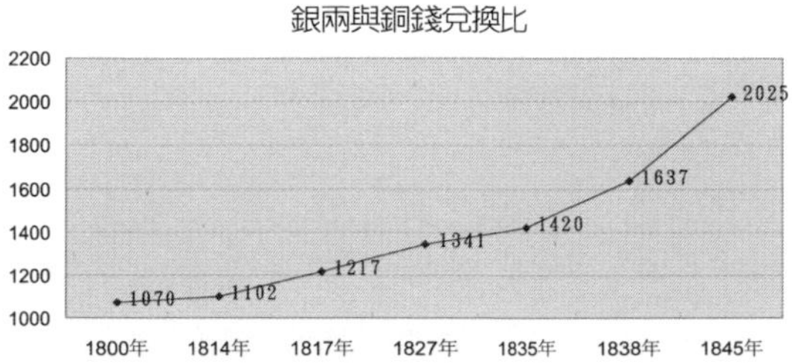

這樣的銀荒會引發什麼樣的危機？由於重量的關係，長距離貿易使用銀子而非銅錢，農民、礦工與手工業者的收入以銅錢計算，但是他們所需購買的日常生活必需品卻以銀價計算，繳納稅捐與地租也是以銀子計算，可以想見生活日漸困頓，左宗棠曾在一八五一年記載：「銀價日昂，銀復難得，農者以庸錢糞值為苦。」

當銀價升到原本一千文錢的兩倍時，連商人都受到相當嚴重的打擊，與洪秀全同為花縣出身的駱秉章[33]。當時記錄道：「向之商賈，今變而為窮民，向之小販，今變而為乞丐。」

這簡直就是現代經濟大蕭條的場景，商人倒閉變成窮人，小販淪為乞丐，工人失業、罷工，而稅收以銀計算，相當於無形增稅，更引起抗稅暴動，在一八四二年到一八四九年間，就發生了一百一十次抗稅暴動。

嘉慶年間造成全國動亂的人口壓力，現在變本加厲，一八三四年，道光治下的人口就已經突破四億人，足足比嘉慶年間還要多出一億。正當洪秀全開始「傳教」的時候，整個中國又如同一鍋達到沸點的沸水，隨時隨地都要沸騰。

然而，太平天國為何會「選在」廣西爆發，卻是鴉片戰爭的直接後果。

[33] 後來駱秉章官至四川總督，圍困太平天國翼王石達開，迫使他請降。

鴉片戰爭對整個東南沿海產生了巨大的影響，這點不論是清廷與英國人都沒有預料到。

《南京條約》規定五口通商，原本集中在廣州的貿易，分散到其他四口，雪上加霜的是，由於鴉片戰爭過程中英軍進攻廣州城以及三元里事件等因素，廣州人變得相當仇洋，讓貿易更進一步遠離廣州。

以往整個珠江流域有成千上萬的船夫與縴夫，運送從江西、湖南水路南下的茶葉與絲綢，順著珠江水系，駛往廣州城卸貨，數以萬計的苦力，把這些貨物搬運到洋行與洋人的商船，這些人的消費又帶動了廣州城內商業的繁榮，如今貨物不再需要轉運南下，只要直接往北駛往長江，從上海出口，於是整個貿易鍊上的民工都失業了，廣州城內失業率暴增，犯罪率隨之高漲。

另一方面，在《南京條約》之中，英國得到了香港這個根據地，便計畫以香港為中心清除海盜，確保貿易路線安全暢通，海盜的木殼船哪敵得過英國的砲艦，他們在海上無法生存，只好躲入珠江，溯江而上，但還是幹著老勾當，就成了河匪。這些河匪或敲詐保護費，又或登岸襲擊農村。兩廣山區本來就有大量山匪，還有天地會、三合會等會社攔路收取「過路費」，如今再加上河匪，使得農民與商販苦不堪言，士紳為了抵抗各路人馬所組織的團練，有時卻用來迫害不同族群，使族群衝突加劇。

兩廣的山區原本就是族群複雜的地區，漢人受人口壓力，不斷侵入苗、傜、壯族等少數民族的領域，而客家人又是其中獨樹一幟的族群，客家人講客語，與本地人──稱為「土人」，包括比客家人更早定居的其他漢人族群與壯族──語言不同，客家女性不纏小腳，不當人的小妾，與男人一起幹粗活，客家人保存許多自有的風俗習慣，與土人格格不入，往往成為彼此成見的來源，更使得客家人經常受到排擠，有時客家人移入，土人就搬走，又或是反過來，土人團練前來逼迫客家人搬走。

在台灣，歷史上曾不斷發生「閩客械鬥」，也是類似的狀況，時至今日，台灣在民主環境下，已不再排擠客家族群，在選舉時，候選人還爭相說自己是客家人，但在中國的福建、廣東、廣西，客家人仍受到不少傳統歧視，甚至在網路論壇上還可以見到許多輕蔑客家人的言論。

客家人越受到打壓，就更團結對外，當洪秀全和他最初的信徒以客家話在山間傳教時，這成了他們的一大利器。更由於客家人經常遭土人持械攻擊，為了自保，在田裡工作時不論男女都帶著器械，一有狀況就集合保衛村里，這也使得「拜上帝會」的客家人隊伍很容易轉化為革命部隊。

於是，當鴉片戰爭把經濟蕭條與河匪帶進客家人與土人械鬥不止的珠江流域時，可說是在充滿瓦斯的房間裡點火。

洪秀全最初的兩個信徒是他的親戚洪仁玕——日後成為太平天國的「干王」——與馮雲山，洪仁玕受到家人禁足，於是只剩洪秀全與馮雲山兩人，一起「行腳」出外傳教，洪秀全一開始傳教成果很有限，但馮雲山與洪秀全走散以後，深入廣西的紫荊山區，卻是柳暗花明又一村，吸引到第一批信徒基礎。

這些信徒有銀礦工人、煤礦工人、燒炭工人、鐵匠、木匠、磨坊工人、剃頭師、江湖郎中、鹽販、鴉片販、賣豆腐的、挑夫、砍柴的、行船的，還有各種零工，總歸來說，就是受到銀荒危機與鴉片戰爭的影響，生活陷入困難的勞動階級與小商販，當然，以客家人居多，馮雲山在此成立了「拜上帝會」。

到這個階段，洪秀全的傳教仍然算不上順利，他破除偶像的教義與傳統信仰格格不入，地方上有名望士紳一天到晚帶團練來找麻煩——即使同為客家人——拜上帝會只能吸引到被排除在主流士紳之外的韋家，後來韋家的韋昌輝成為太平天國的「北王」。

諷刺的是，拜上帝會第二波的成長，又是發生在洪秀全不在的時候。一八四八年春，馮雲山遭到逮捕，洪秀全前往營救，兩人都不在紫荊山的根據地，就在此時，拜上帝會中的燒炭工人領袖楊秀清與蕭朝貴，一個「天父附身」，一個「天兄附身」——因為洪秀全認為自己是上帝的次子，因此上帝是「天父」，耶穌就成了「天兄」——當洪秀全回到紫荊山時，見到兩人以動不動「附身」的方式搶走他的宗教領導權，但所有的教民也受到神秘「附身」影響，信仰更堅定的時候，不知他作何感想，或許他就在此時種下了後來殺害「東王」楊秀清的念頭，不過當時這兩人幫助他鞏固了信眾，靠神蹟吸引更多信徒，他也只好接受，宣稱兩人的「附身」是真的。

在楊秀清與蕭朝貴協助經營下，拜上帝會的隊伍逐漸擴大，官府不是沒有注意到他們，不過暫時把他們當成是普通的宗教團體，當時廣西一帶爆發十幾起天地會起事，河匪也十分猖獗，官府沒有那個「美國時間」去理會深山中的奇怪教派。

然而拜上帝會的麻煩卻也沒有減少，一直與他們作對的地方士紳並沒有放過他們，一天到晚逮捕會眾入獄，拜上帝會經常得募款救人，這時少數較富有的會眾就相當重要，除了韋昌輝以外，另一個就是日後成為「翼王」的石達開——故事到此，日後的東王楊秀清、西王蕭朝貴、南王馮雲山、北王韋昌輝、翼王石達開，通通到齊了。

隨著拜上帝會的實力成長，受到各方勢力壓迫的村莊投靠他們，尋求保護，於是人數滾雪球般的增加，一八五〇年五月到九月間，楊秀清生了重病，無法為「天父」代言，楊秀清不出聲，蕭朝貴也跟著不為「天兄」代言，洪秀全在這段空窗期得以獨攬決策大權，在只有他本人知道的原因下，他決定要把家人接來紫荊山，準備起事，開始斬除「清妖」的聖戰，史稱「金田起義」。

金田起義時，太平軍約有一萬三千一百五十五人，其中不只有拜上帝會眾，還包括尋求保護的流民、受官軍圍勦的河匪，以及天地會的成員。太平軍在金田屢次擊敗官軍，接著轉戰江口，激戰中江口遭焚燬，就在這一片混亂中，一八五一年，洪秀全宣布成立「太平天國」——我們熟悉的國名出現了。

一八五一年八月，洪秀全決定放棄紫荊山根據地，突圍而出，九月，在守軍沒有防備的情況下，太平軍攻下城牆堅固、人口眾多的永安——今日的蒙山縣——太平軍在此增加到兩萬人，對抗官軍的圍攻，十二月，洪秀全正式策封東、西、南、北、翼，五王，並令各王「皆受東王節制」，也就是說楊秀清掌握了實權，因此後來太平天國又稱「洪楊之亂」，把洪秀全與楊秀清並列。

在永安的這段時間，洪秀全建立了許多制度，史稱「永安建制」，但永安城卻是被團團包圍，糧盡援絕，一八五二年初，太平軍只好再度策劃突圍，當他們離開永安時，人數已經成長到四萬人，其中包括吸收了永安的失業礦工，突圍後太平軍經桂林，攻下興安、全州，一路攔截船隻，以水路運輸協助進軍，就在出全州之後，遭逢起事以來的第一場嚴重挫敗。

後來官至安徽巡撫的江忠源，這時還是個小小的團練首領，只率領區區兩千人，但是熟悉湘江地形的他，在簑衣渡埋伏，以巨木攔河，當太平軍的船隻遭巨木攔阻撞成一團，江忠源開火砲擊，烈焰延燒，摧毀了三百多艘戰船，太平軍陣亡人數高達一萬多人，其中有許多是最早加入拜上帝會的會眾，包括南王馮雲山在內。

天國的故事才剛開始，拜上帝會卻已經無關緊要了，在簑衣渡之戰以後，太平軍在湖南就地補充戰力，招募超過五萬人，自此以後太平軍絕大部分的成員都是起兵以後才陸續加入的各方勢力，一八五三年，太平軍攻下武昌，發展到數十萬，稍後攻陷南京，改名為天京時，真的從拜上帝會初創時代就加入的會眾，所佔比例可說已經少之又少。

## 天下大亂與英法聯軍

太平天國攻下南京，對滿清是極其震撼的一件事，鴉片戰爭時，道光皇帝正是因為英軍逼近南京，有可能截斷大運河，才低頭投降，如今太平天國卻貨真價實的佔領了南京，可說清朝的江山已經遭到腰斬。

但清廷的問題遠不止於太平天國，在嘉慶年間人口三億人就已經四處爆發民變，道光留給咸豐四億三千萬人口，早就已經「過飽和」，太平天國一起事，全國就有如壓力鍋爆炸一般。

一八六一年，分布於浙江南部與福建的金錢會，受到太平軍的鼓舞起義，連續擊敗效忠清廷的地方團練，一度攻佔溫州府與福鼎縣城，圍攻里安縣城，到一八六二年才被勦平。

一八五三年，福建小刀會在海澄發動起義，攻克漳州、同安、廈門、漳浦，之後在福建地區打了五年的游擊戰。分布在福建省中、北部的紅錢會也響應起義，攻克了永安、沙縣、大田、德化、永春、尤溪、仙游，又圍攻延平、興化、泉州三個府城，直到一八五七年才由地方團練敉平。

上海小刀會也同時於一八五三年發動起義，佔領上海租界以外的地區以及上海週圍，建立「大明國」，後來改為意圖投靠太平天國，到一八五五年清軍才在法軍協助之下收復上海縣城。

在廣東，一八五四年，天地會領袖陳開聯合三個秘密會社，響應太平天國，於佛山起義，由於天地會別名「洪門」的關係，自稱為「洪兵」，因此又稱為「洪兵起義」。陳開包圍廣州城半年，久攻不下之後解圍前往廣西，在一八五五年攻下潯州，改名「秀京」，建立「大成國」，直到一八六一年清軍攻破潯州，餘部到一八六四年才完全勦滅。

在「洪兵起義」的同時，兩廣各地天地會、三合會會眾也紛紛響應起義，以「反清復明」為號，頭裹紅巾，被通稱為是「紅巾軍」。紅巾會眾攻打高明、開平、新寧等幾個縣城以及肇慶府城，由於紅巾軍的成員大多是土人，因此官府為對抗他們，就找來與他們有世仇的客家人鄉勇「客勇」協助「勦紅巾」。

這樣一來，使得沒有加入太平天國的客家人也捲入動亂，傳統土、客之間的衝突，在人口壓力爆炸下原本就越演越烈，如今官軍不但無力彈壓，還因為請來客勇「勦紅巾」而激化了雙方的對立，土人指責幫助官軍的客家人「挾官鏟土」，雙方糾眾爆發一連串大規模械鬥，以廣東珠江三角洲西部的四邑地區為最，雙方從一八五四年至一八六七年彼此仇殺，長達十三年，交手上千次，兩千多個客家村、堡遭到毀滅，亦有數百個土人居住地區被客家人摧毀，土客械鬥的結果使得雙方有高達上百萬人死於非命。

而在嘉慶年間遭血腥鎮壓的苗族，也逮到機會，在一八五四年於貴州再度起義，這次持續了十三年之久，直到一八六七年才平息。

在雲南的回民，也因為人口壓力，與移入的漢人長期衝突。漢人侵佔回民南安石羊銀礦礦權，更不時燒殺回民的村寨，雙方結下血海深仇，一八五六年，雲南巡撫見回民心生反抗，竟然秘令漢人組織團練「聚團殺回」，逼得漢回混血的杜文秀不得不發動起義，攻陷大理等五十幾城，佔據雲南半壁江山，杜文秀宣布成立「班塞」（Panthay）回教王國，自任為蘇丹，班塞王國支撐了十八年，到一八七三年才滅亡，史稱「雲南回變」。

在陝甘與新疆也一樣發生回民起義，「陝甘回變」從一八六二年持續到一八七三年，「新疆回變」則從一八六四年持續到一八七七年，才分別為左宗棠所平定。

在太平天國以外，對清廷威脅最大的則是捻亂，捻匪其實本非革命起義的組織，他們在農忙的時候是安居樂業的種田人，但農閒的時候就聚集起來，販賣私鹽，或是打劫鄰村，不過等到農忙時節，又都回家種田去了，這種散開又聚合的特性讓他們得到了「捻」的名稱。

捻匪之所以亦農亦匪，也是因人多地少，為了補貼家用而不得不兼差當起土匪，當太平軍使得政府停擺，淮河流域水利失修，水災使許多捻的成員陷入困境，而官方鹽務停擺，則讓買賣私鹽大為活躍，太平軍也重創了官軍，在眾多因素配合下，原本介於民匪之間的捻，公開起義了。

捻匪曾經與太平軍並肩作戰，之後一路從安徽北部的根據地，流竄到河南、山東各地，在一八六五年甚至還伏擊殺死了僧格林沁，捻亂總共波及安徽、河南、山東、江蘇、湖北、陝西、山西、直隸八省，到一八六八年才完全平定。

把這些動亂全部標在地圖上，可以發現大清帝國沒有一省不在動亂，彷彿是嫌清廷的麻煩還不夠多似的，一八五六年清朝與英國之間又因「亞羅船事件」交惡，引發英法聯軍攻陷在「洪兵起義」中沒有失陷的廣州城，之後更直逼天津，攻陷北京，逼迫咸豐皇帝「北狩」。英法兩國的艦隊，也阻斷了海上交通線，大運河的運輸已被太平軍與捻亂截斷的大清帝國這下徹底南北斷絕。

本節請對照刊頭彩頁「清中葉民變」圖。

說起來，英法聯軍與太平天國一樣，都是直接起因於鴉片戰爭，所以兩者會同時發生，也就不那麼令人意外了。在鴉片戰爭之後，原本條約中規定應讓英國官員進入廣州城，針對這個入城問題，歷任的兩廣總督發揮了中國官場的「打太極拳」絕招：對麻煩事就來個推拖拉，甚至根本相應不理。鴉片戰爭之後拖了十幾年，英國官員還沒能踏入廣州城一步，英國人累積了長年的怒火，早想尋釁報復，但歷任總督包括葉名琛在內卻自認為是維護了國家主權而洋洋得意。

一八五六年，廣州水師登上一艘在香港登記，因此掛著英國國旗的小船「亞羅號」（Arrow）搜查走私，逮捕十二名水手，當英國領事巴夏禮（Harry Smith Parkes）抗議時，葉名琛置之不理，直到受到軍艦威脅才釋放船上九名水手，但另外三名已遭斬首，於是葉名琛用另外三名華人頂替，他以為這只是件小事，根本沒想到英國人早想找機會要跟他算一算廣州進城的老帳。同樣在一八五六年，法國神父馬賴遭「站籠」刑罰而死，是為「西林教案」，法國以此為藉口，與英國一起聯合起來，要用砲艦打開中國市場。

說起來英法兩國本來是世仇，好巧不巧，在一八五三年到一八五六年間，兩國一起援助「歐亞病夫」鄂圖曼土耳其帝國對抗俄羅斯，在克里米亞戰爭中併肩作戰，這下化敵為友，又接著來攻打「東亞病夫」大清帝國了。

在亞羅船事件時，英軍一口氣打下超過一百五十座砲台，鄉勇前來耀武揚威，英軍火槍齊射兩次就把他們打得落荒而逃，英艦轟開廣州城牆，僅派兩百五十名陸戰隊就攻上城頭，進入總督府，但是當時英軍總兵力只有不到一千人，在人手不足的情況下，決定先自行撤退，葉名琛竟然奏報「大捷」，成了「擊退英夷」的民族英雄，還四處立牌坊。剛好一八五七年至一八五八年英國印度殖民地發生民族大起義，拖延了英國對清朝的軍事行動，著實讓葉名琛得意了好一陣子。

當一八五七年底英法聯軍整備完成，葉名琛可就笑不出來了，聯軍只不過花了一天的時間就攻陷廣州城，葉名琛遭聯軍俘虜，送往加爾各答軟禁，他自稱是「海上蘇武」，可惜蘇武北海牧羊能撐到獲釋回國，葉名琛沒那麼好運，他最後就客死在加爾各答，真是「囂張沒有落魄的久」。

一八五八年五月，聯軍攻佔大沽砲台，艦隊停泊於天津，清廷急忙議和，簽下《天津條約》，然而咸豐並沒有從道光在鴉片戰爭中的經驗學到教訓，當英法艦隊一離開，就又認為「撫夷」成功，可以隨意撕毀條約或置之不理——當年道光正是因為這樣「白目」，最後《南京條約》損失的主權比《穿鼻草約》還多。

隔年換約時間到了，清廷卻一心毀約，在大沽向聯軍開火，史稱「大沽擊退」，是英法聯軍之役中清方唯一一場戰術勝利，卻只是引來英、法雙方的怒火，當聯軍增加到英軍一萬三千人、法軍七千人時，大沽輕易淪陷，清廷連忙派出三名欽差大臣想以談判作為緩兵之計，稍後卻又派僧格林沁俘虜聯軍議和使節團巴夏禮以下三十九人，在捆綁及虐待下，使節之中有十三名英國人[34]及七名法國人死亡，這個嚴重缺乏國際常識的「白目」行為激怒了聯軍總帥額爾金勛爵（James Bruce, 8th Earl of Elgin and 12th Earl of Kincardine），他聽從巴夏禮的建議，認為攻擊北京城，造成百姓傷亡，對真正的罪魁禍首咸豐皇帝來說不痛不癢，要懲罰皇帝，最好的方式是摧毀皇家所有、皇權象徵的皇家庭園，於是圓明園以及頤和園的前身清漪園遭聯軍洗劫一空，隨後吞沒於熊熊烈火之中，大火燃燒了兩天兩夜，當廣闊的園區終於完全化為灰燼時，北京的天空蒙上了一層化不開的黑霧。

但額爾金想懲罰的對象——咸豐皇帝——卻沒有親眼看見圓明園被摧毀後的慘況，他「北狩」到承德避難，次年就死於承德，再也沒能回到北京。

[34] 含錫克衛兵在內。

## 天國的隕落

在太平天國盤據華中，全國各處民變四起的情況下，滿清的天下此時可說是既遭到腰斬，又全身潰爛，只剩下一跟腳趾與一顆頭還是好的，英法聯軍一來，把僅存的腳趾給踏扁，斷了一半的脊椎砍成全斷，還一槍「爆頭」，那還不死透了嗎？

橫看豎看，滿清都該在此滅亡，但它卻奇蹟似的活了過來，還又活了很久，或許在此這一章的題目「滿清是怎麼滅亡的？」，該暫時改為「滿清是怎麼沒有滅亡的？」才對。

許多學者認為太平天國在攻下武昌以後未直撲北京而是先攻下南京，是致命的戰略錯誤，使得太平天國無法滅亡滿清。然而，後來蔣介石「北伐」也採取同樣的先後順序卻能成功；而朱元璋雖也是選擇先一統江南後才繼續北伐。由此觀之，太平軍先攻南京在戰略上並不能說絕對錯誤。太平天國之所以失敗，有其更根本的原因。

魏斐德在敘述朝代週期循環的時候，指出改朝換代雖然常由基層農民起義，但在起義達到一定規模以後，必須得到士紳階級投靠，士紳的支持與協助地方統治的能力，是建立一個新政權所不可或缺的要素。可以說，不論一開始是起義、叛亂或是篡位，得到士紳支持者得天下，失去士紳支持則失天下。

太平天國在草創期摸索發展出一套與傳統體系抗衡的制度：所有人的財產都歸於「聖庫」統一運用，有種共產主義的意味在；而在客家傳統影響下，不分男女都上戰場戰鬥，女性也可以當官，但是天國規定男女分營，即使是夫妻也不能同住同房——當然，洪秀全及諸王例外——就好像日後中國共產黨推動的「人民公社」，這個措施在初期確保軍中沒有養育小孩的負擔；而在行政組織上，天國的人民都由「兩司馬」管理，成為兵農一體的戰士，從後世的角度來看，也像極了打「人民戰爭」的解放軍。

這些措施在草創期對天國的發展相當有幫助，但在天國發展起來以後，這些措施也讓後世被共產黨打為「土豪劣紳」的士紳階級退避三舍。

洪秀全的信仰也成了一大問題，原本，以傳統民變來說，太平軍發展到攻取南京，已經是可以吸收傳統士紳投靠的規模，然而洪秀全卻要打倒孔子，鏟除佛寺、道觀，甚至民間祖先祠堂，這使得以儒家倫理秩序統治地方的士紳完全不可能與天國合作，他們轉而投向曾國藩的湘軍，以保護傳統倫理為號召。

東王楊秀清似乎深知這個問題將成為天國的重大危機，他屢次試圖修正洪秀全對儒家倫理的仇視態度，結果他的越權行為種下禍根，一八五六年，在洪秀全授意下，北王韋昌輝聯合秦日綱屠殺東王楊秀清與他的部下，翼王石達開公開指責韋昌輝的行為，結果韋昌輝竟然包圍翼王府，殺害府內所有人，石達開逃出天京後，號令大軍重返天京，於是洪秀全誘殺韋昌輝與秦日綱，將兩人的人頭送給石達開。

在這次內鬥殘殺之後，五王只剩下石達開一人，他不久也因受到洪秀全的兄弟排擠，率舊部離開天京，前往攻打四川，在一八六三年落到駱秉章的手中而身亡。

當太平天國面臨危機時，洪秀全卻是把大部分的心力用來「修正」《聖經》和其他宗教書籍，以讓它符合他的夢境與理論，這項浩大的工程其實全無意義，因為早年拜上帝會的信徒，經過簑衣渡之戰，再經過內亂殘殺，以及石達開的離開，已經寥寥無幾，說實在的，洪秀全修經的舉動，大概只是純供「自我感覺良好」的用途。

儘管如此，太平天國仍然苟延殘喘，與清廷的各路部隊進行一來一往的拉鋸戰，洪秀全作夢也想不到，毀滅天國的關鍵，並不是他念茲在茲的「清妖」，也不是支持清廷的地方士紳「妖蛆」，而是來自於同樣信仰上帝的洋人——諷刺的是，將清廷一舉「爆頭」的英法聯軍，不但沒有成為殺死清廷的最後一根稻草，反而成了清廷的救命稻草。

英法聯軍摧毀庭園的舉動連在兩國國內都飽受批評，被認為是「兩個強盜」[35]造成文明浩劫，但這個教訓還真的有效，咸豐皇帝的弟弟恭親王日後被稱為是擅長洋務的開明派，但在英法聯軍時，他本來也是缺乏國際常識、支持俘虜巴夏禮使節團的「憤青」之一，當他在北京目睹圓明園的慘狀之後，態度一百八十度轉變，從此成了親西方派。清廷之內許多人也都經歷了同樣的轉變，稍後清廷設立對外專門的機構：總理各國事務衙門——在日後的庚子後新政中，總理各國事務衙門改組為「外務部」——也就是說，滿清終於有了外交部。[36]對洋人來說，滿清總算變得能溝通了。

那太平天國呢？一八五八年，額爾金意氣風發的簽訂《天津條約》後，曾乘著戰艦進入長江逆流而上，直達武昌，以主張條約中剛得到的長江內河航行權，途中經過太平軍控制的區域，與太平軍小規模交火，洪秀全見識到英艦的威力，特地下達撰寫於黃綢之上的天王詔書致額爾金。

當額爾金收到詔書，一定覺得簡直「裝孝維」，因為詔書竟是以七言詩的形式寫成，雖然是七字一句，但洪秀全的詩完全不合格律，半白話半文言，而且言不及義，譬如說花了好大篇章講了只有早期拜上帝會教徒才知道的楊秀

35 法國知名作家雨果（Victor-Marie Hugo）就在其作品《中國遠征》（expédition de Chine）中形容：「兩個強盜闖入博物館，大肆破壞搶掠放火，囊中裝滿金銀財寶，手牽著手大笑離開，其中一個強盜叫法國，另一個是不列顛。」

36 以往中國各朝代以天朝上國自居，不認為外國可與朝廷有平等關係往來，清朝原本也相同，對外事務往往以外夷、藩屬「朝貢」視之，因此對外事務分散在禮部、理藩院、北洋通商大臣與南洋通商大臣來處理，沒有一個專門的部門，直到一八六一年才設立總理各國事務衙門，但之後外交事務常由北洋大臣如李鴻章處理。

清事蹟，然而當時楊秀清早已被殺；寫了上百行之後，洪秀全終於寫到要對額爾金說的話：「……西洋番弟聽朕召，同頂爺哥滅臭蟲……」這邊的「爺」指的是上帝，「哥」指的是洪秀全心中的「天兄」耶穌，「臭蟲」自然指的是滿清，洪秀全說幫助天國是「替天出力該又該」，要額爾金「替爺替哥殺妖魔」。

這封信就算是看在懂中文，又明白太平天國的發展史的後世人眼中，恐怕都會覺得洪秀全「神經有問題」，而且洪秀全還覺得額爾金這個「番弟」要聽他的召令，幫他殺「清妖」是理所當然「該又該」的事，這些內容在額爾金看來簡直是狗屁不通，所以額爾金壓根就不想理會他。滿清因為洪秀全的「神經有問題」，相較之下成為「比較講得通」的政權。

英法聯軍所簽下的條約內容本身也對太平天國不利，最初的《天津條約》中，額爾金為了「給清廷一個面子」，並不強求鴉片合法化，然而在清廷毀約，聯軍攻入北京後狀況就不同了，《天津條約》加上了附約，把鴉片改名為「洋藥」，可以合法進口——但是太平天國對禁止鴉片的立場卻十分堅定，這使得上海租界裡囤積鴉片的洋商們內心也偏向滿清——條約也規定海關要聘用英國人，加上原本條約內的新增口岸、長江內河航行權、保護傳教士、領事裁判權、關稅協商等各條款，以及《北京條約》[37]中的割讓九龍半島與新增賠款，這下子英法感到很滿意。萬一清廷倒台，那豈不是前功盡棄？

英法還有另一個擔心的問題，在英法聯軍之前不久，他們才剛從克里米亞戰爭中狼狽的獲勝。克里米亞戰爭的起因，正是因為「歐亞病夫」鄂圖曼土耳其帝國衰弱而漸漸瓦解，引來俄國覬覦，英、法兩國為了阻止俄國擴張，不得不聯手援助鄂圖曼土耳其，才與俄國打了這一場勞民傷財的大仗。

克里米亞戰爭結束後，戰敗的俄國在西方的擴張受阻，就把眼光放到東方的大清帝國來，就在英法聯軍的期間，俄國對璦琿城放了幾砲就簽下《璦琿條約》，割走外黑龍江六十萬平方公里的土地；當英法佔領北京，俄國又一兵未出就也跟著英法「沾光」簽下《北京條約》，又割走了外吉林四十萬平方公里，如果俄國趁著大清帝國衰弱內戰繼續往大清帝國擴張，英法恐怕在東方又要跟俄國再來一場克里米亞戰爭，這他們可受不了。

於是英法自克里米亞戰爭聯手從俄國手中拯救「歐亞病夫」以後，又再度聯手拯救才剛剛一起修理過的「東亞病夫」。

[37] 連同並未出兵的美國與俄羅斯也插上一腳，也簽定條約取得許多利益。

當太平天國的忠王李秀成於一八六〇年八月東征抵達上海時，他本來期待洋人會保持中立，卻痛苦的發現洋人已經倒向清廷那方，外國軍隊向他開火，而此時《北京條約》都還尚未簽定。由於外國軍隊的抵抗，太平軍佔領上海、掠奪縣庫，用以購買外國輪船的計畫破滅了。

雪上加霜的是，《北京條約》簽定後，英國軍艦介入戰爭，截斷了太平天國的長江補給線，使得太平軍無法攻擊武漢，而受到曾國藩湘軍圍困的安慶也因無法得到補給而失守，安慶這個重要戰略城市一失，天京馬上就受到威脅，導致最後天京淪陷。

當李秀成第二次東征兵抵上海周圍時，外國軍隊與華爾所率領的「常勝軍」與之交手，英國輪船更協助李鴻章將新成立的淮軍送至上海，鞏固上海的防務，一八六二年，英法聯軍、淮軍，與常勝軍聯手擊敗嘉定的太平軍，從此解除上海危機。太平天國的領域日漸萎縮，到一八六三年，南京附近要地幾近全數失守，城內缺糧，洪秀全親自帶頭吃庭院裡的雜草——他稱之為「咁露」——因而在一八六四年六月病逝，稍後曾國荃攻破天京，城破後展開大屠殺與焚城，估計這次「天京大屠殺」殺害了將近二十萬人。

太平天國平定以後，清廷大量引進西洋槍砲，火力壓倒了人力，於是各地的民變逐一遭到勦滅，捻亂在一八六八年平定，雲南回變與陝甘回變於一八七三年平定，新疆回變在一八七七年平定，其中後兩者之所以能平定，左宗棠部隊在槍砲上的裝備優勢是主要的原因。

道光皇帝在還是皇子時，曾經以火槍擊退侵入紫禁城的天理教民變，如今，同治皇帝也一樣依靠火槍的力量，一一摧毀了各地的民變，在火力的幫助下，到一八七七年，所有境內的叛亂全數敉平，滿清從腰斬又「爆頭」、全身潰爛的狀況下，竟然「復活」了，而且還把全身潰爛都治好，簡直是奇蹟，怪不得要被稱為「同光中興」。

「三千餘年一大變局」在這個時候，並沒有促成滿清滅亡，反而是把滿清拉出了傳統民變循環，自此之後，民變再也威脅不了政府──下一次，也是清朝最後一次的人口壓力造成民變，竟然是打著「扶清滅洋」的口號，不但不造反，還要扶助朝廷──然而，「復活」不是沒有代價的，這些後遺症，終會跟隨著滿清，引導它走向最後無可避免的結局。

# 歷史轉捩點──甲午戰爭

滿清在太平天國後的重生建立在很多背景上，首先，世界銀產量到一八五〇年代以後恢復，而到了一八七〇年，普魯士於普法戰爭中獲勝，戰後建立德意志帝國，新生德國打算用法國支付的五十億法朗鉅額賠款購買黃金，以進入金本位，而法國則想盡辦法阻撓，用限鑄銀幣等手段阻止德國賣掉白銀，這場金融大戰的結果是白銀四處橫流，世界白銀價格大跌，促成世界各國一個個加入金本位的行列[38]，進一步使得各國都要拋售白銀，世界從銀荒變成銀滿為患，白銀自然流向中國。

在人口部分，太平天國以及其他民變所造成的破壞相當慘重，各路人馬來回征戰，搶走了農村的牲畜、糧食，甚至連住家都被拆成木板，用來建築防禦工事，或是用來取火燃燒，而水利設施無人維護，造成水旱災頻仍，人民餓死、病死、淹死，無人聞問，在廣德一地，人口從三十萬人減少到僅存六千；估計在太平天國及其他民變中，人口總共減少了超過一億人，甚至在太平天國

[38] 普法戰爭後，一八七三年，丹麥與瑞典成立斯堪的納維亞貨幣聯盟，進入金本位；一八七五年，挪威加入斯堪的納維亞貨幣聯盟，也進入金本位。同年，荷蘭進入金本位，一八七六年，始作俑者法國自己也進入金本位。

平定後十幾年，人口都尚未能恢復，一位《紐約時報》的記者在一八七七年乘船遊歷長江，發現鎮江以上沿岸人煙稀少，村鎮仍是處處廢墟，十幾個城市徒具其名，武昌城內一片淒涼，被太平天國戰亂破壞之處許多均尚未重建。

可以想見，滿清在未來的數十年內都不用擔心人口壓力問題，下一次人口壓力造成危機，已經是一九〇〇年的事。

太平天國之亂還給了滿清最寶貴的一個意外收穫，由於太平天國遮斷了整個華中，清廷無力掌握上海的海關，於是在一八五四年，英國、法國和美國三國駐上海領事館，派員與蘇松太道——滿清於上海行政官員的官銜——聯絡，各派一人幫助滿清收取關稅，一八五五年，其中的英國代表李泰國（Horatio Nelson Lay）擔任總稅務司，也就是說海關的最高行政官員。

一八六三年，這個職位由赫德（Robert Hart）接任，這位英國人掌管了大清帝國海關五十年之久[39]，海關大權竟由外國人掌握，再「喪權辱國」不過如此，然而，實務上，赫德不僅清廉、能幹，還一人兼四五人份的工作，為大清帝國從零開始打造近代化的海關，在赫德的努力下，建立了關稅、統計、港口疏浚、農產品檢疫等近代海關的重要功能，還修建了燈塔與氣象站，更為中國

39 一八六一年赫德就已開始代理李泰國掌管海關，至一九〇八年休假離職回國，但仍有總稅務司頭銜，直到一九一一年病逝。

帶來了現代的郵政系統，最重要的是，赫德一掃中國官場的貪污與帳目不清，從此上海海關成為中國可靠的收入來源。

英法聯軍火燒圓明園，也燒醒了清廷，開始引進西洋技術的洋務，史稱「自強運動」，就時間上來說，與一八六八年開始的日本「明治維新」站在同一個起跑線上。其實西方的軍事武器技術也並非一直很先進，而是一波波的持續進步，在鴉片戰爭時代，英軍的裝備其實與拿破崙戰爭時期並沒有多大改變，但經過克里米亞戰爭，軍事技術又更上一層樓，因此，「自強運動」在英法聯軍後開始可說正是時候。

從以上的觀點來說，「同光中興」似乎是前景一片看好，但是滿清重生的過程中，也破壞了許多由康熙、雍正以來打造的權力基礎，造成地方總督與巡撫「督撫專政」的格局，以及地方士紳階級勢力抬頭，自湘軍開始的清末軍事改革，也造就出北洋與各省新軍，這是滿清滅亡的政治層面與軍事層面因素。

在前兩節中，我們已經談了銀子與人口問題——也就是經濟層面——是如何造成了太平天國。然而，在這一節，我們暫且把以上三大層面給擱著，先來討論「心理層面」的因素，這個「心理層面」，也就是所謂的天命，或是德國政治、經濟與社會學家韋伯（Max Weber）所謂的「統治正當性」。

清廷能在太平天國與英法聯軍的過程中恢復過來，正是因為天命還在滿清的一方，這主要歸功於太平天國的許多措施與士紳階級「八字不合」，使得太平天國不僅無法取代滿清的天命，反而把天命推向了滿清──正如同他們也把外國支持推向了滿清──當太平天國消亡，沒有具體政治目標的捻亂，以及以回人為主，無法吸引漢人參與的回變，這兩者都完全無法威脅清廷的統治正當性，終被消滅而讓清廷邁向「同光中興」。

但在這個過程中，清廷的最高權力結構也有了變動，從康熙一直到咸豐，清廷都是由皇帝為最高權力的中心，由於咸豐早逝，同治年幼，慈安、慈禧聯合恭親王，鏟除了原本咸豐指定的顧命大臣肅順等人，兩宮太后違反祖制開始「垂簾聽政」，造成了統治正當性不足，於是需要地方權臣的支持，這也是「督撫專政」格局的背景因素之一，而地方權臣想推行現代化改革，也要中央的支持，於是滿清就在這個脆弱的平衡上向前邁進。

一開始看似一帆風順的「同光中興」，卻在甲午戰爭中跌了一大跤，敗給同樣受到西方威脅，又身為後起之秀的日本，還割讓省份且賠償天價鉅款，讓清廷的天命動搖，之後從百日維新到庚子拳亂，其實都是一連串統治者從兩種方向試圖修復統治正當性的嘗試。到日俄戰爭之後，天命更是搖搖欲墜，於是清廷祭出了憲政改革來轉型並取得新的統治正當性，很不幸的這個大計毀在「皇族內閣」之上。經濟、政治、軍事、心理，四個層面的因素加乘，演變到最後，終於使得「橡皮推翻了滿清」。

在這一節，就先來談談這個讓滿清天命動搖的關鍵：甲午戰爭。

許多人都以甲午戰爭戰敗的「後見之明」，認為自強運動從一開始就註定失敗，然而，其實甲午戰爭並不是一場考試，它本身是一個歷史轉捩點——正是由於甲午戰爭的結果，才使日本興起，滿清每下愈況，因而決定了滿清最後的命運。

## 甲午流言終結者

滿清是怎麼打輸甲午戰爭的？這個話題從當年就很熱門，但是輿論總有個特性：當某個人紅的時候，什麼都好，講話直接是誠實，自命不凡是自信，父親從小不管教是訓練他獨立，連家裡的狗都特別威武，屋簷下的燕窩還註定他發達；但當一個人成為過街老鼠的時候，什麼都是他失敗的原因，講話直接是社交能力差，自命不凡是驕傲，父親從小不管教是家教不好，連家裡的狗太兇也是他的敗因，而燕子當頭拉屎更註定了他會倒台……

滿清在甲子戰爭中的敗因自一八九五年以來，檢討無數，但是其中很多都是像上述例子般「結果論」的論述。

要談滿清於甲午戰敗真正的因素，必須先從什麼「不是」甲午戰敗的因素談起，因此，在這一節的開頭，我們先來當一回「流言終結者」，排除一些最常見的甲午流言。

## 「主砲曬衣」

最熱門的一則流言，莫過於是「主砲曬衣」故事，這則流言說，當北洋艦隊訪問日本時，日後在日俄戰爭中擔任日本聯合艦隊司令官的東鄉平八郎登上了北洋艦隊主力艦定遠，發現主砲上頭掛滿晾曬的衣物，而且砲管很髒，處處不整潔，因此認定北洋艦隊紀律相當差，日本必可戰勝它。

這則流言有個非常缺乏常識的基本錯誤，在當時，各國海軍本來就都在船艦上的欄杆、棚架等地晾曬換洗衣物，只要對海軍有點常識，就不可能把這件事當作「不整潔」，不過定遠的主砲上倒是絕無可能晾曬衣物，因為砲管離甲板有三公尺之高，北洋水師的士兵恐怕得輕功像《神鵰俠侶》裡的小龍女一樣高強才有辦法上去曬衣服。

實際上當時日本對北洋艦隊的評價如何？當時的日本媒體《每日新聞》報導，認為清國的艦隊比日本的艦隊還優越，是「一目瞭然」，那麼關鍵的清潔問題呢？《每日新聞》報導當時在定遠艦上舉行西式宴會，艦上雖有病患，卻相當清潔。到此，這個「主砲曬衣」流言可說無一處可信，完全被破解了。

那麼到底這個流言是怎麼來的，據中國海軍史專家陳悅研究，原來最初的源頭是小笠原長生在《聖將東鄉全傳》中附記裡，寫了東鄉平八郎說看到平遠艦上有人曬衣的故事，不過在北洋艦隊訪日時，平遠艦並未參加，所以這顯然是捏造，《聖將東鄉全傳》後來在英文版中也把這段有問題的敘述刪除了。

不過這個附記卻意外的被作家田漢參考，而發表了這個「主砲曬衣」的故事，後來又被唐德剛等著名學者引用，故事內容也隨著越來越誇張化，平遠最後成了定遠，船上有人曬衣成了在主砲上曬衣……

實際上，北洋艦隊並沒有不整潔，也沒有軍紀渙散。據鎮遠艦上的蘇格蘭籍幫帶——幫帶即副艦長，不過實權副艦長為清方軍官，洋人僅是名譽副艦長——馬吉芬（Philo Norton McGiffin）的回憶，在黃海海戰中，大於六磅的火炮，日軍命中率約為百分之十二，北洋海軍則約百分之二十，命中率還高於日軍[40]；日方也記載，海戰由定遠率先開砲，雙方互相接近到五千三百公尺時，這第一砲的砲彈就落在吉野號附近，由於這個距離已經將近定遠主砲最大射程上限，可說打得相當神準。實戰說明北洋海軍的專業訓練並不差勁。

[40] 雖然清方命中率高，但是由於日方配備速射砲，速射砲發砲速度約為清方大型砲的五倍，使得日方總發射砲彈數遠高於清方，因此在命中率較低的情況下命中彈數仍高於清方。

## 「砲震飛橋」

第二個流言，則是「砲震飛橋」，這個流言是說，當甲午黃海海戰中，清日兩軍艦隊一交火，定遠主砲一開火，砲口的震波就把架在兩主砲砲台上的稱為飛橋的觀測鐵橋震斷，讓站在上頭指揮的丁汝昌重傷，使全艦隊失去指揮而大亂。

這個流言也有個很明顯的基本問題，首先定遠可是德國貨，斷無這樣離譜的「豆腐渣工程」之理，其次是砲口震波不可能震斷鐵橋，更別說如果光憑震波就能把鐵橋給震斷，那丁汝昌早就被震得內臟破裂當場死亡，哪可能還能活到之後自盡？

倒是日方的嚴島、松島[41]、橋立三艘戰艦的主砲，或許因為在平日練習時怕磨損砲管，都減少火藥量試射，在黃海海戰才使用實戰用的「強裝藥」射擊，一開火，就出現砲閂開閉困難、擊發機構損壞、水壓俯仰系統漏水等嚴重故障，結果在海戰中三艦分別只能射出五發、四發和三發砲彈。

那定遠有沒有可能是同樣的原因導致震壞結構？在整場海戰中，定遠主砲都正常的不斷發射，打了上百發砲彈，所以顯然沒有這樣的問題。

實情到底是如何？實情是開戰後不久，日方的速射砲恰好命中飛橋，打斷了鐵橋，丁汝昌被夾在其中腿骨骨折，同時由於飛橋上靠煙囪處放置信號旗的小艙也同時被炸壞，使得定遠號無法以旗幟指揮，失去了旗艦的功能。

那這則流言怎麼來的，原來是定遠號上的英籍顧問泰勒（William Ferdinand Tyler）在回憶錄中寫成「砲震飛橋」，後來張蔭麟、郭廷以等著名學者引用他的說法，唐德剛也曾寫下「砲震橋斷」的敘述，後來唐德剛辨偽發現是泰勒胡說，痛罵他是「英國浪人癟三」[42]。

41 一九〇八年4月27日，日本海軍練習艦隊進入馬公港；4月30日凌晨，其中的松島巡洋戰艦因火藥庫爆炸而沉沒，艦長矢代由德大佐及225名海軍官兵不幸罹難，日方於馬公市區澎湖公園設有松島紀念碑；二戰之後，日軍松島艦的沉船紀念碑拆遷至澎湖縣風櫃蛇頭山至今。

42 唐德剛，《晚清七十年【參】甲午戰爭與戊戌變法》。

## 「只諳弓馬」

第三個流言也和丁汝昌有關，這個流言是說丁汝昌出身淮軍，「只諳弓馬」，所以在黃海海戰中把艦隊排列成陸戰用的「魚鱗」陣形，或說丁汝昌以閱兵用的艦首朝前陣形對敵，導致被日方的單列縱隊，側面對敵的陣形給擊敗。

這個流言乍看之下似乎言之成理，因為甲午黃海海戰時，北洋艦隊的確以艦首朝前對敵，也的確排成「人」字形的「雁行陣」也稱為「魚麗之陣」。但實際上這個說法可說是完全不了解世界海軍發展史的說法。

世界海軍艦艇的設計，與戰術上的陣形運用，都是根基於先前發生的重大海戰的經驗，在北洋海軍建軍時，當時海軍的主流學說，來自一八〇五年英法特拉法加海戰，一八六二年美國南北戰爭的漢普頓海戰，以及一八六六年奧匈帝國與義大利利薩海戰的經驗。在特拉法加海戰與利薩海戰中，英方與奧方都是突破了對方的單縱陣而獲勝[43]，而在漢普頓海戰中，雙方鐵甲艦用火砲互相砲擊了一整天，結果因為火砲打不穿彼此的裝甲，只好不分勝負。

這三場海戰的經驗，使得在這一小段時間內，單縱陣暫時不是海軍陣形的

[43] 兩場海戰中，勝利的英方與奧方採取的陣形即為「雁行陣」，與甲午海戰中北洋水師的戰法十分神似。

主流，主流轉變為是艦首對敵的橫陣或雁行陣，而艦艇的設計則更重視能一舉擊穿對手裝甲的重砲，這樣的砲若裝在兩旁，一開砲就會讓船隻大幅搖晃，因此較適合裝置在艦首與艦尾，這樣一來，要發揮最大的火力，就必須艦首對著敵人。

艦首對敵還有個額外的好處，由於正面面對敵方砲火的面積較小，敵方命中率自然也會跟著下降，更由於當時船艦速度較慢，海戰中仍有機會用衝角撞擊的方式撞毀敵船，因此往往在艦首安裝巨大衝角，讓艦首對敵更顯得重要[44]。艦艇的設計、陣形與戰術結合，形成了一個完整的艦首對敵作戰系統，北洋海軍則翻譯英國的海軍教範，編成《各國水師操練法》和《海軍調度要言》等戰術教材，依此操練一百多種以上的陣形變化。

然而，稍後英國在開發數款新型艦艇時，由於技術與觀念上革新，又重新思考舷側火力的價值，畢竟船舷比艦首尾能容納更多的火砲，而迎敵面積的問題，則以減少水面上結構的方式來處理，這對北洋艦隊造成了一個意外的問題。

當北洋海軍訂購致遠艦時，英國設計師導入了單縱陣舷側對敵作戰思想，首尾大砲都可以同時轉向舷側，船頭船尾更各裝備了一門四十七毫米口徑速射

44 利薩海戰中，奧軍即以衝角戰撞沉了義大利軍的主力戰艦「義大利號」。

砲，讓致遠艦可以橫過來作戰，但是北洋艦隊已有的艦艇都是艦首對敵設計，如果要導入舷側作戰，這下子得把舊艦全都大改造，由於沒有預算去為了一艘新艦去更換整支艦隊，因此最後是致遠改變設計，不裝設速射砲，以配合其他的艦艇。由此可知，黃海海戰中北洋海軍採艦首對敵，是因應本身艦艇設計的必然使用方式。

日本黃海海戰時的主力艦隊購買時間較晚，日本也沒有經費購買定遠、鎮遠這樣的大型鐵甲艦，所購買的艦艇設計較新、速度快、舷側速射砲多，這些特點都利於單縱陣，因此日本海軍特別重視單縱陣，也一樣是基於艦艇特性。

在清日雙方的建軍過程中，雖然世界海軍的觀念逐漸轉向速射砲、單縱陣，但尚未有一場重大海戰測試到底是艦首對敵還是舷側對敵的單縱陣較佳，事實上，黃海海戰本身正是這場決定新主流為何的重大海戰。

也就是說，清、日雙方，都是世界海軍界的白老鼠，在戰前沒有人知道到底哪一方才是對的——海戰過程中，日方速射砲也的確無法打穿定遠、鎮遠兩艘鐵甲艦的裝甲——由於戰術需配合艦艇設計，因此清方必須擺出艦首對敵的陣形，不是因為「陸戰陣形」，更非「只諳弓馬」所造成。

## 「痛失吉野」

這則流言是說，原本李鴻章要購買英國最新的快速巡洋艦，結果因為經費遭挪用而買不成，竟被日本買走，成為日本海軍的主力艦吉野號，就是因為「痛失吉野」，才讓甲午黃海海戰失利。

然而清廷從未考慮要買吉野號，在日本取得英國製的吉野號之後，英國打算兩面賺錢，試圖透過掌管中國海關的赫德，向清廷推銷兩種更新的設計，分別稱為「改進型巡洋艦」與「完善型巡洋艦」，在清方則稱為「快碰船」與「加大快碰船」——「快碰」指快速撞擊巡洋艦，因艦速快，且有衝角能撞擊敵艦，因此得名。

「完善型巡洋艦」的第一艘艦，是智利海軍所訂購的祖母綠號（Esmeralda），造艦廠阿姆斯特朗公司打算如果成交的話，就把祖母綠號先賣給清廷，再打造另一艘給智利。

然而由於先前英國與清廷合作不甚愉快，李鴻章更不願意海軍太過受制於英國掌握，加上與赫德之間的溝通陰錯陽差，以及本身建軍備戰方向的考量[45]，最後李鴻章決定向德國訂製濟遠艦，不向英方購買，祖母綠號就到了原

[45] 一八八二年，赫德向李鴻章遞呈英國阿姆斯特朗公司「快碰船」與「加大快碰船」圖說，李鴻章轉寄給中國駐德國公使李鳳苞，李鳳苞評估認為「快碰船」裝甲防護力過低，「一遇風浪則炮難取準，偶受小砲即船已洞穿，徒欲擊敵而不能防敵擊，終不足恃」；「加大快碰船」則價格過高。李鴻章在李鳳苞建議下，決定不理會英國的提案，繼續與德國合作，訂購一艘新式穹甲巡洋艦濟遠號。

本的買主智利海軍手中。在甲午戰爭時，清廷急著增加船艦，曾經想購買所有智利軍艦，祖母綠號列名其中，但是智利為了維持中立而不願在雙方交戰中出售，因此破局，戰後由於清廷裁撤海軍衙門，自然也沒有再購買的可能，祖母綠號被日本買下，改名為「和泉」號。

這件事被傳為「清日爭購」，而傳一傳主角和泉號又被代換成了吉野號，結果產生了「痛失吉野」的流言，其實和泉號根本沒有參與甲午戰爭，只在日後參加了日俄戰爭。

歷史小知識

## 李鴻章與英國的恩怨情仇

清廷與英國合作過程一直衝突不斷，在太平天國時期就發生阿思本艦隊事件，原本清廷向英國購艦助勦太平天國，卻因艦隊指揮權問題雙方不歡而散，將艦隊解散；在牡丹社事件後，清廷體認到海軍的重要性，又開始研議外購軍艦，此時英國新設計出一種奇異的艦艇，以相當小的船身搭載一門巨砲，開砲時需下錨否則船會被後座力震翻，船上空間小到水手得在甲板上搭帳篷露宿，這種船無法駛往遠洋，只能在岸邊充當「可移動砲台」，因此稱為「水砲台」、「砲船」（Gunboat），又以其巨砲伸出，很像蚊子的外觀，稱為「蚊砲船」、「蚊子船」，對清廷來說，這種小砲艇可以輔助陸地砲台，不失為短期內加強岸防的辦法，但是卻無法出海伸張海權，因此後來清廷觀念改變，向英國訂製超勇、揚威兩艘巡洋艦，但製造過程中英方拒絕清方視察，而兩艘艦艇的防護力相當低，不符合李鴻章的建軍想法，連續的不愉快導致李鴻章轉而向德國訂購大型鐵甲艦定遠與鎮遠。

除了以上四則以外，許多流言族繁不及備載，如稱北洋海軍因為貪污腐敗而只有「一輪砲彈」，實際上黃海海戰中各艦都發射上百發以上砲彈；或是不知砲彈本來就有分殺傷上部結構的榴彈「開花彈」，與用來擊穿裝甲的實心鋼彈頭「穿甲彈」，而稱砲彈都因品質差而不開花，實際上以日方戰損報告來看，有相當多發砲彈均有開花，而一八九〇年代的砲彈引信原本就不如現代可靠，部分開花彈「不過引」也尚在合理範圍內——一直到二次世界大戰時交戰各方都還常有啞彈呢——而砲彈不足流言則衍生出海戰最後日方脫離戰場時，北洋海軍因為缺乏砲彈無法追擊的流言，實情是雖然連續砲擊與受損後，多艘北洋軍艦的確已經砲彈將盡，但無法追擊最主要的原因並非沒有砲彈，而是日方船速遠遠快過清方較舊的艦艇，自然望塵莫及。

這些流言的共通點，就是要以膚淺的觀點，將甲午戰爭成敗的原因歸於「腐敗無能」，如果這些觀點是真的，黃海海戰應該是日方一面倒勝利才對，但其實黃海海戰中雖然清方多艦沉沒，但日方各艦也受損嚴重而最後主動逃離戰場，就戰術上雙方可說勝負難分。[46]北洋海軍最後全軍覆沒，是因為所停泊的威海衛港遭日本陸軍攻陷的結果，並不是在直接交手中被全部擊沉。

[46] 戰略上則為清方失敗，因為沉沒及損壞艦艇過多，使得之後失去制海權。

海軍紀律、船、砲、陣形的流言到此先告一段落，這幾則流言只能算是開胃菜。關於甲午戰爭，最大的「流言」，莫過於「修建頤和園挪用海軍經費」因而導致戰敗，這個流言到底是真是假？且待下節分曉。

## 「三海工程」與頤和園

慈禧「修園子」導致戰敗的流言最早出自於梁啟超，雖然我們知道梁啟超是不世出的博學睿智天才，但是當時梁啟超發表這個流言有政治宣傳的目的在內，因此在這個話題上並不能盡信他的言論。

到底「修園子」花了多少經費，許多說法簡直是漫天喊價，甚至一提就是三千萬兩、一萬萬兩[47]這樣驚人的數字，大體上這些說法不外乎是想得到滿清「鋪張浪費腐敗」所以打敗仗的結論。不過，首先，「修園子」並不純然是「鋪張浪費」，英法聯軍之所以要把滿清的皇家庭園燒掉，正是因為皇家庭園具有重要的象徵意義，不僅是普通的遊憩之處而已。

保有氣派、廣闊、神秘的皇家庭園，是一種威勢的象徵，就像滿清非得要西方使節下跪，為了這件「小事」可以爭執很久一樣，在現代民主社會眼中看

[47] 如唐德剛指「三海工程」李鴻章自海軍購艦項下「助款」三千萬兩，但實際上北洋艦隊從成立到結束二十年來所有花費也不過三千五百多萬兩，李鴻章若挪用三千萬兩「助款」，那剩下的五百萬兩別說購艦，付薪水都不夠了，顯然有誤；另外唐德剛指頤和園最初修復預算為一億兩，由於最後頤和園並未照原定計畫，而是縮小整修範圍，若照原定計畫整修到底要花多少錢不明，但最後花費約一千萬兩，許多說法則「喊價」到八千萬兩、一億兩，甚至兩億兩之譜。

起來相當愚昧可笑，不過對於專制王朝來說，那可是攸關天命的大事。英法聯軍竄破了這個天命的幽微之處，因此以劫掠、燒燬皇帝庭園威嚇清廷，果然命中清廷要害，讓清廷不敢再以天朝上國自居。

當英、法反過來幫助清廷敉平國內大部分叛亂，促成「同光中興」後，同治皇帝放眼看向圓明園與清漪園的一片廢墟——這個「外夷」在天子頭上摧殘天命的痕跡——很自然興起修復的念頭。這不僅是為了遊憩之用，更重要的是修復滿清王朝的天命。

一八六五年，太平天國平定後，圓明園開始進行小部分的修復工作——滿清實際上的江山恢復了大半，因此象徵上的天命也得同時跟上——修復了北路春雨軒、紫碧山房值房，一八六六年修復圓明園圍牆、綺春園值房，一八六七年修復圓明園閘口、圍牆、值房和黑龍潭等處。這些小工程並未引起太大爭議。

到了一八六八年，捻亂也平定了，滿清的江山大致底定，德泰在安德海授意下——而安德海很可能是在慈禧授意下——奏請修復圓明園，遭恭親王奕訢以國庫空虛、民生凋敝的理由強烈反對，只好作罷。轉眼間五年過了，同治已經親政，但是慈禧仍然時常干預政務，這讓同治出現了雙重天命問題，「修園子」不僅代表滿清從危亡中恢復，更能把慈禧給支開，讓她去頤養天年，遠離政務中心。

這次由皇帝主導，連恭親王都不敢反對，還率先「報效」二萬兩銀子贊助修園費用。若照原計畫修復圓明園，總開支約一、二千萬兩，工程於一八七四年開工，當年正值台灣發生牡丹社事件，李鴻章認為海防堪虞，打算建立海軍的關頭，李鴻章不樂見「預算排擠」，便主動揭發因修園工程而起的李光昭木材詐騙案[48]，事件爆發後，大臣聯名上奏停止修園，同治皇帝只好放棄修復圓明園，改修「三海工程」作為代替。

何謂「三海工程」？這「三海」也就是皇城內的「太液池」，原本只有「中海」與「北海」，在明朝時開挖了「南海」，挖出來的土方堆積成景山，也就是萬歲山，北海、中海、南海三個大池塘合稱「三海」，周圍興建了許多亭台樓閣，南海之中還有一個小島，稱為瀛台，正是後來光緒皇帝被軟禁之處。中海與南海的建築物群，現在是中華人民共和國國務院、中共中央書記處和中共中央辦公廳等重要機關辦公所在地，許多中共領導人物也曾住在其間，因此「中南海」就成為現在中國共產黨與中國政府權力中心的象徵。

48 李光昭是一名木材、茶葉商，以捐官買得了知府官銜，不過只是候補並未有實缺。李光昭在北京販賣木材時認識內務府大臣，謊稱有價值三十萬兩的木材可以「報效」修園，經內務府出面奏請後，他便打著「奉旨採辦」名號，私刻「奉旨採運圓明園木值李銜」關防，本以為是招搖撞騙的良機，但是卻無人理會，最後只有向香港的一位法國商人訂購價值五萬四千二百五十元木材，貨到天津時付款。貨船抵達天津後，李光昭謊報自己購買價值三十萬元的木材「報效」，但李光昭根本無力付款，只打算坑殺法國商人，藉口稱木材尺寸與原議不合而拒絕付款。法商一怒之下找法國駐天津領事出面抗議，李鴻章本就不贊成修園，得訊後主動將此案奏報同治皇帝，同治大怒，責令李鴻章嚴厲查辦，最後李鴻章判處

三海工程就是修建北海、中海、南海這三海附近的建築群，用來讓慈禧「頤養天年」遠離決策核心，不過動工沒多久，同治暴斃，工程也就停工了，直到一八八五年，光緒皇帝又即將親政，慈禧才重啟這個三海工程，到完工總共花費經費五百一十三萬兩銀子，完工後歲修，以及慶祝慈禧大壽，又耗費了一百四十一萬五千兩銀子的費用。

這中間有沒有挪用海軍經費？的確其中有陸陸續續挪借海軍衙門經費，總共約四百三十七萬兩，不過是有借有還，後來都如數歸還了。海軍的經費被拿來「周轉」墊款，當然多少會影響業務，但並不是直接挪走一去不回。

三海工程於一八八八年逐漸完工，慈禧歸政後有地方去了，但修復天命的問題卻還沒解決，慈禧想起英法聯軍中清漪園也一樣被毀，既然圓明園修復起來開銷過大，那不如修復受損較輕的清漪園，也是個選項，因此就決議把清漪園改名為頤和園，開始修復工程，不過才開工沒多久，一八八九年一月，紫禁城貞度門火災，火勢延燒到太和門，在慈禧看來，這個不祥的徵兆可是會嚴重損害天命。

不祥可以損害天命看似滑稽，但在那個時代是貨真價實的危機，畢竟天

李光昭斬監候，秋後處決。

命虛無飄渺，本來就是建立在抽象的信心上。當李自成攻破北京，正要進入城門時，曾抽出一箭射向城上的「中」字，不料箭術精湛的李自成竟然失手未射中，這在我們看來是小事，但對於把這件事記錄下來的史家來說，這「證明」了李自成沒有得到天命，「怪不得」很快敗於滿清之手。

慈禧被火燒太和門的不祥給嚇了一跳，連忙縮減頤和園工程規模，縮減後的最後造價缺乏直接明確的造價資料，因為直接的修園資料已經被銷毀了，不過從各種間接檔案拼拼湊湊，大體上是花了一千萬兩左右。

其中有沒有挪用海軍經費呢？倒是可以肯定的說有，當時海軍衙門由光緒之父醇親王主持，醇親王想討好慈禧，因此工程款項不足時往往抽用海軍經費，到甲午戰爭前夕，總共挪用了一百八十萬兩，若加上挪借——也就是說海軍衙門先墊款，事後有還回去——的部分，總數大約三百二十五萬七千兩。另一方面，為了籌資，以海防的名義開「海防捐」，大約三百萬兩，這部分並沒有佔用海軍經費，只是打著海軍的名義以捐官的方式籌款，只不過既然以海軍的名義籌款，卻沒有一毛錢用在海軍之上，也怪不得要被梁啟超批評。

北洋海軍從成軍以來，包含購買艦艇、後續的維護保養，以及人員的薪水，再加上其他額外開支，二十年下來，所有的花費約三千五百多萬兩，其中，在一八八五年海軍衙門成立以後，醇親王手中經手的部分大約有兩千多萬兩，遭醇親王挪借到三海工程及修園工程的大概不到一半，不過真的被挪用不還的，只有一百八十萬兩。

因此，我們可以肯定的說，海軍經費的確有被挪用，但是以挪用的比例來說，不能說有決定性的影響。

許多史家專注在頤和園上，只是為了描寫「慈禧奢侈腐敗」，卻忘了當初英法聯軍為何燒園，就是慈禧為何要修園的原因。錙銖必較的去清算每一筆款項，只會陷入鑽牛角尖，我們應該把目光先從頤和園身上移開，看向全局，才能明白真正排擠海軍經費的到底是什麼？

就以國防預算之中來看，當時的八旗與綠營已經完全腐壞，毫無作用，清廷卻每年都要支出兩千萬兩在他們身上，養這些冗兵的銀兩，光一年就相當於海軍衙門成立到解散所有的經費，這才是真正的浪費，頤和園工程多年下來總共花費一千萬兩，相較之下根本可略，完全不值得討論。

當然，清廷有不得已的苦衷，驟然裁撤八旗與綠營有可能讓裁汰人員直接成為造反群眾，危及王朝統治基礎，所以這筆錢雖然浪費卻又省不得，只好當成「社會福利」費用花下去了。

但是，就算是花費在「有效國防」上的經費，北洋海軍都沒有拿到大多數。在一八七五年，李鴻章與左宗棠爆發了「海防與塞防」之爭，當時新疆有阿古柏（Muhammad Yaqub Bek）建立獨立的回教「洪福汗國」，以清廷的觀點來看就是「新疆回變」，李鴻章認為新疆遠在天邊，自乾隆征服以後，每年耗費軍費二、三百萬兩，實在不划算，不如讓阿古柏入貢即可，經費應放在更緊急的海防事務上；但左宗棠卻以陸權的觀點，堅持應該以武力討平，最後左宗棠勝出，他的西征前後總共得到五千兩百三十多萬的協餉。

然而「新疆回變」並非平定完就沒事了，在日後，新疆每年花費清廷三百多萬兩的軍事費用[49]，二十年下來，都可以多造出兩支北洋艦隊了。

海防與塞防之爭可說是清朝國家戰略走向的一次重大分歧，在走向海權，還是走向陸權的關頭，清廷最後選擇了陸權優先，海權其次，兩者同時發展的路線。這個資源分配的決策成為甲午戰敗的最大原因——若如李鴻章所言，將

[49] 一八八五年，清廷規定，新疆、伊犁、塔城三處每年共三百三十六萬兩協餉，到一九〇四年改為三處共兩百九十八萬兩。

經費集中到海防，那北洋海軍艦隊將是史實的數倍大，日本將直接完全放棄與清朝爭戰的野心，不會有甲午戰爭，更當然不會戰敗了。

那麼清廷竟然選擇塞防優先，是慈禧顢頇嗎？未必能這麼說，滿清優先將資源投入新疆，可說有其歷史上的淵源，也有地理上的必然性。這兩點，我們在接下來將詳細剖析分明。

## 塞防對海防：陸權與海權思維的歷史關卡

今日我們提到「新疆」，指的是清末民初的「新疆省」，或是今日中華人民共和國的新疆維吾爾自治區，不過「新疆」可說是本來無此地。

顧名思義，「新疆」本來只是「新闢疆土」的意思，一七五七年，乾隆滅亡準噶爾汗國之後，認為這是「在西域新開闢的疆土」，於是就把這片土地命名為「西域新疆」。雍正年間，在貴州東南部新闢的疆土也一樣稱作新疆，西域新疆與雲南、四川、貴州新闢的疆土統稱為「新疆六廳」。由此可知，「新疆」原本只是泛指所有的新增領土，並不是一個地名。

左宗棠平定阿古柏的洪福汗國之後，建議設立「新疆省」，從此才讓「新疆」成了一個省名，專指現在的新疆維吾爾自治區這塊地區。

對清朝來說，這個新疆，打從建省以前就一直是個錢坑：乾隆平定準噶爾花了三千三百萬兩；嘉慶道光年間，為了對付張格爾三次起義，第一次花了一千一百萬兩，第二次則花了七百三十萬，最後一次花了一千多萬兩。可說每次新疆出事，就要花上個數千萬兩來平定。而清廷渡海攻取台灣之役，「只不過」花了八百萬兩，相較之下，就曉得塞防的代價有多麼高昂。

那麼滿清又是怎麼掉進這個錢坑的呢？

在滿清還叫做後金的時候，曾屢次敗給擁有元朝傳國玉璽的漠南蒙古[50]察哈爾部林丹汗，直到皇太極以聯姻與各種拉攏手段，讓漠南蒙古各部落一一倒戈，才擊敗林丹汗，迫使他逃亡而病逝，其子額哲歸順後金，獻出傳國玉璽，從此後金領袖成為草原各部落的大汗。

至此，漠南蒙古成為滿清的一部分，更因為聯姻而有分不清的「血濃於水」關係。

康熙時代，漠西的準噶爾汗國興起，一六八六年，準噶爾大汗噶爾丹向東侵略，使得漠北的喀爾喀蒙古不得不向滿清歸順求援，從此外蒙古也成為滿清

[50] 戈壁沙漠以南稱為漠南，也就是今日中華人民共和國內蒙古自治區一帶。

版圖的一部分。

一六九〇年，噶爾丹因應國內大旱再度東征，這次轉而侵略與滿清「血濃於水」的漠南蒙古，滿清不得不出兵與噶爾丹交手，這一打就是沒完沒了，一直到噶爾丹戰敗自盡後，準噶爾仍然屢次興兵挑戰滿清，甚至入侵西藏，被清軍逐出西藏後，又計畫挑起西藏叛亂。

滿清一開始與準噶爾交手是為了蒙古，如今準噶爾一再挑動西藏，也刺激了滿清敏感的神經，因為蒙古人信奉藏傳佛教，若準噶爾控制了西藏，可透過宗教影響蒙古，這使得準噶爾成為滿清的心腹大患。乾隆為了斬草除根，下令將準噶爾部完全消滅，一七五九年，清軍完全控制新疆之後，展開慘無人道的種族滅絕大屠殺，數十萬準噶爾人或死或逃，準噶爾盆地「數千里間，無瓦剌一氈帳」[51]，「數千里內遂無一人」，日後的準噶爾盆地居民，是由附近的哈薩克、新疆南疆、外蒙古等地移民而來。

平定準噶爾之後，滿清也穩固了對西藏的控制，至此滿清建立了所謂盛清的版圖，然而這塊版圖並非都是直接控制，在東北、內外蒙古、新疆，滿清靠成吉思汗「黃金氏族」代代相傳的玉璽，以大汗的地位與聯姻關係統合諸

51 準噶爾屬於瓦剌一部。

部落；在西藏，清朝皇帝成為藏傳佛教世界觀之中的「轉輪聖王」，並透過宗教的影響力進一步穩固蒙古各部的忠誠。在「關內」，也就是以前明朝的版圖內，大清帝國則是透過讓皇帝成為儒家天命中的天子，來統治關內的漢人。

若只站在傳統關內王朝的角度來看，正如李鴻章所想的，大可不必勞民傷財管理這些遙遠又鳥不生蛋草原上的外族部落，只要依照傳統的天朝秩序世界觀，讓他們向「天子」朝貢就好了，何況日本的興起使得海防成為當務之急，哪有閒錢去花在沙漠裡頭「打腫臉充胖子」。

但滿清的皇帝不只是關內漢人的天子，也同時是大汗以及轉輪聖王，他的統治正當性有三種，並非只有中原王朝的天命。以往乾隆正是因為準噶爾威脅蒙古與西藏，影響滿清皇帝身為大汗以及轉輪聖王的統治正當性，不惜心狠手辣的進行慘無人道的種族屠殺，如果新疆若又落入別人手中，那豈不是又將舊事重演？這是清廷所無法忍受的。

這就是清廷之所以選擇了塞防的歷史淵源。

那麼地理因素呢？

打開沒有國界的地球衛星空照圖，看向整個歐亞大陸的東半部，會發現有一圈山脈地帶相連，圍起一大片土地，這圈山脈，起自外興安嶺，連往外蒙古的北界，延伸到香蕉形的貝加爾湖南邊，來到唐努烏梁海北界的薩彥嶺，往左下連接阿爾泰山脈，接著塔爾巴哈台山脈、準噶爾阿拉山脈，連接到天山山脈，在帕米爾高原轉彎，連接崑崙山脈，再到喜馬拉雅山脈，一路往下連到雲南、廣西，這樣圈起來的一大塊範圍，恰好幾乎相當於是盛清時代的版圖[52]。

這圈山脈系統，把中國所在的區域與亞洲的其他部分相對隔絕，西方部分地理學者甚至把這樣的地形稱為「中國次大陸」。

可以說，盛清的版圖，剛好抵達了「自然疆界」，連串的山脈地帶利於國境線的防守，如果再考慮到沙漠地帶的因素，就更能了解這個自然疆界在國防上的重要性。

在「中國次大陸」的西北部，有一成片顯眼的沙漠地帶，由蒙古的戈壁沙漠，往西一路連到南疆的塔克拉瑪干沙漠，這些沙漠地帶都是無法駐守兵員的地區，一直到「自然疆界」上的連串的山脈地帶山麓，才有綠洲與水源地分布，這些有水源的地帶就成為國境上的戰略要地。

[52] 盛清時代版圖尚包括巴爾喀什湖以東的區域，不過這部分並不在此敘述中的山脈地帶圍起來的區域內。

其中，最重要的地區，是自天山以北的準噶爾盆地西緣，連接天山、阿爾泰山山麓水源地帶，再緊接著雨量豐沛的伊犁河谷，一路往伊犁河下游，延伸到巴爾喀什湖與齋桑泊的這塊地區。此地是水源充足，水草豐美的農業地帶，自古以來，游牧民族只要佔領了這個地區，實力就會大為提昇，如準噶爾汗國正是佔據了這塊有利位置，才成為一方之霸。也因此，自漢朝以來，中原王朝若行有餘力，都以能控制西域為目標，為的就是防患未然，避免有強大外敵在此地區興起。

滿清在準噶爾進行種族屠殺以後，歷史上一再挑戰中原王朝的傳統游牧民族勢力自此不再成為威脅，不過卻遇上了一個前所未有的新型態敵人，那就是俄羅斯。俄羅斯在哥薩克打頭陣下，不斷往東擴張，趁著滿清內亂外患之際，簽下條約割去大片領土，在阿古柏起兵時，俄羅斯更趁機進佔伊犁——前述重要農業區戰略地帶的核心。

原本俄羅斯軍隊的後勤補給要遠從烏拉爾地區橫越哈薩克草原而來，如今佔據了重要農業區、地形上又是戰略要地的伊犁河谷，若假以時日，將伊犁河谷經營成屯墾據點，俄羅斯軍隊的後勤補給路線從伊犁出發，一翻過天山與阿爾泰山山脈就能侵略整個新疆。

相對的，滿清的救援部隊卻要穿過一條漫長的路線。自古要前往新疆，只能經過著名的河西走廊，這條細細的走廊是從關內通往西域的唯一路線，走出這條走廊，在沙漠地帶中，跋涉走過哈密、吐魯番等一連串綠洲與其間的沙漠，才能到達天山山麓的有水源地區，從河西走廊開始，這趟旅程總長大約是台灣南北長度的三、四倍。

在此情況下，鞭長莫及的滿清勢必只能將新疆拱手讓給俄羅斯，一旦新疆落入俄羅斯手中，俄羅斯經由準噶爾東征喀爾喀蒙古的路線直取漠北，此時滿清的救援部隊卻得從北京出塞，橫越戈壁沙漠，距離是台灣南北長的四、五倍，沿途連綠洲都幾乎沒有幾個。當蒙古漠北也失守之後，俄羅斯就能以漠北山脈山麓水源地區為基地，繼續往東北、內蒙入侵，最後如以往的歷朝外患一樣突破長城，直指北京。

因此，左宗棠力主塞防不可放棄時的主要論述之一即是：「克復新疆，所以保蒙古；守衛蒙古，所以保京師。」認為不守住新疆，蒙古將不保，蒙古不保，則北京會受到陸上威脅。以歐亞大陸上陸權勢力交手的歷史，以及從滿清本身與準噶爾交手的經驗來看，左宗棠的想法並不能說有錯。而且，左宗棠並非完全否定海防，而是主張「二者並重」，顯得四平八穩；相較之下，李鴻章主張完全放棄塞防，全力投注於海防，倒比較像是孤注一擲的作法，因此慈禧最後採納了左宗棠的主張。

說完了塞防論一方的想法，接下來，就換海防論發言了。

說起來，各位可能會覺得很奇怪，滿清在鴉片戰爭與英法聯軍中，不正是因為海防能力不足，一再被侵門踏戶，甚至連代表天命的皇家庭園都被燒光，外敵若想威脅北京，派出艦隊自海上攻擊更快，因此顯然海防比起塞防更是當務之急，怎麼會覺得塞防優先於海防呢？

說來也諷刺，這個因緣也正是從英法聯軍佔領了北京開始，北京失守前夕，咸豐皇帝急急忙忙「北狩」，把他不受寵的親弟弟恭親王奕訢丟在北京負責善後，日後被稱為改革派的奕訢，在此前是個不折不扣的反洋「憤青」，他還支持綁架巴夏禮的行動呢！但是現在年僅二十七歲的他，被丟在北京，面對一群如豺似虎，才剛把皇家庭園徹底劫掠且一把火燒光示威的英法部隊，簡直不知如何是好。

但是接下來北京城內發生了奕訢意想不到的奇景。

以往各朝的都城淪陷，勢必慘遭洗劫，幾年後曾國荃攻破太平天國的天京時，也大肆劫掠，殘殺二十萬百姓，謊稱都是「賊」，為了掩蓋罪證，放火燒城燒了三天三夜，這次「天京大屠殺」讓曾國荃得到了「曾剃頭」的惡名。

但是英法聯軍燒完皇家庭園後卻就此打住，奕訢發現聯軍在北京城內駐守，所有的倉庫、存有銀兩的各衙門，都門戶洞開，聯軍明明可以自己動手拿取，但是他們卻沒有把府庫財物據為己有，而只是明文開出條件要求五十萬兩現銀。

在歷史上，如果有軍事勢力進城後不大肆劫掠，卻嚴守軍紀者，那多半是有取得天下的意圖，但是奕訢更驚訝的發現，當《北京條約》簽訂後，聯軍竟然真的撤軍離開，而不是把堅固的北京城當作一步步蠶食領土的方便據點。

奕訢原本把「外夷」都當作是野蠻人，見到他們如此「講信修義」重視條約，十分驚訝，從此對外國的觀點完全改變，了解原來這些外國只是要通商以及對等的外交關係，並沒有想要佔領土地或推翻王朝，奕訢於《統計全局折》中敘述，外國可以用「信義」攏絡，只要讓他們貿易、傳教，那就根本不需要擔心他們會從海上攻打過來啦！

於是海防的緊要性突然之間就被拋到腦後，不僅是日後的塞防論者，就連李鴻章在此時都還沒有意識到海防的重要性。

在《北京條約》的十年後，大清帝國的海防才面臨第一個考驗，一八七〇年春夏之際，天津發生傳染病，波及許多嬰幼兒，法國天主教育嬰堂收留了不少病重嬰孩，其中有三、四十名不幸病逝，死嬰草草掩埋，結果被當地的野狗掘出來啃食，當地的鄉民見到死嬰的胸腹遭野狗咬開，內臟都被拖出來的景像，竟然以為是洋人把兒童「挖眼剖心」拿去製藥，一時群情激憤，上萬人來勢洶洶，包圍教堂——諷刺的是，把人體當成藥、以人體組織、器官治病的迷信，其實是中國自己的惡習，可說是「以小人之心度君子之腹」。

法國領事豐大業（Henry Victor Fontanier）聞訊來到天津府，態度強硬的要求官府派兵鎮壓暴民，在要求被拒後，遇到知縣劉傑，兩人辯論起來，一言不合，跋扈的豐大業竟然拔槍射擊，劉傑的僕人擋在前頭，當場斃命，圍觀鄉民大怒，一擁而上，豐大業與其秘書就這樣遭圍毆而死，緊接著暴動波及無辜，暴民衝入教堂，將神父、修女、洋商與職員及眷屬，以及華人雇員全數殘殺，把教堂跟育嬰堂，連同領事館和其他英、美教堂都放火燒了，消息傳出震驚國際，是為「天津教案」。

教案發生後，法、英、美、俄等七國聯合抗議，以法國為首的各國軍艦更已經開至天津附近，海防岌岌可危，曾國藩奉命處理此案時竟被批為「賣國賊」，只好交接給李鴻章處理，李鴻章也只是跟法國打官腔，把十六個鄉民處死償命了事，法國雖然不滿意，無奈歐洲本土發生普法戰爭，於是就這樣不了了之。

天津教案危機又這樣矇混過去，讓清廷更沒有警覺到海防的重要性，一直到牡丹社事件發生，李鴻章才驟然驚醒，提出放棄新疆，全力鞏固海防的想法。

以往歷史課本總把所有清末的外國一併稱為「列強」，這個名詞卻頗具誤導作用，因為每個國家的國情與對清策略均不相同，而彼此之間還有利益衝突，其中英國為海權國家的代表，重視貿易而非侵占領土；而俄羅斯則是陸權國家的代表，除了貿易利益以外，還傾向往中亞、東北亞進行領土擴張。兩國彼此針鋒相對，英國的國策是在全世界建立包圍網，力阻俄羅斯的陸上擴張。

李鴻章為何提出看似偏激的海防論，正是基於對此一世界大勢的了解。當時新疆由阿古柏的洪福汗國盤據，左宗棠認為洪福汗國一定會像先前的哈薩克、浩罕等中亞汗國一樣遭俄羅斯併吞，然而，當時英國為了阻止俄羅斯在中亞擴張，已經深入阿富汗，也與洪福汗國建立外交關係，並支持洪福汗國自英屬印度聘請工匠到新疆建立兵工廠。

英國的策略非常明顯，就是透過扶植阿古柏的洪福汗國，阻止俄羅斯的陸上擴張，而俄羅斯也正是因為害怕洪福汗國在英國幫助下取得伊犁河谷這個重要戰略地帶，才於一八七一年先下手為強，佔領伊犁地區。事後俄國也趕忙拉攏洪福汗國，雙方簽定貿易協定，而英國則再「加碼」，和洪福汗國互派大使。

在此國際情勢下，若大清帝國如李鴻章的建議，讓洪福汗國入貢即可，不但能省下西征開支及日後一年三百萬兩的協餉經費，實際上洪福汗國也不易被英、俄併吞：如果俄國想併吞洪福汗國，則清可以聯合英國協助洪福汗國；反之，若英國想控制洪福汗國，清也可以聯俄援助洪福汗國；而洪福汗國本身，由於夾在三大勢力間，且未能得到伊犁河谷的重要戰略地帶，僅能自保，無力向外侵略，也不易對清造成威脅。

考慮國際形勢之後，就明白洪福汗國可以成為英俄清三國的緩衝地帶，放棄新疆，並非等於將新疆送給俄國。更何況，日後俄羅斯雖未佔領新疆、蒙古，卻一樣趁八國聯軍之際進佔東北，若非日俄戰爭中日軍將俄軍逐出東北，俄羅斯勢力可能從東北直接威脅北京，家門口都淪陷了，還擔心到千里之外的偏遠西疆？

進入民國以後的一九二一年，外蒙古宣布獨立，並在一九二四年於蘇聯的支持下成立蒙古人民共和國，以此「後見之明」來看，蘇聯勢力深入蒙古根本無需取道新疆，左宗棠的塞防想法可說是毫無意義。

而李鴻章審度國際情勢，明白英俄爭鋒的國際基調，依此判斷出可放棄新疆，更在日本海權剛起步的時候，就察覺到它將成為新興威脅，因而主張放棄塞防，全力建設海防，可說是當時真正具有國際觀與前瞻性的看法，若清廷能接受他的主張，歷史可能會全盤翻轉。

當慈禧決定接受左宗棠的海防塞防並重論，將資源「蠟燭兩頭燒」，就註定了在海上吃癟的結果。

但這能怪左宗棠，或是慈禧嗎？

近三十年後，一九〇四年，英國地理學家麥欽德（Sir Halford J. Mackinder）還發表《陸權優勢論》，與馬漢（Mahan）的《海權論》針鋒相對，在麥欽德的論點中，歐亞大陸的「心臟地帶」是世界的樞紐，而這個樞紐區域就包括新疆在內，麥欽德認為這個區域難以被海權滲透——海軍從海岸登陸無法攻擊此一地區——而且若建設發達的鐵路網路後，亦能擁有不遜於海運的交通便利。麥欽德認為，掌握心臟地帶的國家，若再向外擴張到與沿海接壤的「內新月地帶」，將成為勢不可擋的壓倒性力量。

如果照麥欽德的理論，守住了新疆，又同時擁有沿海地帶的大清帝國，顯然是前途無限，甚至還可能征服世界呢！

很不幸的，到了一九四四年，史派克曼（Nicholas J. Spykman）在他的遺作中總結後來的歷史發展與地理因素，指出麥欽德所說的「心臟地帶」氣候惡劣，缺乏水源，不適合農業生產，資源開發不易，交通上受到地形重重障礙，難以發展，反而是沿海的「內新月地帶」可海可陸，人口與資源也大部分集中於此一地區，因此沿海地帶才是最重要的。對照現代西伯利亞、中亞各國、蒙古國，的確都發展落後，而新疆至今依然是錢坑，可說麥欽德對「心臟地帶」的想法的確是錯誤的。

在海防與塞防之爭的緊要關頭，滿清決定陸權考量優於海權，把資源分配給了「心臟地帶」的新疆，而非放棄錢坑，把資源全力集中在沿海地帶，以「後見之明」來看，滿清似乎做出了錯誤的選擇。

然而，在滿清的海防與塞防論戰後近三十年，英國仍在進行海權與陸權論戰，「心臟地帶」的思維還影響到日後多國的國際戰略，包括日本都受其影響而侵略滿、蒙，可說李鴻章、左宗棠之爭，並非觀念新舊之爭，兩人都已經是相當「領先時代」，只是李鴻章領先七十年，而左宗棠只領先三十年，雖然李鴻章的建議未被接受，對大清帝國來說相當可惜，但今日我們的思考要領先時代一年都很困難，又如何能怪罪左宗棠與慈禧呢？

## 天朝體系的崩潰

清廷選擇投資在塞防，很快就有了回饋，一八八一年，曾紀澤取代崇厚與俄國交涉，簽定《聖彼得堡條約》，幾乎將伊犁全境都歸還大清帝國，還刪減了崇厚給予的貿易特權，只增加了賠款額度，這個條約被視為是清末外交上的一大勝利，曾紀澤被譽為是大外交家，然而，俄羅斯之所以退讓，其原因之一，正是因為左宗棠在新疆的四萬兵力遠遠超過俄羅斯駐伊犁的兵力。

但是有得必有失，在海防上的投資不足，也很快就遭「現世報」，清廷只顧著新疆，卻忘記海上也有一個新闢疆域，即台灣島，而中國傳統上在東亞的天朝體系要維持於不墜，則有賴維持幾個重要藩屬國的存在，包括朝鮮、琉球、越南，要維護這三個藩屬國，也都必須依靠海軍的制海能力。

重陸輕海的結果，使琉球成為第一個喪失的藩屬國，早在一六〇九年，德川幕府時代的薩摩藩就已經入侵琉球，使得琉球名義上仍是中國的藩屬國，實際上卻已被薩摩藩控制，日本方面為了透過琉球與中國貿易，讓琉球保持向中國朝貢，而清廷對這種曖昧關係也置之不理。

這個曖昧狀況到明治維新以後急轉直下，一八七一年，日本明治政府於全國推動「廢藩置縣」，把琉球王國編入鹿兒島縣，到一八七二年，更結束琉球與日本間的朝貢關係，把琉球王國廢國，改制為琉球藩，正式併入日本國土之內，清廷因為缺乏可投射至遠洋的海軍武力，對此只能置若罔聞。

一八七四年，日本以三年前的「八瑤灣事件」[53]為藉口，興兵台灣，進攻牡丹社、高士佛社、女仍社原住民，是為「牡丹社事件」，事件發生後，清廷連忙增援台灣，展開談判，要求日本退兵，最後在日本商請英國公使威妥瑪

[53] 一八七一年，一艘琉球王國宮古島的漁船山原號，在海上遇上颱風而漂流到八瑤灣，即今日位於台灣屏東縣滿州鄉的九棚灣，船上乘員共六十九人，有三人在海難中溺死，其餘六十六人登陸上岸，先是被兩名漢人欺騙，之後來到排灣族原住民高士佛社、牡丹社與竹社交界處，遇上排灣族高士佛社原住民，排灣族人原本給予他們食物充饑，但宮古島人害怕排灣族人，趁夜逃跑，排灣族人遂以為宮古島人是海盜的間諜因此出動追擊，宮古島人有五十四人慘遭殺害，十二人逃出，在當地漢人的協助下前往台灣府衙，再轉往福州琉球館，轉乘船隻歸國，稱為「八瑤灣事件」，或「宮古島民台灣遇害事件」。

介入調停下，清日簽訂《北京專約》，日本退兵，結束了此一事件，但是《北京專約》中第一條卻明文寫定日本出兵是「保民義舉」，這形同是滿清承認琉球人民是日本人民——所以日本的行動才會是「保民」——日本抓住了這個語病，認定滿清已承認琉球為日本領土，強迫琉球斷絕與清朝的朝貢關係，至一八七九年，日本更將琉球藩廢除，改制為沖繩縣，自此琉球王國完全滅亡。

琉球大臣名城里之子親雲上春傍，漢名林世功、伊計親雲上汝霖，漢名蔡大霖，以及琉球王族幸地親方朝常，漢名向德宏，三人聞訊大為驚駭，為了解除滅國的危機，來到天津向清廷請願，請求發兵拯救琉球王國，三人絕食抗議以明志，但是清廷缺乏海軍力量無法出兵，也因此毫無談判籌碼，日本絲毫不理會清廷的主張，林世功一籌莫展，最後只能抱著一股悲憤，在大清的總理各國事務衙門前揮劍自盡殉國，以死亡向宗主國的無能做出無言的抗議。

由於牡丹社事件的教訓，才讓李鴻章興起棄塞防保海防之論，然而，最後清廷雖然接受海防塞防並重，實際上塞防佔用的資源卻遠比海防多，十年後，滿清再度嚐到苦果：因海防上投資不足，而在清法戰爭之後又失去一個藩屬國。

巧合的是，清法戰爭的起因，也與牡丹社事件發生於同一年。法國在一八六〇年代逐步擴大對越南——當時稱為安南——的控制，終於在一八七四年將整個越南都納為法國的保護國，這是清法戰爭的遠因。

安南王國為了避免淪為法國附庸，與琉球王國一樣，選擇向以往的宗主國大清帝國求援，而在清廷正式回應之前，地方武裝黑旗軍已經自發的以游擊戰的方式協助安南抵抗法國。

為了如何回應安南求援，清廷中再度爆發李鴻章與左宗棠之爭，李鴻章認為應與法國談和，左宗棠則仍然秉持陸權的想法，認為可以從陸上推進，他從西征的經驗認為，縱使軍事技術稍落後於法國，仍可以用數量取勝，因此堅持主戰，認為不可輕言退卻。

李鴻章則認為，即使在陸上可能獲勝，但是當時清朝海防能力不足，三支水師雖然總共有近五十艘船艦，真正有戰力的只有北洋水師的超勇及揚威兩艘無防護巡洋艦，此二艦的裝甲相當薄弱，很容易遭到擊沉，其他艦艇則更是不堪一擊，雙方若開戰，法國勢必取得制海權，可任意攻擊沿海，封鎖海上運兵與貿易，甚至有可能直攻天津；另一方面，左宗棠大舉招募士兵，配備新式武器，費用相當昂貴，戰後解散，又將如同先前解散的湘軍一樣，成為社會動亂的根源，百害而無一利。

這次李、左論戰仍然是左宗棠佔了上風，清廷正式出兵，戰爭的結果果然一如李鴻章所料，當孤拔[54]（Anatole-Amédée-Prosper Courbet）率領法國海軍橫掃海上時，清軍水師完全無力抵抗，孤拔進攻福建水師的大本營馬尾，將福建水師的十一艘艦艇全數殲滅，更摧毀了本是由法國協助建造的福州造船廠；孤拔對台灣實施海上封鎖時，南洋水師派出五艘艦艇試圖解除封鎖，雙方艦隊遭遇交火，南洋艦隊五艘艦艇中，兩艘受重創被迫自沉，三艘退入港中避戰，此後再也不敢輕言出戰。

雪上加霜的是，清廷為了清法戰爭，調動原本駐守於另一個藩屬國朝鮮的部隊，清軍在朝鮮駐軍減少，直接誘發朝鮮親日派開化黨的金玉均等人聯合日軍發動政變，史稱「甲申政變」。

朝鮮同時發生政變讓滿清左支右絀，日後許多史家批評李鴻章因門戶之見，或只想保存自己麾下戰力而不願派遣北洋水師主力南下作戰，其實北洋水師必須防備法軍直攻天津、北京，原本就不能任意調動，甲申政變發生後，更

54 孤拔稍後在澎湖染上痢疾，於澎湖馬公去世，現在馬公設有「孤拔紀念碑」。

因為日軍蠢蠢欲動而必需鎮守北方，滿清無力應對南北兩方同時發生戰事，是對海軍投資不足的「現世報」。

由於福建水師遭殲滅，南洋水師戰敗，北洋水師又無法調動，滿清完全失去制海權，當時法國已經佔領越南幾乎全國領土以及所有重要城市，清軍即使在諒山之役陸戰獲勝後，也只鞏固邊界一小部分，若想繼續進軍克復越南全境，在無法海上運補的情況下是「不可能的任務」，再加上朝鮮發生政變，以及考慮到法軍封鎖海上貿易產生的巨大經濟損失，清廷必須儘快求和。最後在和約中，清朝放棄了安南的宗主權，承認安南為法國的保護國，以後安南所有的對外關係都要透過法國，就這樣，滿清喪失了第二個重要的藩屬國。

缺乏海權觀念的左宗棠卻不明白無制海權無法克復越南，也不了解海上貿易的經濟損失問題，更沒考慮到朝鮮政變正是清法戰爭誘發的，他認為是李鴻章「喪權辱國」，痛批：「十個法國將軍，也比不上一個李鴻章壞事。」

然而，清法戰爭之所以讓清廷既賠上艦隊，又誘發朝鮮政變，搞得清廷灰頭土臉，其實根本是左宗棠當初一意主戰的結果。最後雖然清廷沒有賠款，但是戰費及戰爭損失超過一億兩，其中光是借外債就高達兩千萬兩之譜，可說清法戰爭打掉了三支北洋艦隊從成立到結束的總預算，直接造成後續清廷國防經費拮据的結果。比起頤和園工程縮減後的總經費約一千萬兩，左宗棠在清法戰爭中一意主戰，造成的損失，才真的是「十個頤和園，也比不上一個左宗棠壞事。」

「甲申政變」也讓清廷差點一次丟掉兩個藩屬國，在此次政變中，幸虧當時駐朝鮮的袁世凱當機立斷，趁日軍尚未大舉增援，率領少數清軍攻入王宮，恰巧遇見先前他曾經幫助朝鮮國王訓練的朝鮮部隊，兩軍合力攻擊日軍，因而敉平政變，否則朝鮮將提前十年落入日本手中。

然而袁世凱的成功行動卻也種下了甲午戰爭的遠因，在事件後，清日雙方簽定《中日天津會議專條》，其中明訂「朝鮮若有變亂重大事件，兩國或一國要派兵，應先互行文知照。」這個爭議條款，在一八九四年時引爆甲午戰爭。

在清法戰爭之後，清廷才痛定思痛，建立「總理海軍事務衙門」，簡稱「海軍衙門」，定遠、鎮遠兩艘主力艦，也於清法戰爭後交貨[55]，海軍衙門統一了原本三頭馬車的海軍指揮權，總管海軍、海防事宜，採購外國軍艦、大砲，建設旅順、威海衛軍港，聘請外國教官，至一八八八年，北洋艦隊可說如

[55] 定遠、鎮遠在清法戰爭期間即已經打造完成，但因清法戰爭爆發，德國依照國際慣例遵守中立而暫緩交船，直到戰爭結束後才交貨。

日中天，對日本產生相當大的威懾作用，當時李鴻章春風滿面，得意的讚揚北洋艦隊「就渤海門口戶而論，已有深固不搖之勢」。

然而清廷卻也因為覺得這樣的海軍已經足夠而停止繼續投資。由於無用的八旗及綠營每年要耗掉二千萬兩，西征打掉了五千多萬兩，更因鞏固了「塞防」而每年要向新疆這個錢坑填上三百多萬兩，清法戰爭又打掉一億兩，其中西征與清法戰爭都借了數千萬兩外債，使得財政相當緊張，這讓與李鴻章有世仇[56]，又掌管戶部——負責國庫支出——的翁同龢得以用財務緊張為藉口緊縮海軍經費，更在一八九一年時，戶部上奏停止購買海軍軍械三年。

事實上，在此之前，北洋海軍就已經多年未購新艦，一八八五年洽購、一八八七年下水的經遠與來遠兩艘戰艦是北洋海軍對外訂購的最後兩艘船艦，而一八八八年由福州船政局自製的平遠號下水以後，北洋海軍就再也未添新艦，從一八九一年翁同龢把私下抵制直接搬上檯面明文停購海軍軍械以後，到甲午戰前為止，北洋海軍未能新增一炮一艦，當時正是世界海軍技術突飛猛進的時候，日本自一八八五年起傾全國之力購置航速高、射速快的新艦艇與速射砲，李鴻章卻只能眼睜睜看著原本不可一世的北洋海軍逐漸落伍。

[56] 李鴻章曾為曾國藩擬稿彈劾翁同龢之兄翁同書，使得翁同書最後謫戍新疆，自此翁同龢與李鴻章結下不共戴天之仇。

到了一八九四年開戰關頭，李鴻章心知北洋海軍已經不再具有絕對優勢，主張不輕易出動，採取「猛虎在山之勢」，然而翁同龢卻因私人恩怨，慫恿光緒皇帝一再催促李鴻章派遣北洋艦隊出戰。在黃海海戰中，雖然是日方主動撤退，戰術上雙方損失不相上下，但戰後北洋艦隊需入港大修而失去制海權，導致最後日軍登陸威海衛周邊，攻下北洋艦隊所停泊的威海衛，使得全艦隊淪落到不是自沉就是被俘的慘痛下場。

取得制海權的日軍，在東北的陸戰戰場也因為有海軍配合而節節勝利，缺乏海上支援的清軍，無法在日軍戰線背後登陸截斷日軍的後勤路線，也無法自海上調動兵力與後勤即時增援，更要命的是即使是陸上也缺乏交通線。

原本李鴻章規畫要建設「海軍關東鐵路」——鐵路被視為是海防的一環，所以由海軍負責興建，鐵路竟然會屬於海軍，也是一大世界奇觀——若能建成，則制海權不保時，清軍仍能以鐵路為補給線增援東北前線，然而翁同龢掌管的戶部對築路的路款也一樣一再刁難，甚至在一八九三年，翁同龢以為慈禧祝壽為藉口，「商借」該年的路款兩百萬兩，而每年的築路款剛好正是兩百萬兩，其實翁同龢就是擺明了一毛不給，李鴻章不敢反對為慈禧祝壽的藉口，只能三聲無奈，於是已經修建到山海關，購地已至錦州，具有重要軍事戰略用途的關東鐵路，就在甲午戰爭爆發前的關鍵時刻停建。

清軍在失去制海權，又沒有鐵路交通線的情況下，只有一再敗退，京師震動，終於使得清廷不得不急於認輸求和。對海防的投資不足，種下了甲午戰敗的後果。

甲午戰爭中，北洋海軍全軍覆沒，宣告三十多年的洋務運動破產，而《馬關條約》的簽訂，明訂滿清需撤出朝鮮半島，造成傳統中原王朝的藩屬國全部喪失，連同新征服疆域之一的台灣也得割讓給日本的慘痛下場。

歷史小知識

### 蓋鐵路要先裝電燈?

李鴻章為了爭取築路經費，有時委曲求全到可憐的地步，如一八九一年七月二日，李鴻章向慈禧上《論電燈新式並催造路撥款（致海軍衙門函）》，信中先向慈禧報告他派遣一位魚雷學堂的德國教育班長親自前往德國工廠，為頤和園訂購最新式的電燈，又說起頤和園竟連發電鍋爐都尚未動工，電燈先裝了也沒用，恐怕放久會生鏽，繞了老半天，才開始提起關東鐵路，向慈禧告窮，表示各省應該撥給鐵路建設用的款項無一撥到，只有李鴻章自己管轄的直隸一省的款項五萬兩，信中希望慈禧能代為「催款」，然而在翁同龢有意刁難下，李鴻章要請領任何款項都困難重重，最後路款還是沒討到。

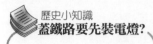

甲午戰爭的結果，使得天朝體系至此完全崩潰，堂堂中原王朝卻敗給區區的「島夷」、「倭寇」，損失所有藩屬，還割讓領土，讓滿清的天命出現前所未有的動搖，[57]而「革命的先行者」孫文，也正是在甲午戰爭之後興起推翻滿清的念頭。

之後，清廷的所有行動，不論是百日維新，或是支持義和團，其實都是在拼命修天命，但是卻「越補越大洞」，直到終於完全崩毀為止。

另一方面，日本卻是從此才走上真正興盛之路。

許多人因為甲午戰爭日本戰勝，就認為日本在戰前就一切優於滿清，其實不然，當時的日本最大動員軍力僅八萬人，而財政上，日本已經將歷年來累計的國庫剩餘金全數投入，發行一億日圓戰爭公債，卻只售出了七千六百九十四萬九千日圓，顯示市場容量已經飽和，無法再發行更多公債，而當時日本還是銀本位國家，在國際金本位的時代中，銀本位國家無法獲得額外的信用，因此，可說日本已經是在破產邊緣打仗。

在戰後，日本強迫滿清以金本位貨幣英鎊償付賠款，因而得以實現金本位，此後日本進入國際金本位俱樂部，可在貨幣上獲得額外信用；得到了台灣、澎湖為殖民地，也讓日本加入殖民帝國俱樂部，大為提升日本的國際地

[57] 梁啓超於《戊戌政變記》開篇之中證言：「我支那四千餘年之大夢之喚醒，實自甲午戰敗，割台灣償二百兆以後始也。」

位；更因日勝清敗的結果，以及戰後滿清外交被迫聯俄制日的走向，而讓當時的國際霸主英國選擇日本而非滿清作為東亞防堵俄國的合作夥伴，日本如虎添翼，開始飛速發展，從此超越中國。日後英國終於養虎為患，在二次世界大戰時遭日本反噬。

甲午戰爭可說是一個歷史的轉捩點，戰爭的結果決定了中國邁向崩潰混亂，而日本成為亞洲新強權。甲午戰爭代表著選擇海陸兼顧資源分散的陸權思維大國，對上一個身為島國而全力發展海權的小國，結果陸權思維敗給海權思維。

或許是滿清的詛咒，原本以海權起家的日本，日後卻迷戀上入侵東北、蒙古，佔領中國領土的陸權思維，終於把自己拖進二次世界大戰的泥淖，使得全日本主要城市都在美軍的轟炸下夷為平地，明治維新以來的所有成果化為灰燼。

然而那已經是滿清滅亡多年以後的事了。

## 百日維新之誰才是守舊派

「維新」這個詞彙現在常作為改革創新的意思，不過跟許多現代中文詞句一樣，它也是個「和製中文」，「維新」兩字最原始的意思只是「是新的」的意思而已[58]，不過日本人把這兩個字取去用來形容明治政府的「明治維新」，添加了改革的意義，又從日本重新引進回中國，變成了現在的用法。

這個詞彙演變的過程有些諷刺，剛好對應著「維新」的過程也很諷刺。

在歷史課本中，把明治維新當成是改革派打敗保守派的過程，其實實際狀況卻恰恰相反，在幕末時期，幕府才是打算開放改革的「開國派」，而「維新志士」則主張「攘夷」，也就是反對外國的一切，並且打算向所有外國宣戰的義和團式行為。

這些維新志士們一開始正是因為反對幕府「開國」，覺得日本解除鎖國是「喪權辱國」，所以才開始發起「倒幕」運動，倒幕運動的序章「櫻田門之

58 「維新」最早的出處，來自於《詩經·大雅·文王》：「文王在上，於昭於天。周雖舊邦，其命維新。」此句中的「維」，是「是」的意思——古文中的「維」常常作為判斷詞，即「是」、「乃」、「為」的意思，如「創業維艱」意思為「創業是艱難的」，「進退維谷」意思為「無論進退都是處於困境之中」——整句話的意思是：「周雖然是一個舊的邦國，但是它的天命是新的。」

歷史小知識

### 「和製中文」你知道用了多少日本詞嗎?

現在我們所使用的「中文」，其實有大量字源來自於清末時引進日本翻譯西方詞彙，或取用文言文重新構成新詞來對應西方詞彙，例如：「思想」、「目的」、「團體」、「精神」、「方針」、「同胞」、「民主」、「革命」、「自由」、「直接」、「間接」、「民族」、「文化」、「健康」以及許多科學詞彙如「壓力」、「阻力」、「膨脹」等均是來自日譯西詞的「和製中文」。張之洞曾在幕僚的上書中看到「健康」兩字，怒道：「健康乃日本名詞，用之殊為可恨！」不料「名詞」也是日譯西詞，於是幕僚反諷道：「名詞亦日本名詞，用之尤覺可恨！」

變」中，遭攘夷志士暗殺的幕府大老井伊直弼，正是因為獨斷主張開國，並簽訂《日美修好通商條約》才引來殺身之禍。

沒想到歷史開了所有人一個大玩笑，原本頑固的攘夷志士們，在薩摩藩挑起薩英戰爭[59]與長州藩形同向各國宣戰的四國戰爭[60]之後，眼見兩藩慘遭「船堅砲利」修理的下場，默默的把「攘夷」的主張拋諸腦後，反而開始「全盤西化」，於是在戊辰戰爭中，倒幕派的部隊反而比擁幕派的部隊更現代化，而佔了優勢。

明治維新也並非和平改革，雖然幕府末代將軍德川慶喜為了避免日本內戰而先是宣布「大政奉還」，最後又決定拱手讓出江戶城，但是戰火仍然在京都南郊的鳥羽、伏見爆發，稍後延燒到日本東北地區以及北海道，可說是一場蔓延全國的大內戰，直到一八七七年西南戰爭[61]結束內戰才告終。

而明治政府的體制改變更是驚人，不僅幕府消失了，甚至連勝利一方的薩摩藩、長州藩與土佐藩也一併消失了，各藩的藩主向天皇「版籍奉還」，也就是說把領土和臣民全數交出，形同退位，一八七一年更支持「廢藩置縣」，連同自己的藩也通通一併消滅。

[59] 一八六二年，薩摩藩（今鹿兒島縣）藩主島津久光自江戶返回薩摩藩時，在今日橫濱郊外的生麥村遇上四名英國人，島津久光部下以他們未依日本禮儀趨避為由，竟然當場砍殺四人，造成一死二傷，隔年英國追究，要求賠款，派艦隊到鹿兒島灣，薩摩藩拒絕英方要求，雙方互相開砲。薩摩藩見識到英國的「船堅砲利」之後，政策一百八十度轉變，從此放棄頑固的攘夷思想，轉而徹底擁抱西方技術，並從此與英國密切合作。

[60] 長州藩主張攘夷，一八六三年，長州藩決定自己實際執行攘夷，其攘夷的辦法是攻擊所有經過其控制範圍海域的西方船隻，包括美、法、荷三國的船隻都受到攻擊，英國雖沒有船隻受到直接攻擊，但當時駐日大使阿禮國認為不能放任長州藩這種行

取代以往幕府以及各藩以下層層分封封建體系的，則是近代中央與地方政府和議會，一八八九年，日本公布《大日本帝國憲法》，成為亞洲第一部成文憲法，日本帝國議會於隔年正式開始運作。

明治維新就發生在光緒出生前兩年，這整個過程中大清帝國可說是看著「現場直播」，的確，甲午戰爭中日本是戰勝了，顯得明治維新勝過自強運動，但是這樣維新的代價，是全國先要打場大內戰，最後不僅是被維新的對象權力消失，連發動維新的人的權力也將會一併消失，這樣的風險值得嗎？

因此，雖然包括梁啟超在內的許多記載都把變法之始寫在甲午戰後的「公車上書」，但是在一八九五年，清廷只進行了軍事改革——即袁世凱的小站練兵——全面性的維新一直拖到一八九八年才打算開始進行。

中間發生了什麼事？

甲午戰爭的結果，讓滿清的國際戰略大轉彎，由於海陸國防力量完全喪失，李鴻章只能引進外國勢力來制衡外國勢力。

《馬關條約》中日本原本割去了遼東半島與台灣，不過遼東半島含旅順這個優良港口，一向是俄國垂涎的目標，李鴻章利用這點，鼓動俄國為首，與

為，於是英、美、法、荷四國聯合艦隊猛轟長州藩，擊破各砲台，並且派陸戰隊登陸，長州藩戰敗談和，從此放棄攘夷，轉而與英國親近。

61 明治政府廢除武士階級特權的諸多政策引起武士階級不滿，這些武士曾經在倒幕戰爭中拋頭顱灑熱血，深覺遭到背叛，因而發動多次叛亂。「維新三傑」之一的西鄉隆盛為了幫武士尋求出路，提出「征韓」與「征台」的主張，卻被長年來的同志與好友大久保利通否決，憤而下野回到鹿兒島，成為鹿兒島士族的領袖，一八七七年，鹿兒島士族發動軍事叛亂，西鄉隆盛雖然並非策劃者，在事發後還是回到鹿兒島擔任指揮，西南戰爭自此爆發，西鄉隆盛在戰敗後切腹自盡。

### 歷史小知識
## 「公車上書」

康有為在《自編年譜》等著作及回憶錄中自稱於一八九五年發起「公車上書」——所謂「公車」，是指舉人，因舉人可以乘坐公家的馬車進京受考，因此舉人又稱為「公車」——集合各省舉人一千二百人，由梁啓超等人撰寫萬言書，向提出拒和、遷都、練兵及變法的主張，康有為稱是受到都察院阻撓而無法上書。

但是許多證據說明康有為記述不實，往自己臉上貼金，康有為的確曾於松筠庵聚集一千多名舉人，但當舉人們聽到《馬關條約》已成定局時，大部分都解散了，而康有為同年會試中第五名，殿試位列二甲第四十六名，賜進士出身，之後任工部主事，中進士的消息就在松筠庵集會後沒多久發布，康有為得知中了進士，怕帶頭發動請願活動影響仕途，也就讓整個上書行動不了了之，因此康有為發動的「公車」們並未上書，自然也未被都察院阻撓。

事實上都察院僅在最初幾天有「阻撓上書」——都察院的職責之一是過濾上書，若身份過低者，或是體例不對的上書竟直達皇帝，那都察院可是會因失職受罰——但在文廷式彈劾都察院「阻塞言路」後，都察院就將所有上書上呈，甚至連同有錯字或體例不對的都一併呈上，還不經抄錄，以原文上呈，其中不僅有舉人的上書，還有許多官員的上書，都未受任何阻撓。

德、法一同壓迫日本以多收賠款為代價歸還遼東半島，此後奠定了「聯俄制日」的基本國策。

一八九六年，俄國向滿清索取干預「還遼」的斡旋報酬，李鴻章前往莫斯科，簽訂《禦敵互相援助條約》——又稱《中俄密約》——允許俄國修築鐵路通過東北連接海參崴，換取日本若入侵時，俄國與滿清互相援助。《中俄密約》讓英國大為不滿，從此選擇日本為遠東地區的防俄夥伴，然而大清帝國損失的不只是英國的援助，開放築路權的例子一開，一八九七年，法國也要求築路時，滿清根本無法拒絕。

參與干涉「還遼」的德國，眼看東北將成為俄國的禁臠，也積極想在中國佔領一塊基地，以便就近反制，一八九七年年底，山東省曹州府的壽張縣與巨野縣相繼發生教案，德國教堂被劫，兩名德國神父被殺，德國逮到機會，以此為藉口出兵佔領膠州灣，一八九八年，清廷只好同意租借膠州灣給德國九十九年，並且給予德國在山東省的築路與採礦權。

劍橋大學中國近代史學者范得凡（Johan 'Hans' van de Ven）認為：「甲午戰爭讓中國與各國都很清楚的發現外國勢力有可能佔領中國的某些重要部位」，而這個競相佔領要地的比賽則在膠州灣事件後鳴槍起跑。俄國要求旅順、大連；法國要求廣州灣；義大利要求浙江省的三門灣；英國則擴張香港租借地至新界，並打算租借威海衛，以及取得長江流域的獨佔利權；日本則要求福建省；這場昏天暗地的爭奪勢力範圍競賽，讓大清帝國陷入了「豆剖瓜分」

的重大危機。

這個危機雖然因美國提倡「門戶開放政策」[62]而化解，但是國家成為俎上肉面臨瓜分肢解的慘況，大大刺激了年輕的光緒皇帝以及當時的所有知識份子，包括康有為也在此時再次上書請求變法，並呈上他的著作《日本變政考》、《俄大彼得變政記》。大清帝國面臨瓜分邊緣的危機，不僅促成了維新思想，也進一步動搖了滿清的天命，許多人開始懷疑滿清不適合統治中國。

對慈禧與光緒來說，在這樣的危機關頭，對外需盡力爭回國家主權，對內則要展現改革決心，證明滿清還是合適的統治者，以修補甲午戰爭以來動搖的天命，在這樣的背景下，光緒於一八九八年六月十日令翁同龢起草《明定國是詔》，獲慈禧同意後，於次日頒布，百日維新就這樣開始了。

這個維新從此讓清末的歷史陷入了二分法，後世受到康有為、梁啟超的敘述影響，把光緒與慈禧一分為二，前者捧為改革的明君，慈禧則打為腐敗的守舊派，甚至把大臣也一分為二，成為帝黨跟后黨，只要是帝黨就是改革派，后黨就是守舊派，兩者被寫成勢如水火，被分為帝黨的官員，如果遭政爭下台，一定是后黨搞的鬼。

[62] 一八九八年，美國在美西戰爭中獲勝，取得菲律賓殖民地，打算往東亞發展勢力時，發現中國已經被各國瓜分，分不到一杯羹的美國決定打破瓜分的現況，提出「門戶開放政策」，要求各國利益均霑，起初各國並不願意，但在英國同意此一政策後，各國也相繼同意，次年美國再度重申保持中國領土主權完整、保護各國條約及公法上的權利、保障各國在華的商業平等的原則，免除了大清帝國遭瓜分之禍。

但事實真是這樣嗎？

帝黨的代表人物自然是光緒皇帝的老師翁同龢，光緒皇帝小時候遇到雷雨還會躲到他懷裡，可見兩人感情之深厚，然而，翁同龢卻認為基督教徒是「豺狼滿京城」[63]，還認為使用輪船和鐵路會破壞風水與天命，造成天災；當膠州灣事件發生時，翁同龢身為總理各國事務衙門大臣，竟然一再堅拒談判，還說談判無益，拼命避免與「外夷」接觸；另一方面，滿清自乾隆、道光時期，就屢次因接見外國使節的禮儀問題引起衝突，光緒皇帝於一八九八年打算平等接見外國使節，翁同龢竟極力反對[64]。翁同龢的種種觀點，與其說是改革派，還比較像是義和團。

后黨的代表人物，則自然是為慈禧太后掌握軍事大權，還被野史寫為慈禧地下情人的榮祿，但是翁同龢和榮祿之間可沒有水火不容，兩人還義結金蘭。

守舊派的代表人物，莫過於日後在八國聯軍後被列為最大戰犯之一的剛毅，但翁同龢卻超級欣賞他，曾在日記中大力讚揚剛毅是「循吏」，也就是廉潔有能的好官，甚至剛毅能進入軍機處還是翁同龢推薦的，後來因為剛毅的國文能力太差，經常鬧出文學笑話，身為皇帝老師的大學者翁同龢忍不住作了首

63 蕭公權《翁同龢與戊戌變法》。

64 翁同龢在日記中自述朝中同僚都對於他堅拒主持與德國談判都驚訝萬分「同人訝余之憨」，光緒皇帝多次催促，翁同龢仍「頓首力辭」，使得恭親王惱怒萬分，最後只好改派因甲午戰敗下野的李鴻章與張蔭桓前往談判。至一八九八年，光緒准許外國大使車馬可直入禁門，同年四月德國亨利親王來訪時，光緒皇帝計畫在毓慶宮接見，也同時批准他乘轎進入東華門，畢生浸淫傳統儒家思想的翁同龢極力反對；六月及十二月，光緒計畫在乾清宮接見外國使節，翁同龢又反對，光緒因此對翁同龢大為不滿，翁同龢於日記中記載此事：「上欲於宮內見外使，臣以為不可，頗被詰責。」

詩嘲笑他，心胸狹窄的剛毅記恨不已，兩人才因此反目成仇。

榮祿跟剛毅倒是水火不容，兩人雖然都是滿人，但榮祿出身高等貴族，行事總有一股從容優雅的氣息，剛毅卻是出身寒微，總是汲汲營營奔走每件小事，靠著承辦「楊乃武與小白菜」的案件一舉成名，榮祿很瞧不起剛毅，剛毅則對榮祿既嫉妒又憤恨，兩人經常在朝堂上言語針鋒相對。

有一次剛毅又鬧了文學笑話，他看到有人批評他「剛愎」，剛毅不認得「愎」這個字，以為是「復」，大惑不解的說：「我剛毅，剛直而已，何謂剛復？」榮祿當場嘲笑他：「如果有心（愎是心字旁），就不會『剛復』啦！」這樣當面諷刺，實在是挺尖酸刻薄。

又有一次，剛毅看到刑部上奏有獄囚「瘐斃」——因受刑或饑寒、疾病而死亡——剛毅不識「瘐」字，竟然以為是刑部寫錯字，把每個「瘐」都改成「瘦」，還大罵刑部錯字連篇，榮祿知道以後，又是拿著奏摺去嘲笑剛毅。

而剛毅最耿耿於懷的，則是地位問題，雖然兩人同為軍機大臣，但是滿清官場上不成文的默契是，只有軍機大臣兼內閣大學士者，才被公認是真正的宰相，然而內閣大學士滿、漢各兩人，都是終身職，榮祿就佔了其中之一。有一次，剛毅酸溜溜的向榮祿說，不知何時才能趕上他的地位，榮祿竟然反唇相譏，說只要剛毅下毒把他毒死，滿人內閣大學士就會出缺，剛毅就能補上了。

兩人的仇恨可說是不共戴天，怎麼看都不像是同一黨的。

改革派的代表人物，則莫過於恭親王奕訢，奕訢對洋務的貢獻之多，使得他還被守舊派安上了一個「鬼子六」的綽號——「鬼子」指的是洋人，「六」是因他排行第六——但奕訢對帝黨首領翁同龢卻一點都不認同，就在百日維新開始前，奕訢病重，光緒皇帝前往探視時，奕訢痛批翁同龢是「聚九州之鐵不能鑄此錯者」，這個批評還流傳出去，記載於《申報》之上。

「九州」指的就是全天下，奕訢認為翁同龢是個「把全天下的鐵集中起來都沒辦法鑄成這麼大的錯誤」，事實上這個形容也的確貼切，翁同龢為了鬥倒李鴻章，不顧國家安全，苛扣海軍經費在先，一意主戰在後，甚至連談判過程中都處處掣肘，就是想把李鴻章給逼上絕路，可說是甲午戰敗的禍首。這點光緒皇帝後來也逐漸醒悟，維新黨人王照記載[65]，當翁同龢去世時，有人提議撫恤，光緒一聽大怒，歷數翁同龢的誤國事蹟，其中第一項就是「甲午主戰」。

而翁同龢雖然與光緒感情深厚，但他與慈禧太后的關係也不淺，翁同龢正

[65] 王照：《方家園雜詠記事》。

如同其他清末名臣一般，都是由慈禧一手提拔，在他掌管戶部的期間，對慈禧的任何需要均有求必應，甚至還屢次以慈禧的需求為藉口來扣住應撥給李鴻章的款項，與其說翁同龢是帝黨，不如說他也是半個后黨。

而被認為是后黨的李鴻章、張之洞，以及對新政興趣不大而被打為守舊派的劉坤一，日後在慈禧打算將光緒廢位時，卻紛紛反對，尤其是劉坤一，更寫下「君臣之義已定，中外之口難防」的名言，阻止慈禧廢立的打算，這些后黨大臣違逆慈禧，維護光緒帝位的表現，與其說是后黨，不如說也是半個帝黨。

從這些蛛絲馬跡，可以明白所謂帝黨、后黨、改革派、守舊派的區分，其實都是子虛烏有，根本就是「假議題」。

那麼到底誰才是改革，誰才是守舊？

大清帝國「開眼看世界」的過程，可說是從鴉片戰爭開始，在前幾個章節曾經提過，清末積極了解西方的第一人正是林則徐，他命人翻譯瑞士法學家華德爾（Emerich de Vattel）的國際法著作為《各國律例》，是清末研究國際法之始；他也命人翻譯英國作者休・慕瑞（Hugh Murray）的《世界地理大全》為《四州志》，後來未能完成，林則徐將資料轉交給好友魏源，編成《海國圖志》，康有為正是在康家兩萬多本的舊書堆中翻出了這本書，才開始了他的新學之路。

當時林則徐學習外語、翻譯外國書籍的行為，以及魏源「師夷之長以制夷」的主張卻遭到當時各界嚴厲批評，認為這是「潰夷夏之防」、「以夷變夏」，認為這樣就是摧毀傳統華夏文化，用「蠻夷」的文化取代之的數典忘祖行為。光是林則徐請通譯進府衙就已經引起軒然大波，因為這些去學外語，甘為外國人賣命的人，被當時的社會普遍視為「漢奸」，林則徐身為欽差，竟然禮遇他們可以進入府衙與欽差大人見面，社會人士根本無法接受。

這可以說是清末第一次西化與守舊之爭，但是林則徐卻根本並不是西化改革派。一八五〇年，有一位英國傳教士與一位英國醫師想在福州城的神光寺租屋居住，此事本無傷大雅，此時正在福州老家養病的林則徐卻聞訊大怒，非得把兩個「英夷」給攆走不可，不但串連福建士紳發起聲勢浩大的抗議，還要求當時的福建巡撫徐繼畬招募鄉勇，甚至「調兵演砲」，來對付這兩個「外夷」，徐繼畬不願使用強硬手段，林則徐就透過官場關係，發動官員接連彈劾徐繼畬。在這次神光寺事件中，林則徐的表現，可說是標準的守舊派，甚至跟日後的義和團一樣仇洋。

說來也巧，繼承林則徐學習外國知識之道的，正是這個徐繼畬，徐繼畬歷任福建布政使、福建巡撫，並代理閩浙總督，在「五口通商」中，福建省就有廈門與福州兩口，這使得徐繼畬因公結識不少洋人，包括美國傳教士雅裨理（David Abeel）、甘明（W. H. Cumming），英國兩任駐福州領事李太郭（George Tradescant Lay）、阿禮國（Rutherford Alcock），透過這些關係，他仔細詢問海外各國的國情，編撰為《瀛寰志略》。康有為在《自編年譜》中說，正是看了這本書，才「知萬國之故，地球之理」，梁啟超也在《三十自述》中提到，於上海買了這本書以後，才知道原來世界有五大洲。

然而徐繼畬也並不是西化改革派，在神光寺事件中，徐繼畬雖然不願使用強硬手段而與林則徐衝突，但是他並不是真心接納兩名英國人，只是不願挑起戰端，他用禁止工匠為英國人修理房屋的間接手段，最後逼英國人不得不搬走。雖然如此，徐繼畬還是因為神光寺事件中對「夷人」軟弱而丟了官。

他的《瀛寰志略》也一樣遭嚴厲批評，無數衛道人士認為書中寫出各國的優點是「張外夷之氣燄」、「輕信夷書」，於是這本書與《海國圖志》一樣，在它的出生地中國慘遭埋沒。但是這兩本書傳到日本後卻身價百倍，《海國圖志》甚至成為「御用之書」，更影響了維新思想家佐久間象山與吉田松陰，日後師承吉田松陰的維新志士們，拋棄最初的「攘夷」而走向全面開國，促成明治維新。

吉田松陰的學生之一高杉晉作，於一八六〇年擔任當時的幕府使節來到上海，他興沖沖的跑到書店打算購買《海國圖志》，卻驚訝的發現沒有一家書店有賣，他失望的在日記中寫道：「清人的思想和中華的正道相差太遠，清朝知識分子陶醉空言，不尚實學。」

這個看法可說一針見血，正反應在幾年後同文館的爭議上。同文館最初是為了培育外文人才而成立，是所有改革的基礎，一八六六年，奕訢上奏，擴大同文館的教學範圍，設置天文、算學（數學）館，並招收科舉「正途」出身人員，一八六七年，更建議以因神光寺事件下台的徐繼畬為同文館事務大臣。奕訢在上奏前就預料到會遭到強大反對聲浪，果然如此，時人痛罵奕訢是「誘佳子弟拜異類為師」，批評他是「鬼谷先生」，也就是找來「鬼子」當老師，還說「同文館」是「未同而言，斯文將喪」。

奕訢只不過為學習西方科技打下基礎中的基礎，竟然被全國反對聲浪淹沒，而且領頭反對者，還是內閣大學士、帝師——同治皇帝之師——倭仁，他嚴詞批評奕訢的主張：「立國之道，尚禮義不尚權謀；根本之途，在人心不在技藝。」認為天文學跟數學只是技藝，一點都不重要，讓洋人教學「正途」學生才是對國家的重大損害。倭仁還說國內一定有精通天文學與數學的人才，根本不必「師事夷人」。

這看在現代的我們眼中，覺得倭仁簡直是「恐固力」，腦袋有問題，但是他反應的卻是當時全中國絕大部分知識份子的意見，可見要在中國進行任何一點小小的改革有多困難。慈禧如果真是頑固的守舊派，在此時一定會順應輿論，站在倭仁的一方吧？

慈禧此時卻站在奕訢的一方，她暗使手腕，與奕訢聯手擺了倭仁一道：奕訢抓住倭仁說國內有精通天文學與數學的人才這句話，上奏請倭仁薦舉適任人才，而慈禧馬上准奏。這下倭仁可慘了，儘管他位高權重，儒學大師出身的他哪認識什麼精通天文算學的人才，倭仁只好辭職，慈禧卻故意不准他辭職，弄得倭仁當朝老淚橫流，把同治皇帝給嚇了一跳，倭仁返家途中，還因為壓力太大，暈眩摔落馬背，回到家中一口痰湧上來，幾乎不能講話，翁同龢前往探望，只見倭仁「顏色憔悴」，連飯都吃不下，慈禧這時下令「賞假一月，安心調理」，還是不准他辭職，直到她覺得把倭仁整夠了，才終於准許倭仁辭去一切官職，只留下大學士的頭銜，倭仁聽到他終於「失業」，不但不難過，還「額手稱慶」，鬆了一大口氣。

好不容易支開了倭仁，但反對聲浪並未就此停止，大臣們前仆後繼上奏摺反對，候選直隸州知州楊廷熙更趁旱災發生，透過都察院遞上《請撤銷同文館以弭天變折》，說旱災正是「天象示景」，就是因為設了同文館才招致「天變」，楊廷熙更描述當時民間反對情況「京師中街談巷議皆以為同文館之設，強辭奪理，師敵忘仇」，表示同文館「師事仇敵」，甚至攻擊目標往上到總理衙門本身，搞得奕訢也只能自請辭職。

慈禧此時堅定的力挺奕訢，發布上諭，批評楊廷熙「呶呶數千言，甚屬荒謬」——日後慈禧因為火災不祥就裁減了修園工程規模，此時卻直批「天象示景」的說法荒謬——更為此事拍板定案：「同文館招考天文算學，既經左宗棠等歷次陳奏，該管王大臣悉心計議，意見相同，不可再涉游移，即著就現在投考人員，認真考試，送館攻習。」

雖然如此，在輿論一致反對下，只有九十八個人前來投考，其中又有二十六人缺考，可見當時整個社會反改革力量之強大。慈禧此時卻是義無反顧的站在改革的浪尖上，怎麼看都很難把她打為守舊派。

甚至，慈禧還曾於一八九一年底，要光緒每天上午在勤政殿學習英文，由同文館的兩位洋教習教學，這下子連皇帝都「師事夷人」，如果倭仁地下有知，一定會驚得再死一次。

在百日維新之初，據光緒本人的證言，慈禧曾指示：「今宜專講西學。」沒想到翁同龢聞言連忙強調：「西法不可不講，聖賢義理之學尤不可忘！」或許是慈禧眼看翁同龢根本是「倭仁第二」，所以在幾天後光緒皇帝決意罷免自己的老師時予以默認[66]。

維新過程中，宋伯魯上《請改八股為策論折》，建議科舉考試廢除八股文「改試策論」，剛毅堅決反對，使得光緒大怒，但是剛毅堅不屈服，還抬出「請懿旨」，以為慈禧會站在八股文這邊，學問不到家的剛毅顯然是不曉得倭仁的往事，當光緒請示慈禧以後，下詔從下次科舉開始「一律改試策論」，剛毅吃了一記悶虧。康有為於戊戌政變後抨擊慈禧不遺餘力，但他的《自編年

66 傳統說法認為是慈禧逼迫光緒罷免翁同龢，以「剪除光緒的羽翼」，但是許多學者的新研究認為這種說法只是基於刻板印象的一廂情願猜測，與史實不符，翁同龢被罷是出自光緒本人的意志。翁同龢除了在對外禮節問題上與光緒多次衝突以外，與光緒又在張蔭桓與康有為的人事問題上衝突，翁同龢原本向光緒推薦康有為，但是後來看到康有為的《孔子改制考》等著作，認為康過於離經叛道，於是想撇清關係，當光緒命翁同龢傳喻康有為時，翁同龢竟然答以「與康不往來」，還批評康有為「此人居心叵測」，不知內情的光緒見到翁同龢竟說不認識自己推薦的人，還罵他居心叵測，覺得翁同龢才是「漸露攬權狂悖情狀」，加上光緒很明白翁同龢其實是繼承倭仁觀點的保守派，對維

譜》之中也記載此事。

若比較日後由慈禧全權進行的庚子後新政，更能顯出慈禧的前衛。

在百日維新中，短短一百零幾天，光緒下了兩百四十幾道改革政令，每件都要「速辦」，稍微了解政府組織的人就知道，這種一日三令，就算是在現代政府都是胡鬧，只會導致施政空轉，更何況是當時制度改革前的滿清朝廷。更別說其中許多項目，都需要長久經營，如教育改革，師資何來？教材何來？當時連小學數學課本都要從零開始編撰，如何「速辦」得起來？但缺乏行政經驗的光緒不管，以為一切新政沒辦法很快推行，都是因為「老謬昏庸大臣」阻撓。

估且不論執行面的問題，就改革的深度，百日維新也遠遠不如庚子後新政，以「變法」的根本——立憲——而言，百日維新中完全沒有進行任何立憲的準備或改革，連討論都沒有，不只是光緒本身對立憲興趣缺缺，連康有為在當時都反對立憲，可說百日維新其實並沒有「變法」；相對的，庚子後新政卻是積極派遣五大臣考察，並開始預備立憲。

就教育改革部分，百日維新改變科舉的項目，廢除八股文；但在庚子後新政中，卻是完全廢除科舉，全面轉向新學，並在階段性過程中建立大量新式學

新沒有幫助，於是忍痛罷免了恩師。雖然是光緒自己的意思，但罷免帝師可說是當時的頭等大事，光緒皇帝必然有取得慈禧太后的同意。

堂以接軌，並派出大量留學生，培養西學人才。

在經濟上，百日維新只懂得空言提倡實業，根本沒觸及到所謂「變法」的法律面，不知工商業與資本市場發展的基礎在於從法律上保障基本的財產權；庚子後新政則於一九〇三年制定公司法、破產法、商標法、民法等現代工商業發展所需的必備法律。

在政府制度改革部分，康有為建議設置制度局，下轄十二分局，但是在百日維新過程中並沒有制定出任何合理可行的制度，僅是想在政治上奪取權力；在庚子後新政中，袁世凱則設計出近代責任內閣的「新官制」。

無論在哪個方面，庚子後新政都比百日維新深、廣、遠，可能有人會說，這是因為庚子後新政時代較晚，自然比較先進，但是庚子後新政只不過比百日維新晚了兩年多而已，與其說是時代因素，慈禧的行政經驗與改革決心均勝過光緒，才是影響兩次新政深廣度不同的主要原因。再對照包括力挺同文館等自強運動中的表現，慈禧在清末掌權將近五十年，其中的大部分時間，她都站在改革的一方，很難說她是個守舊派。

但是在一八九八年戊戌政變以後，到一九〇〇年的八國聯軍之前，這中間的兩年間，慈禧的確大開倒車，默許義和團的發展，還對各國宣戰引發八國聯軍，這個糟糕的記錄無法抹滅，讓她從此背上「愚蠢、迷信、守舊」的招牌。

這兩個慈禧讓人迷惑，一個是力挺同文館，又開啟預備立憲的慈禧，顯然是站在時代的前端，一個是放任義和團，向各國宣戰的慈禧，可說仇洋又愚不可及，同一個慈禧，為何會在戊戌年到庚子年這兩年間有這麼大的改變？

那又是一個天命的問題，或是說，是慈禧執政的「憲法」問題。

## 慈禧的「憲法」問題

滿清的最後半個世紀，幾乎都在慈禧太后的統治之下，在歷史課本寫來，好像是理所當然，但回到一八六〇年，當慈禧的皇帝丈夫咸豐在英法聯軍的威脅下倉皇「北狩」時，沒有任何人認為慈禧會成為下半個世紀中國的最高領導人，她還是個女人呢！在重男輕女的古中國，歷史上除了她，就只有漢初的呂后、北魏馮太后與唐初的武則天達到一樣的成就，這寥寥數人，可說是絕無僅有的特殊例子。

很多現代人受到影視文化的影響，誤解古代專制王朝的運作方式，以為統治者可以為所欲為，事實不然，任何政治組織都要有個「根本大法」，才能建立統治正當性，在現代的民主國家，這個根本大法就是憲法；而在專制王朝，除了要維繫天命，統治權的轉讓也有一定的規定，按照這個規定來，上自大臣、地方官，下至士紳、平民，才會認同其統治，這個規定，在清朝來說，就是慈禧口中的祖制。

可是祖制並不支持慈禧當政，一八六一年咸豐猝逝，留下年幼的同治皇帝，但是同治皇帝的生母在大清帝國的祖制下是沒有任何政治權力的，祖制規定大清帝國的年幼皇帝是託付給「顧命大臣」，前一次發生這樣的狀況是在順治皇帝過世的時候，當時他將康熙託付給索尼、遏必隆、蘇克薩哈、鰲拜四大臣輔政，結果後來發展成鰲拜專權，最後康熙皇帝還得用計擒殺鰲拜，這段歷史也成了金庸《鹿鼎記》的靈感來源。

這次咸豐則將同治皇帝交給以肅順為首的八位顧命大臣，按照祖制，慈禧本來跟政權根本沾不上邊，不過多虧了鰲拜專政的前例，這次咸豐為了避免顧命大臣專權，特別賜下兩顆印章，「御賞」之章為印起、「同道堂」之章為印訖，任何詔書的開頭和結尾都要蓋上這兩顆章才能算數，咸豐將御賞章交給他的皇后鈕祜祿氏，也就是日後的慈安太后，同道堂章交給同治皇帝，不過因同治皇帝年幼，同道堂章實際上是由同治皇帝的生母，也就是慈禧來掌管，這下子顧命大臣得與兩宮太后合作才能施政，慈禧因此才沾上了權力的尾巴。

咸豐此舉，是希望以兩宮太后與八名顧命大臣互相制衡，但顧命大臣的選擇卻有個潛在的問題。

在咸豐「北狩」時，把所有最親信的大臣一併帶走，只把他厭惡的人留下來跟「外夷」打交道，包括當年與咸豐爭儲失敗而一直被咸豐冷落的恭親王奕訢，以及奕訢的岳父，也就是《天津條約》的談判大臣桂良，還有軍機大臣中咸豐最看不順眼的文祥。這幾個人當然也不可能名列顧命大臣之中。

桂良早在第一次英法聯軍時就是主和派，咸豐正是對第一次英法聯軍時桂良所簽訂的《天津條約》不滿想毀約，才引發第二次英法聯軍而被迫「北狩」。奕訢原本也是個仇洋「憤青」，但他與文祥留下來與英法打交道之後，眼界大開，從此成為堅定的洋務派，文祥也同樣成為自強運動的領導人，日後還經常以軍機大臣的身份，親自在同文館裡頭招呼學生。

相反的，咸豐帶著一起「北狩」的愛卿們，則多是仇洋派，在英法聯軍過程中，正是顧命大臣中的領導人物肅順，力勸咸豐不顧國際慣例綁架外交使節巴夏禮，導致皇家庭園遭報復性燒燬。

另一方面，曾大敗太平天國北伐，原本受到清廷倚重為國之棟樑的蒙古親王僧格林沁，在英法聯軍中，雖然指揮大沽口戰役時曾一度挫敗聯軍，但是後來在通州八里橋慘敗，說起來聯軍的裝備與訓練都遠勝僧格林沁的部隊，戰敗實屬非戰之罪，但不知中外戰爭技術落差、一味仇洋的咸豐，卻怪罪僧格林沁，不但削除他的爵位，還把他排除在八名顧命大臣以外。

於是當咸豐去世時，出現了一個很特別的景象，所有負責與外國接觸因而了解洋務的重臣，與實際作戰過因而了解軍務並握有重兵的僧格林沁，通通被排除在權力中心以外，而顧命八大臣卻由仇洋且對國際無知的肅順主導。

在英法聯軍之後，奕訢等人很明白聯合外國力量以對付太平天國等民變，是滿清唯一救亡圖存之道，對奕訢來說，排除肅順等顧命大臣，不僅是爭奪本身政治地位的政爭，還是滿清存亡之爭，於是在後半生對權力頗為淡泊的奕訢竟然在此時成為政變的主謀之一。奕訢聯合桂良與僧格林沁，與兩宮太后同謀，在從熱河運送咸豐靈柩回到北京的途中，以需要肅順押送靈柩為藉口，把肅順與八大臣之中的怡親王載垣與鄭親王端華支開，各個擊破，三人先後抵達北京，前腳才剛到就遭到逮捕，分別以「大逆不道」以及「不能盡心和議」的罪名賜死與處死，其他五名顧命大臣撤職查辦，八顧命大臣所定的年號「祺祥」也改為「同治」，是為「祺祥政變」。

這是慈禧一生之中最重要的一次政變，由於慈安太后個性謙和無主見，對政務的敏銳度也不如慈禧，從此慈禧掌握了朝中大權，但是太后執政卻不符合祖制，儘管慈禧發動史官，在歷史上找了十三個垂簾聽政的例子，把遼代的蕭太后聽政也搬了出來，但是無論再怎麼從古代找例子，滿清的祖制就是沒有垂簾聽政這一條，也就是說，慈禧政權從一開始就「違憲」。

這開啟了之後跟隨慈禧一輩子的「憲法」問題，由於慈禧「得位不正」，她只好依賴重臣的支持來取得新的統治正當性，祺祥政變之後，她以議政王的頭銜拉攏奕訢，之後一輩子不斷培植實務派的重臣，包括曾國藩、李鴻章、張之洞、袁世凱，讓他們掌握軍政大權，藉由他們的支持，來避免有人質疑她的統治權力，這也是慈禧為何一輩子經常站在洋務派一方的原因。

另一方面，慈禧又擔心重臣權力過大，最後變成下一個鰲拜，一八六五年，慈禧覺得權力已經穩固，就拔除了奕訢議政王頭銜，到一八八四年，更藉口清法戰爭諸事處理不當將奕訢為首的軍機大臣全數罷免，史稱「甲申易樞」；對於李鴻章，慈禧雖然把直隸與北洋的大權都交給他，卻先是讓左宗棠與李鴻章互鬥，左宗棠死後，又放任翁同龢時時找李鴻章麻煩，若是太過頭，慈禧才出面迴護一番，扮演高高在上的調停者角色。

一八七五年，慈禧面臨了第二次「憲法」危機。同治皇帝親政後，慈禧得準備逐漸退隱，但同治皇帝對政務興趣不高，最後還是得由慈禧來攬政，不料同治皇帝卻於一八七五年猝逝，這給慈禧帶來了一個大難題，如果繼位的是成年的皇帝，那慈禧就無法垂簾聽政，但如果繼位的是同治皇帝子姪輩，慈禧就變成太皇太后，一樣無法垂簾聽政，最後，慈禧用「文宗無後」——咸豐只有同治一個兒子，同治死了以後就沒有後代——的牽強理由硬是把醇親王與她妹妹所生的兒子過繼給咸豐，然後繼位，也就是後來的光緒皇帝。

這個家譜大搬風實在牽強，包括恭親王在內的許多大臣都反對這種隨自己方便擾亂繼承制度的行為，但是內有擔任步兵統領的榮祿、外有掌握淮軍的李鴻章等擁兵重臣支持慈禧的統治，反對者也不敢輕舉妄動，慈禧培植重臣以支持「違憲」執政的策略再度收效。

但隨著光緒成年，慈禧不可避免的面臨第三次「憲法」危機，就算她再怎麼在祖制上動手腳，也不得不漸漸把權力釋放給專制王朝下真正的權力所有者，也就是皇帝本人。一八八八年，光緒大婚之後宣布親政，慈禧雖然看似仍掌握大權，但她的影響力比起光緒親政前的確減弱不少，而身為帝師的翁同龢權力則默默提升，這也是一八八八年以後翁同龢對李鴻章掣肘程度遠勝於前的主因。

慈禧若想再次「違憲」取回政權，也一樣要靠著重臣的支持，百日維新剛好給了她這個機會，光緒對政府機關的本質認識太淺，操之過急、橫衝直撞，而康有為的跋扈舉動更是幫光緒樹敵。

康有為在百日維新開始時見到榮祿，榮祿認為舊法恐怕很難很快全盤改變，康有為竟然答以：「將二品以上大臣全殺了，法就變了。」[67]榮祿本身就是二品以上大臣，先前他還曾大力保薦康有為呢！卻聽到康有為隨口就說要把二品以上大臣全殺頭，心中作何感想，可想而知。康有為這一句話，就已經把所有的二品以上官員全都趕到「后黨」的一方了。

[67] 梁啓超的記載是「將二品以上官員全殺了」；但曹孟其《說林》之中記錄康有為說的是「殺一兩個一二品以上大臣」；蘇繼祖《清廷戊戌朝變記》則記載康說的是「殺幾個一品大員」。

康有為還主張改革一定要「大變、驟變、全變」，但是實務上做什麼都需要時間，尤其是越高深的科技與科學知識，發展起來越不能取巧，對此康有為卻抱持著「精神勝利」的想法，他認為突破所有阻礙的辦法就是讓光緒皇帝「御門誓眾」，也就是說，叫皇帝像現在許多日系企業一樣，一早把員工都集合起來精神喊話。這種不切實際的想法連光緒皇帝都知道沒用，而沒有接受「御門誓眾」的提議。

康有為對政治也想得太天真，他想以制度局取代整個中央政府，但制度局之中只要「選天下通才十數人」即可，其實康有為心中想的是由他的弟子們十數人大權獨攬，而地方則設置民政局，架空地方督撫的權力，康有為認為如此紙上談兵就能取得政府大權，卻沒想到此舉不僅得罪人，更是幼稚的想法，十幾個人根本不可能運轉中央政府。

這樣亂搞下來，不僅守舊派的大臣不滿，連改革派的大臣如張之洞也一樣要和康有為撇清關係，身為文學大師，張之洞選擇了一個極為文雅的撇清方式，那就是撰寫《勸學篇》，其中「中學為體，西學為用」這句名言直到現在都還常被引用，但是多數引用者卻不知道，這篇傑作其實是精通為官之道的張之洞，在戊戌政變發生前，就先和「康黨」劃清界限的政治智慧結晶。[68]

甚至康有為連民間的改革戰友也得罪，在百日維新以前，梁啟超在汪康年主辦的《時務報》上擔任主筆，可說汪康年是康、梁思想之所以能傳播開來的最重要盟友，但是康有為卻不顧盟友情誼，在百日維新的第三十三天，請宋伯魯上奏，把《時務報》收為官報，打算把梁啟超安插到《時務報》，汪康年聽到這種忘恩負義、反客為主的舉動簡直氣炸了，立刻和梁啟超打起了筆戰。

沒想到光緒皇帝雖然同意把《時務報》收為官報，卻不是派梁啟超去辦報，而是要康有為督辦，而汪康年也索性把《時務報》的名字讓出來，自己改名為《昌言報》，只留個空殼子給康有為，康有為大怒，還打算以「抗旨」的罪名禁止《昌言報》發行，這件事激起當時所有媒體同業的憤慨，也讓維新黨人四分五裂。

甚至連身為「軍機四章京」而遭牽連處決，名列「戊戌六君子」之中的楊銳與劉光弟，和「康黨」也不是很處得來，楊銳於戊戌政變前的家書，就抱怨康有為的弟子林旭——也是軍機四章京之一——做事投機取巧，也抱怨維新黨人揣摩上意，很多提案根本不可行，但若是稍想對提案做點調整，就大有意

68《清史稿．張之洞傳》：「……政變作，之洞先著勸學篇以見意，得免議。」

見，根本無法相處。

當「康黨」在朝野之間樹敵到這種程度，政變的發生也就進入倒數計時。

在百日維新的最後，維新黨人竟然又提出駭人聽聞的「合邦」論調。當時已卸下日本內閣總理大臣之位，無官一身輕的伊藤博文來訪，與康有為交往密切的英國傳教士李提摩太（Timothy Richard）提議滿清可重用伊藤博文，甚至提議「中美英日合邦」，維新黨人竟然附議，紛紛上奏請求重用伊藤博文，且「勿嫌合邦之名之不美」[69]。

當初，光緒與慈禧正是因為膠州灣事件後的瓜分危機，才決定要加速改革腳步，而開啟百日維新，維新本是要維護主權，如今維新黨人竟然提議乾脆把國家主權整個送人，可說離譜至極，所有官員更對伊藤博文可能執政一致反彈，至此維新黨人已經不可能得到任何有力的支持，而慈禧對維新演變成國家要送人顯然也嚇了一跳。

就在伊藤博文與光緒見面的前一天，九月十九日，慈禧突然提早離開頤和園返回，此日之後光緒就遷居到南海中的瀛台去了，次日，九月二十日，光緒在慈禧嚴密的監視下接見伊藤博文，兩人除了禮貌性的會談以外什麼都沒說，

69 楊深秀：《時局艱危，拼瓦合以救瓦裂折》。

伊藤博文沒有當上中國的宰相，中國也沒有和日本合邦。

九月二十一日凌晨，慈禧把光緒訓了一頓以後，逼他宣布「請慈恩訓政」，這就是所謂戊戌政變，事後，慈禧「又幸頤和園」，好像來教訓一下晚輩說以後事情又歸我管，然後這樣就回去了，比起祺祥政變的驚心動魄，戊戌政變簡直是太輕易了點。

這是因為「康黨」的倒行逆施，尤其是最後的「合邦」論，使朝野一致默認光緒皇帝不適合執政，所以慈禧才能這樣打聲招呼就拿回政權，然而，光緒早已親政，國有長君，怎麼說都沒有訓政的理由，她這第三次奪權不僅違反滿清的祖制，更連要從各朝找藉口都困難。

為了解決這種「違憲」的情況，慈禧打算將已經成年的光緒廢位，重新找一個年幼的皇帝繼位，如此一來她才能回復到「垂簾聽政」的「合法統治」狀態。

她萬萬沒想到，這小小的內政問題，竟然引起各國關注，當慈禧先放出光緒皇帝「病重」的氣球試探風向時，各國竟然還要求由他們派出醫師給光緒看病，慈禧沒有考慮到，當時歐洲各國多是君主國家，自然對君權的保障相當介意，不能允許任意廢立皇帝。

外國也就算了，她更沒料到，正是她一手培植，且一直倚賴的改革派重臣們，此時會群起反對，甚至首先發難的，竟還是「非改革派」重臣。

兩江總督劉坤一在百日維新中悍然抗拒光緒的改革政令，遭光緒點名批判，不過當戊戌政變後，劉坤一反而上《奏國事乞退疏》，力陳光緒想要改革並沒有錯誤，只是操之過急，太過激進而已，並建言國事應求安定，很明顯的暗示慈禧：他不支持廢立皇帝。

對國際事務最了解的李鴻章，則明白告訴當時為領頭軍機大臣的榮祿，若擅行廢立，各國大使必定抗議，地方總督、巡撫也可能叛亂，將引發戰爭。慈禧明白李鴻章必定反對廢立皇帝，為了避免雙方不愉快，把李鴻章遠遠的派往南方擔任兩廣總督。

而當榮祿以電報暗示廢立計畫時，湖廣總督張之洞與劉坤一立即聯名回電反對，不過深諳為官之術的張之洞，卻半途追回了反對電報，只讓劉坤一打頭陣，劉坤一也不以為意，其「君臣之義已定，中外之口難防」的名言，堵死了慈禧廢立的意圖。至於慈禧一手提拔的張之洞——他在殿試時還是慈禧欽定的探花——雖然半路追回電報，給了慈禧一個面子，但是他的意見也表達的很明確了。

李鴻章、張之洞、劉坤一，是當時最具影響力的三位地方總督，一路「違憲」的慈禧，統治正當性還得靠他們的支持，他們全都反對廢立，這可傷腦筋了。

而在中央把持朝政的榮祿，是慈禧最信任的鐵桿心腹，總攬中央軍權，他雖然不明白表示反對，卻在廢立問題上長期沉默，任憑慈禧一直派人去逼他表態，直到再也不能沉默下去時，榮祿提出了一個餿主意以求脫身，他明言廢掉光緒不可行，不過卻建議可以先立儲君——大阿哥——以順慈禧之意。

這也是個「違憲」的主張，自康熙以來，滿清就不預立太子，不過榮祿顧不得這個祖制上的小瑕疵，反正洋人也不懂得滿清的規定，榮祿認為這是既不會造成國際問題，又能奉承慈禧以保住「關愛的眼神」的「最佳解」，然而這個決定卻把滿清給推向了八國聯軍，洋人們雖然不明白祖制，卻很明白政治上的暗示，對立儲的行動大為反彈，拒絕入賀，使得大清帝國的國際關係空前緊張，慈禧太后對於洋人處處違逆她的心意惱怒不已。

而立了大阿哥溥儁以後，連帶使得其親生父親端王載漪的政治地位水漲船高，守舊派剛毅與他引入軍機處的趙舒翹、大學士徐桐等人，投向載漪的行列，由於洋人反對立儲，使得不學無術的載漪極度仇洋，洋務派大臣一致反對立儲，則讓慈禧對他們冷落，於是在慈禧執政的四十七年之中，罕見的出現了朝中以仇洋派為主流的情況。

就在這個同時，大清帝國也遇上了最後一次人口問題。

太平天國使華中、華南地區人口大量減少，但華北的捻亂造成的傷亡較輕，到了一九〇〇年的關頭，華北的人口又瀕臨沸點，諷刺的是，正是慈禧執政時代以來各種新政造成的影響，加劇了此時的人口危機。

在廣大的中國農村中，婦女往往以織布來補貼家用，曾經，家家戶戶都有一台紡紗或織布機，唧唧聲徹夜不停的響著，全家婦女一整個晚上不眠不休，可以織成兩匹布，據張履祥《農書》計算，兩名婦女一整年下來，賣布的收入扣掉買絲線或紗線的成本，可以賺上三十兩，恰可繳交田賦。

但是在擴大國際貿易以後，工業革命以後的西方紡織品不但品質比手工製品好，連價格都還比較便宜，緊接著中國發展實業，建立起自己的紡織工業，產品價格比進口紡織品更低，很快摧毀了農村的紡織手工業，紡織機曾經是家傳的珍貴吃飯工具，現在成了無用之物，只能在角落中積灰塵。

在山東傳教的美國公理會傳教士明恩溥（Arthur Henderson Smith），就記載了直隸成為機器紡織工業重心後，華北產棉區隨處可見機器紡織生產的「機紗」，比傳統手工紡製的「土紗」更好更便宜，使得農村經濟崩潰。明恩溥寫道，當時的人們雖然不是很清楚到底是什麼造成他們的收入來源斷絕，但是他們還記得曾經有過一段吃得飽穿得暖的日子，而那正是在外國的一切事物進入中國以前。

鐵路也一樣造成了衝擊，原本在大運河上無數的漕工、船夫，在鐵路開通後大量失業，輪船也一樣取代了傳統的船夫與縴夫，太平天國以來的厘金規定加重了問題，因為中國商販經傳統貿易路線要層層收取厘金，外國商號卻只要收一次關稅。這些大量結構性失業人口加劇了社會問題，從這方面來說，義和團的仇洋意識型態，或許有幾分道理。

傳教士深入中國，更造成教民與非教民的衝突加劇，教民不參與社區的迎神賽會、不拜祖先，在非教民眼中是「大逆不道」，非教民覺得教民週日在教堂中禮拜鬼鬼祟祟，出了教堂對天空禮讚畫十字更是「出洋相」，而教民在傳教士保護下，往往可以得到一些特權，甚至曾經當過土匪者等社會邊緣人物，只要入教就能受到庇護，地方官員害怕引發國際事件，也不敢招惹，這更讓非教民憤恨不已，尤其在人口壓力沉重時，雙方衝突更是白熱化。

一八九八年八、九月，黃河發生水患，緊接著竟然是大旱，自古以來，人口壓力將要爆炸時，往往是天災誘發禍事，明恩溥憂心忡忡的預言不安份的人都準備鋌而走險了，果然如此，隔年山東省冒出了朱紅燈為首的神拳組織，打著「天下義和拳」與「興清滅洋」的旗幟，攻擊教民掠奪財物，還與官兵發生戰鬥，不久後他們淪為普通的土匪，連非教民也一樣搶掠，最後因分贓不均起了內鬨，領導者朱紅燈被手下扭送官府，之後袁世凱奉命署理山東巡撫，大力掃蕩拳民，一九〇〇年四月，山東剛好下了場雨解除旱象，於是義和拳就這樣很諷刺的在發源地山東省消失了。

山東的亂事平息，直隸卻開始大旱，原本發源於山東的義和團，這下「輸出」到緊鄰的直隸，他們一樣開始武裝搶劫教民，分贓搶掠所得，逐漸壯大隊伍，這與太平天國時的捻匪，以及更之前的歷朝民變發展過程其實沒什麼兩樣，唯一不同的是，由於仇視的目標是洋人與教民，他們成為有史以來第一個竟然不打算推翻政權，還以扶持現有政權為口號的民變——「扶清滅洋」。

這下子慈禧可傻眼了，回想她掌權之初，華北大地捻匪縱橫，連僧格林沁都命喪捻匪之手，後來李鴻章率領淮軍勦捻，在山東半島挖了一條貫穿半島的大壕溝，卻還是讓捻匪給逃竄出來，想必她對民變有多難纏、會造成多大的損害還心有餘悸。

然而，這次亂民竟然是要「扶清滅洋」，而且還剛好是在她一輩之中與洋人最處不來的時候？

當初咸豐皇帝就是與民變和英法兩面作戰，使得大清瀕臨滅亡，慈禧掌權後，藉由外國力量「借師助勦」消滅民變，才轉危為安。站在慈禧的立場，很容易聯想到：如果選擇同時與民變和外國作對，必然陷入危機，既然亂民要「扶清滅洋」，不如操作他們去對抗洋人，滿清可獲漁翁之利，這也只不過是「借師助勦」平定太平天國之術的反向操作而已。

再考慮到，先前因為甲午戰敗、膠州灣事件後的瓜分危機，造成滿清的天命動搖，因此才要維新，結果百日維新失敗，雖然慈禧本人奪回了統治權，但是滿清的天命卻還沒有得到修補，這些民眾既然要「扶清」，對慈禧產生很大的誘惑：不妨順應民意，如此一來天命不就修補起來了嗎？

「神功護體」到底有沒有用，慈禧不得而知，但是就算完全沒用，數十萬的義和團圍攻一兩萬人的西洋部隊，犧牲個幾萬人當砲灰，耗光洋槍的子彈，剩下的也足夠把洋人給淹沒了。

慈禧沒料到的是，雖然八國聯軍的確只有一兩萬人，但是烏合之眾遇上正規軍時，連砲灰都當不成就四散奔逃，逼得她得和以前沒用的丈夫一樣逃出北京城，而以李鴻章為首的地方重臣宣布不從「亂命」，聯合起來「東南自保」，當《辛丑和約》簽訂時，她被迫把幾個被視為戰犯的仇洋派大臣誅戮一空——雖然有幾個已經先行自盡——慈禧與滿清的天命不但沒有得到修補，反而破損得更嚴重了。

至此，慈禧的「憲法」問題和中國的「憲法」問題連結了起來：立憲可以將政權釋放給士紳階級，拉攏這個中國的實際統治階級，正是絕佳的修補天命辦法，而將皇帝虛君化，權力歸於內閣，也就是說由重臣組成的集團，而重臣又由她來操控，這可以直接解決她的權力必須透過皇帝與祖制而來的問題。

於是歷史奇觀發生了，在一九〇〇年才剛支持義和團而與世界各國宣戰的慈禧，一九〇一年就開始推動前衛的庚子後新政。這並不是偶然，一切都出自於慈禧與滿清的天命問題。
諷刺的是，卻也正是庚子後新政，最終導致「橡皮推翻了滿清」。

# 大北洋的誕生

讓我們複習一下到此為止的內容，中國出口的茶引發了美國獨立，美國獨立使得英國東印度公司缺銀而必須做鴉片生意，也間接造成法國大革命，拿破崙興起，他打了半島戰爭，造成西班牙美洲殖民地紛紛打起獨立戰爭，引起世界銀荒，讓滿清出現銀漏，引起鴉片戰爭。

滿清在盛世時期的人口增長，加上鴉片戰爭後五口通商造成的經濟變動，誘發了太平天國等動亂，在同時發生英法聯軍，之後英法轉而支持大清帝國，使得滿清復活，「同光中興」。

滿清盛世版圖的歷史與地理因素，決定了塞防與海防並重的國策，又由於捲入清法戰爭，誘發朝鮮甲申政變，最後導致甲午戰爭敗北，更於膠州灣事件後陷入瓜分危機，因天命動搖必須維新，但百日維新卻因為光緒缺乏經驗而失敗，慈禧雖取回政權但也面臨統治合法性的危機。

新政對傳統經濟的破壞，以及華北人口增長，促成了義和團運動，而慈禧選擇利用義和團，導致八國聯軍，結果天命更加破損，只好以庚子後新政彌補，不料慈禧死後，攝政王載灃的「皇族內閣」導致「橡皮推翻了滿清」。

看樣子，滿清滅亡的整個過程都談得差不多了……只差最後一塊拼圖：「各省響應」過程中的新軍，以及最後逼得清帝退位的袁世凱的大北洋，他們是怎麼來的？

這一章的最後一節，就讓我們來談談滿清滅亡的軍事層面。

## 體制外單位的歷史奇觀

滿清的正規部隊，原本應是八旗與綠營，他們受兵部管理，預算受戶部控管，稱為「經制之兵」也就是說是清朝的常備正規軍，在嘉慶年間，共有六十六萬人，在後來的新政中才逐漸裁減。裁減之前，每年花在他們身上的軍餉高達兩千萬兩。

曾經是滿清打天下所賴的八旗與綠營，到了嘉慶年間，卻已經腐朽到連白蓮教農民起義都對付不了的程度，八旗與綠營與白蓮教起義農民交戰，幾乎是戰無不敗，迫不得已下，嘉慶只好徵用民間團練「鄉勇」隨軍作戰，稱之為

「官勇」，這些官勇領餉最低，戰時往往率先衝鋒，戰功卻多為正規軍所奪，在不平等待遇下，後來反而倒戈造反，嘉慶皇帝檢討認為招集鄉勇這種體制外兵員並不是個好主意，「一時雖資其力，而此輩易集難散，終非善策。」

雖然這麼說，但到了太平天國起事，再度證明八旗與綠營幾乎毫無作用，反而是江忠源率領的團練在簑衣渡之戰中重創太平軍，咸豐皇帝只好不顧祖父當年的警告，乞兵於團練，將曾國藩等丁憂在籍大臣[70]任命為「幫辦團練大臣」，在各自的家鄉招募鄉勇。

不過白蓮教起義時的「官勇」，只是作戰時分配給八旗、綠營充人數，由八旗、綠營將領指揮，「送死有份，功賞毫無」，曾國藩並不想讓自己家鄉子弟去當這種砲灰，他提出了更進一步的體制外單位構想[71]，計畫成立完全自主的獨立作戰單位，宣稱這樣的部隊能獨立勦匪，也能防守省城。當時太平天國已經攻下武昌，正勢如破竹的往南京進攻，咸豐驚慌失措，只能死馬當活馬醫，加上曾國藩提出自籌餉源，對當時財政已經逼近破產的清廷來說實在是一大誘惑，因此咸豐無視嘉慶的「祖訓」，在曾國藩的奏摺上批示：「知道了。悉心辦理，以資防剿。」從此展開了清末體制外單位的歷史奇觀。

[70] 官員若遇到直系親屬過世，需解職回原籍守孝，稱之為「丁憂」，這裡的「丁」是「遭遇到」的意思。清朝標榜「以孝治天下」，因此也沿襲丁憂的規定。由於丁憂的官員一定在原籍，所以利用他們在家鄉招募團練。

[71] 曾國藩《敬陳團練查匪大概規模折》。

湘軍的統領、營官、幫辦，每個層級都由曾國藩本人批准任命，而「營官由統領挑選，哨弁由營官挑選，甚長由哨弁挑選，勇丁由甚長挑選」[72]上下級之間都以私人情誼「自行招集，呼朋引類」，如此一來作戰時才會同心協力，層層效忠；湘軍也著重地緣關係，把同鄉的成員編在同一單位，如湘鄉籍的勇丁編組成營，稱為湘鄉勇，平江縣勇丁組成的營，稱為平江勇，如此以宗族鄉黨的情誼鞏固整支部隊的向心力，是湘軍戰鬥力高於綠營的主因之一。

另一方面，湘軍的兵籍不歸兵部掌管，兵勇人數與傷亡情況不用一一造冊回報，各級指揮職軍官曾國藩說了算，不由兵部指派，提升了行政效率，指揮官可以決定從後勤、人事到戰略調度的所有環節，更使事權專一，曾國藩敘述湘軍的制度是層層分級負責，每個單位都能自主運作：「一營之權，全付營官，統領不為遙制。一軍之權，全付統領，大帥不為遙制。或欲招兵買馬，儲糧制械，黜陟將弁，防剿進止，大帥有求必應，從不掣肘。」

相對的，以往的綠營部隊，因為清廷害怕士兵與將官要是彼此熟悉，容易造反，因此經常更換指揮軍官，人事、後勤的種種事務更受戶部、兵部層層節制，自然效率就低於湘軍了。

72 曾國藩：《覆議直隸練軍事宜折》。

那為何先前不這麼做呢？這道理表面上看起來很簡單，但考慮到政治問題就很複雜，湘軍雖然有效率，但是形同國中之國，是否效忠中央政府，只在曾國藩的一念之間，清廷一方面欣喜湘軍戰功無數，又對湘軍產生無比的恐懼。

一八五四年春天，曾國藩的湘軍收復武昌，咸豐皇帝收到捷報大喜過望，對大臣們說：「不意曾國藩一書生，乃能建此奇功。」打算任命曾國藩署理湖北巡撫，大學士及軍機大臣祁雋藻馬上潑了咸豐一桶冷水：「曾國藩以侍郎在籍，猶匹夫耳。匹夫居閭里，一呼蹶起，從之者萬餘人，恐非國家福也。」咸豐皇帝一聽，馬上了解湘軍有反噬滿清的危險性，默然不語許久，最後改成只封賞曾國藩兵部侍郎頭銜。

恐懼歸恐懼，一旦戰事不利，又證明只有湘軍可靠，一八六〇年，太平軍第二次攻破江南大營，咸豐不得不任命曾國藩為兩江總督兼欽差大臣，節制江南軍務。

到了咸豐過世，慈禧發動祺祥政變奪權以後，一八六一年，慈禧與議政王奕訢大手筆的一口氣讓曾國藩節制江蘇、浙江、安徽、江西四省軍事，四個省的巡撫、提鎮以下所有官員均受曾國藩節制，曾國藩很快將四省人事都安插上自己人，湘系將領李續宜、沈葆楨、左宗棠、李鴻章分別擔任安徽、江西、浙江、江蘇省巡撫，原本由戶部管轄的布政使，以及由刑部任命的按察使，也全數改由湘系巡撫安插自己部下，如浙江巡撫左宗棠保薦部將蔣益澧擔任浙江布政使，又保薦部將劉典擔任按察使，從此地方人事系出同源，形同將滿清的心腹要地都封給了「曾氏王國」。

大學士彭蘊章對此頗不以為然，認為「楚軍遍天下」——楚軍指的就是湘軍——恐怕會尾大不掉，建議應該撤除湘軍，削減曾國藩的權力，但是當時太平天國戰事正烈，慈禧只能睜隻眼閉隻眼，到了曾國荃攻陷天京後，他還滿心以為攻破天京的大功能封王，沒想到「狡兔死，走狗烹」，太平天國既然已經是強弩之末，那就不必要對湘軍系統客氣了，曾國荃不但沒有封賞，還第一個遭找碴，朝廷嚴詞批評他不應於破城當晚返回大本營，追究上千名太平軍突圍的責任，還要追查天京的金銀下落，更要曾國藩親自去查清楚弟弟「天京大屠殺」搶掠全城的爛帳。

曾國藩心知湘軍這個體制外單位的階段性任務已經完成，因此開始著手解散湘軍。但是湘軍系統的影響力不只在軍事上，一整代晚清的重臣，自曾國藩兄弟始，左宗棠、李鴻章、劉坤一、沈葆楨等都是湘軍出身，湘軍解散後，無數湘軍系統人馬盤根錯結的在華中各省任官，清代「四大奇案」中的其中兩案都因此而爆發。

兩案中的第一宗，正是後來改編為電影「投名狀」的「刺馬案」。

一八六八年，清廷把原任兩江總督的曾國藩調離湘系大本營，改任為直隸總督，派馬新貽出任空出來的兩江總督，他是穆斯林出身，其姓氏「馬」是「穆罕默德」轉換而來，而他正是「刺馬案」中被刺的「馬」。

一八七〇年，馬新貽回到督署前，突然有人攔轎喊冤，他一下轎子，冷不防一名兇手從旁竄出，就在眾目睽睽之下將他一刀刺殺，引起軒然大波，兇手張汶祥當場被逮，供稱自己是曾被馬新貽在浙江巡撫任內掃蕩的海盜，又因為老婆跟人跑了，向馬新貽攔轎告狀時馬新貽不理會，因此心生怨恨，受以前的海盜同夥指使，刺殺馬新貽為被他掃蕩的同夥報仇。

張汶祥的供詞很快被改編成戲曲，他供稱的馬新貽不幫他找老婆，被改寫成了馬新貽自己拐跑義弟老婆，張汶祥去幫結拜兄弟報仇的八卦狗血戲碼，最厲害的是真正的刺馬案還在審理，戲就已經開演了，而且劇本還寫得相當好，這齣八卦戲曲大受歡迎，成為經典名劇而流傳後世，一九七三年香港邵氏電影公司把它拍成電影「刺馬」，二〇〇七年又再被改編為「投名狀」，但故事越改編，距離史實也越來越遠。

無論如何，史實上的馬新貽可沒拐人老婆，他到底為何被刺，背後玄機重重，傳言慈禧賦予馬新貽秘密任務，調查當年湘軍攻破天京時「天京大屠殺」搶掠的金銀財物到底流落何方，畢竟這一筆為數龐大的財物甚至足以用來起兵造反，慈禧會關切也是很自然的，而這一調查下去茲事體大，有可能種下馬新貽被殺的禍端。

而慈禧派馬新貽空降兩江總督取代湘軍的「老大哥」曾國藩，其目的是要逐漸稀釋湘系人馬在地方政治中的比例與影響力，這個「陽謀」也是不言自明。另一方面，湘軍大量裁撤後，幾萬人的散兵遊勇並沒有全都回鄉務農，許多加入幫會，成為地方上的盜匪，造成治安危機，馬新貽派剽悍的袁保慶——正是袁世凱的養父——積極掃蕩，因此得罪許多前湘軍官兵。

馬新貽既造成湘系高層的政治威脅，又成為湘系基層的仇人，時人多懷疑刺殺案的幕後主使者是湘系人馬，但是光天化日下刺殺朝廷命官一擊斃命，警告意味濃厚，慈禧也不敢認真追查，反而是放虎歸山，派曾國藩回任兩江總督，要他自己處理此案，最後仍然查不出幕後主使者而不了了之。

第二宗奇案則是「楊乃武與小白菜」。

楊乃武與小白菜案說起來只是古中國很普通的冤案，舉人楊乃武教人稱小白菜的畢秀姑識字，街坊傳言兩人有染，戲稱為「羊吃白菜」，一八七三年畢秀姑的丈夫因蜂窩性組織炎——古時稱之為「丹毒」——復發而暴斃，仵作卻誤驗成中砒霜毒而死，可憐的楊乃武與小白菜就被懷疑是「毒殺親夫」……這種案件竟然會驚動兩宮太后與恭親王，清廷會不會「吃飽太閒」了？

能驚動到如此高層，當然不可能是因為案件本身。慈禧在刺馬案中吃了一個大悶虧，這筆帳她遲早要討回來，而湘系人馬在地方盤根錯結的情形不處理，兩宮太后與恭親王也坐立難安，楊乃武與小白菜案審理過程中，湘系地方官審案「屈打成招」，又官官相護，全案鬧上了《申報》而成為輿論焦點，結果給了慈禧一個一口氣懲治一整串湘系官員的機會，這才是此案驚動層峰，進而轟動天下成為四大奇案之一的原因。

最後，此案交由刑部尚書桑春榮親審，開棺重新驗屍時，有經驗的老仵作依據《洗冤集錄》證明葛品連並非中毒，只是骨頭表面發黴罷了，楊乃武與小白菜兩人終於無罪出獄，而造成冤獄者，包含浙江巡撫楊昌濬在內的三十幾名官員都遭撤職查辦，其中多數是湘系人馬，慈禧這次可說是為幾年前的刺馬案出了一口惡氣。

當時湘系的領袖是左宗棠，老家人馬被這樣抄了一次，可說元氣大傷。後來左宗棠帶領最後的湘軍完成平定新疆的任務之後，湘軍就此解散。但是，另一個源於湘軍的體制外單位才正要興起，那就是李鴻章的淮軍。

淮軍的誕生，完全是因為曾國荃的一念之差。

一八六〇年，太平天國忠王李秀成東征抵達上海，當時租界區因為英法聯軍正在攻擊北京，只留下英軍九百多人與法軍三百多人，雖然如此，他們的槍砲與海上船艦的艦砲就足以讓李秀成吃了個閉門羹。不過上海士紳仍然很擔心太平軍再度襲擊，一八六一年，他們聯絡上曾國藩，希望他能派兵協防上海。

曾國藩手上兵力正吃緊，並不想再分兵到上海，但是上海士紳透過李鴻章對曾國藩「曉以大義」，告訴他上海商賈雲集，是一塊肥到流油的土地，「餉源之富」不是其他農業地區可以比擬的，上海士紳還提供每月十萬兩的「助餉」，當時湘軍軍費支出龐大，曾國藩整天為籌餉發愁，聽到有這等天上掉下來的餉款，兩眼都發直了。

肥水不落外人田，曾國藩立即要弟弟曾國荃前往上海佔住這個肥缺，但是曾國荃卻一口回絕哥哥的好意，他認為當時湘軍已經攻下戰略要地安慶，可直指天京，一口氣搗滅太平天國老巢，曾國荃想要的是這個可以封王又名垂青史的首功，不屑上海的蠅頭小利。

事情還是得有人辦，於是曾國藩把這個差事交給李鴻章，同時曾國藩也不想分散湘軍兵力，便要身為安徽省合肥人的李鴻章回到家鄉「自募一軍」，李鴻章招募了六千五百人，照著湘軍體系依樣畫葫蘆組織起來，這就是「淮軍」，一八六二年四月，李鴻章率領著淮軍，乘坐英國輪船抵達上海。

當上海人看到這批部隊時簡直傻眼，他們全身上下破破爛爛，無處不骯髒，身上臭不可聞，軍官只穿麻鞋，士兵連草鞋都沒有，所謂的制服只是一件有個「勇」字的短掛，每當出太陽，他們就把短掛脫下來，光著上半身，一邊曬太陽一邊抓身上的老白蝨子，一抓到肥蝨子就開心的當點心吃掉。這根本不是部隊而是乞丐吧！上海人這麼想，把李鴻章的淮軍管叫「叫化子兵」[73]。

[73] 于醒民：《上海・一八六二年》。

當時英法部隊的制服可是光鮮亮麗、整潔挺拔，看到淮軍這副德行一邊搖頭，一邊嘲笑他們，李鴻章反唇相譏，說部隊不是只重視外表，能打仗比較重要[74]，他說出了這種大話，還好淮軍還真的能打仗，抵達上海才一個月，李鴻章就親自率領淮軍樹字營與春字營在虹橋決戰，以僅僅三千人的兵力，竟然大破李秀成的十萬部隊，讓外國洋槍隊都深感佩服，反而是制服光鮮的上海華人部隊在會戰中一觸即潰，從此上海人再也不敢小看淮軍。

在上海期間，李鴻章大大開了眼界，上海的一切讓他明白近代科技的優越，與洋人打交道的經驗，奠定他日後成為洋務派重臣的基礎，組成淮軍防守上海，實在是李鴻章一生事業的開端。

相對之下，選擇攻打天京的曾國荃，事後卻不但沒能封王，還遭朝廷找碴，更因為「天京大屠殺」而以「曾剃頭」之名遺臭萬年，可說是歷史開了曾國荃一個大玩笑。

淮軍的進一步發展，則又是曾國藩的一念之差。太平天國平定之後，捻亂仍然縱橫華北，一八六五年，當年與慈禧一同發動政變，最受清廷倚重的大將蒙古親王僧格林沁，竟然在山東曹州被捻匪所殺，清廷震驚之餘，急忙任命時

74《清史稿．李鴻章傳》：「軍貴能戰，非徒飾外表。」

任兩江總督的曾國藩為欽差大臣，督辦直、魯、豫三省軍務，北上剿捻。

曾國藩很快發現他遠離大本營以後，留在華中各省的湘系人馬開始脫節、失去控制，於是他做出了跟弟弟類似的決定，對朝廷開去他勦匪欽差大臣職務的決定表示歡迎，把任務交給李鴻章，自己回到湘系的大本營南京去，淮軍作為鎮壓捻匪的主力，從此漸漸取代湘軍，成了滿清最有戰鬥力的體制外單位。

淮軍既然是照抄湘軍體制而成，自然也跟湘軍效忠曾國藩一樣，全軍效忠李鴻章，清廷對此也不免心生疑慮，原本在一八六八年捻亂平定之後，淮軍也要「鳥盡弓藏」，勒令解散，不料一八七〇年天津教案爆發，清廷急忙要李鴻章調動全國唯一有戰鬥力的體制外單位淮軍前往直隸保衛京師，雖然天津教案後來以和平收場，但是清廷再也不敢有要淮軍解散的想法了。

李鴻章也因此於同年任直隸總督，兼北洋通商大臣，自此「北洋」兩字成籌辦洋務的中心，清朝沒有宰相這個職位，要被公認為是宰相，慣例是必須擁有大學士頭銜又兼有軍機大臣的身份，唯一的例外就是李鴻章，他只有文華殿大學士的身份，從未「入樞」擔任軍機大臣，卻因為長期「坐鎮北洋，遙執朝政」，而被公認為「李相」。

淮軍也就在李鴻章的領導下，以一個體制外單位的身分，卻擔任中國實質上的常備陸軍，直到甲午年戰敗，由袁世凱的新建陸軍取代為止。從一八五三年曾國藩創立湘軍起，至一八九五年袁世凱小站練兵為止，體制外單位竟然維繫了滿清長達四十二年，可說是一個難以想像的歷史奇觀。

而也正是從淮軍倒下的灰燼中，誕生了日後袁世凱的大北洋。

## 從小站到大北洋

一提到袁世凱，就聯想起「北洋」兩字，在清末民初的歷史中，北洋兩字可說是響叮噹，無處不見，但北洋這兩字是怎麼來的？

有北洋就有南洋，有趣的是，雖然後來北洋比較有名，南洋卻是先擅勝場。

在鴉片戰爭簽定的《南京條約》中規定「五口通商」，為了管理這五口，設置了「五口通商大臣」，由於五口通商前的貿易集中在廣州，因此最初五口通商大臣由兩廣總督兼任，後來隨著上海的發展，貿易中心北移，於是一八五九年起五口通商大臣改由江蘇巡撫或兩江總督兼任。

到了英法聯軍後的《北京條約》，又要加開口岸，長江以南由五口增加為十三口，長江以北也開了牛莊、天津、登州三口。

原本的五口通商大臣，這下子要管理十三口，就改為「辦理江浙閩粵內江各口通商事務大臣」，簡稱為「南洋通商大臣」，也就是「南洋大臣」，由江蘇巡撫或兩江總督兼任；至於牛莊、天津、登州三口，則設立「辦理牛莊、天津、登州三口通商事務大臣」，衙門設於天津，簡稱為「三口通商大臣」，或「北洋通商大臣」，也就是「北洋大臣」。

至此「北洋」的名號出現了，但是還不是日後威風凜凜的大北洋，北洋威風起來的契機又是一八七〇年的天津教案，在終於和平解決以後，在總理各國事務衙門「行走」[75]的工部尚書毛昶熙，有感於當時的直隸總督曾國藩與三口通商大臣崇厚在處理天津教案時意見衝突，於是上奏，建議乾脆把三口通商大臣固定由直隸總督兼任，就像南洋大臣那樣，清廷准奏，從此北洋大臣就和直隸總督合而為一了。

直隸總督原本就是「疆臣之首」，負責天子腳下的治安與國防，現在又加上北洋大臣的職責，可說如虎添翼，職權擴張到通商、海防，更多了天津的三

[75] 所謂的行走，是指雖然在某單位沒有正職，卻可兼差辦公，參與決策。

口通商稅收，而這個合體後的第一個北洋大臣，正是李鴻章，由於晚清李鴻章是外交第一人，原本滿清負責外交的應該是總理各國事務衙門，卻往往被北洋大臣李鴻章侵權，於是北洋還成為外交與所有洋務的中心。

當甲午戰敗後，李鴻章遭革職，直隸總督兼北洋大臣的位置，暫時由清末的「不沾鍋」王文韶——當年綽號「琉璃蛋」，就是玻璃球的意思——署理，一八九八年，當百日維新一開始，慈禧立即安排心腹榮祿前來署理直隸總督，足見這個位置的重要性。

當年還在小站練兵，手下只有七千人的袁世凱，又是怎麼在四年後就爬上這個疆臣之首的北洋位置呢？

袁世凱的早年事業，可說是「成也朝鮮，敗也朝鮮」。

一八六二年，朝鮮「興宣大院君」——朝鮮高宗李熙之父李昰應——利用軍隊缺餉譁變的機會，引導譁變部隊圍攻當時當權的閔妃——也就是韓劇中的「明成皇后」——外戚集團，奪取政權，是為「壬午兵變」，清廷派兵前往平亂，當時袁世凱正在淮軍吳長慶的「慶字營」，在進軍過程中，袁世凱雷厲風行的整頓淮軍軍紀，獲得吳長慶的青睞與重用，也得到朝鮮人的好感，此時袁世凱才二十三歲，就以通商大臣的職位在朝鮮控管稅務，還幫朝鮮練兵，這是他後來以兵家著稱之始。

雖然後來袁世凱練出來的北洋陸軍赫赫有名，但此時他在朝鮮練兵，只不過是照著淮軍的辦法而已，並沒有什麼新式教範可言，練兵的人數也才五百人左右而已，只能說是「練好玩的」。

一八八四年，清法戰爭開打，李鴻章從朝鮮將吳長慶抽調回國，只留下三營部隊在漢城，朝鮮以金玉均為首的親日派開化黨人，認為機不可失，發動「甲申政變」，引入日軍佔領朝鮮王宮，砍傷閔妃，劫持國王，殺害六名大臣。

當時朝鮮清軍的統領吳兆有舉棋不定，還想等李鴻章的指示，但漢城與天津並沒有電報線，消息要派人乘船至旅順才能傳達，等李鴻章回訊早就來不及，袁世凱當機立斷，帶兵攻入皇宮，半路遇上他訓練的朝鮮部隊，兩軍合流攻擊日軍，平定「甲申政變」。

袁世凱還以為自己立了大功，卻沒想到他擅自出兵，出盡風頭，讓吳兆有面子全失，憤恨不已，反而向李鴻章告狀，日本也惱怒袁世凱破壞了政變大計，反咬袁世凱主動挑釁，稍後清日還簽下《中日天津會議專條》，結果清軍還需撤出朝鮮，埋下日後甲午戰爭的伏筆，袁世凱心灰意冷，請假回國。然而在清廷派員調查的過程中，負責調查的吳大澂十分欣賞袁世凱，甚至還把女兒嫁給袁世凱之子袁克定，更向頂頭上司李鴻章推薦袁世凱，袁世凱這下子轉禍為福，於一八八五年成為駐朝鮮大臣，風風光光的出使朝鮮。

然而在甲午戰爭開戰後，這一切全沒了，朝鮮成為日本保護國，袁世凱灰溜溜的逃回國內，淪為光桿大使，還遭輿論譴責他錯判東學黨之亂的形勢，是引起戰爭的禍首，一輩子的朝鮮外交事業經營，毀於一旦。

就在他人生最灰暗的時刻，卻沒想到當初「練好玩的」朝鮮練兵經驗，竟讓他找到一條新道路，以「練兵家」之姿重出江湖。

袁世凱的這條新道路，建立在淮軍的灰燼上。

一般通說都認為淮軍「腐敗」而在甲午戰爭的陸戰戰場上「一觸即潰」，其實這種說法有些冤枉了淮軍，詳細檢視甲午的陸戰過程，淮軍在許多戰役中表現都相當英勇，之所以一再敗退，並非純然「腐敗」，而是有許多不利因素。

首先是淮軍系統與湘軍一樣是完全「人治」，每個單位的素質受到單位指揮官的影響很大，在作戰中，多數部隊的戰力並不差，但日軍總是可以找到戰力最差的一個單位，從弱點突破迂迴，使得其他單位也只得被迫撤退，在東北戰場上，清軍每次敗退的傷亡相當少[76]，並非一般認為的潰滅，每次敗退多是因遭到穿插迂迴而被迫主動放棄陣地。

另一方面是淮軍將領在現代戰術上的認知較弱，經常無法辨識出戰術要地，如在平壤之戰中，日軍第五師團本隊以及大島義昌少將的混成旅猛攻平壤城，均遭清軍擊退無功而返，但是由於清軍對牡丹台高地設防不足，使日軍元山、朔寧兩支隊攻下牡丹台高地，日軍砲兵得以從此高地射擊平壤城內，迫使平壤守軍只能撤退出城。

「人治」與戰術素質不足的因素，也導致淮軍作戰方式呆板，缺乏互相掩護支援的整體戰術，也無法進行跨單位、跨兵種的協同作戰，因而遭日軍各個擊破。在旅順、威海衛防禦戰中，淮軍的此一缺點暴露無遺，防禦砲台、要塞遭到日軍各個擊破，結果造成旅順大屠殺，以及北洋艦隊於威海衛全軍覆沒的慘痛損失。

76 在甲午戰爭的朝鮮與遼東半島戰場上，清軍每場會戰的損失如下：
平壤之役：清軍約二萬人，損失二千人。
九連城之戰：清軍二萬五千人，損失約五百人。
析木城之戰：清軍一萬人中損失約一百人。
海城之戰：清軍損失約一百人。
營口之戰：清軍四萬人中損失兩百八十人。
牛莊之戰：清軍損失一千八百八十四人。
真正受到慘重損失只有旅順之戰，損失七千人。
可以發現，清軍除了旅順以外，每次會戰損失並不大，這是因為旅順以外的每場會戰都並非潰滅，而是主動撤退居多。

而淮軍在單兵教練上也有所不足，如缺乏射擊紀律是淮軍的致命傷，甲午戰場上，日軍很快就發現，清軍會一直猛烈射擊直到彈藥用盡為止，而日軍就利用這點，等到清軍射光彈藥，就發動衝鋒，彈藥用盡的清兵無可反擊，只能逃跑。

淮軍的後勤也是一場災難，由於後勤並非統籌處理，加上當時槍械技術進步快速，買槍又時常向不同國家購買，屢次購買新槍以後，同一部隊裡有無數不同型號的新舊槍械，彼此彈藥常不能通用，甚至有前膛槍與後膛槍同時出現的奇觀，不但造成後勤障礙，也造成平日訓練上的困難。

淮軍在陸戰上的敗北，主因並非人員道德上的「腐敗」，而是其組織與訓練方式跟不上近代戰爭的需求所致，因此在甲午戰役中一路參與作戰的德國軍事顧問漢納根（Constantin von Hanneken）[77]，在戰事還在進行中時，就對重建海、陸軍做出多項建議，由於重建海軍太過昂貴，清廷無力負擔，因此先針對陸軍改革。

清廷命令甲午戰爭中擔任「東征糧台」的胡燏棻，與漢納根一起籌劃新式陸軍，以「東征糧台衛隊」改編成立十個營的「定武軍」，完全用德制、德械

77 漢納根為德國退伍軍官，受大清駐柏林公使李鳳苞聘請來華擔任淮軍教練，日後並出任天津武備學堂教官，以及擔任李鴻章的軍事顧問，曾參與設計及建造旅順、大連、威海衛炮台。

訓練，最初練兵的基地位於天津馬廠，後來因為營房不敷使用，將練兵地點改至天津附近的小站，這就是「小站練兵」之始。

後世總說「袁世凱小站練兵」，但小站練兵其實由胡燏棻開始的，只是發揚光大的是袁世凱。

說起來，此時的袁世凱其實還不是很懂得如何練兵，不過歐洲各國的陸軍理論發展已經有相當長的時間，兵學著作不少，只要遍譯西方兵學，去蕪存菁之後依樣畫葫蘆，日本不正是抄襲成功的榜樣嗎？不過口說無憑，最好整合成書，袁世凱就照這個辦法寫成了《治兵管見》，果然看過的都說好，再加上他的確在朝鮮練過兵——雖然只是「練好玩的」，但他不說誰知道——就更有說服力了。

當袁世凱透過關係與榮祿見面時，榮祿聽說袁世凱在朝鮮練過兵，又見到他兵書寫得有模有樣，就被他給「唬」了，認為他是難得的練兵人才，當胡燏棻另有重任時[78]，這五千人的定武軍，就交到了袁世凱手中。

在定武軍的基礎上，袁世凱又增募兩千人，聘來更多德國教官，完全參照德國陸軍的編制，武器裝備也完全自國外採購，名稱則從「定武軍」改稱為

[78] 胡燏棻是清末洋務重臣，稍後督辦津盧鐵路。

「新建陸軍」。定武軍的原始人員多出自淮軍，也就是安徽省出身，而練兵地點小站位於直隸省，所以後來袁世凱招入新建陸軍的許多人是直隸人，這也就是日後北洋會分成「皖系」[79]與「直系」的原因。

但袁世凱並非甲午之後唯一的新式陸軍，就在他接管「新建陸軍」的同時，南洋的張之洞——當時署理兩江總督——也正在辦「自強軍」；而淮軍中赫赫有名的「鼎軍」，也改組為「武毅軍」，在甲午陸戰中唯一打過勝仗的名將聶士成的率領下，大量引進德國教官、使用德制裝備，兵力有一萬六千餘人，規模比袁世凱的新建陸軍還要大。

在甲午戰爭中不屈不撓屢退屢戰的宋慶「毅軍」，雖然沒有「全盤西化」，但也淘汰鳥槍、抬槍、刀矛、藤牌、老式銅炮等等過期的老古董武器，全面換裝新式裝備，並補充兵員，補充後達一萬三千人。

一八九八年，榮祿把所有新式陸軍與淮軍殘部做了一次重新編組，以聶士成的「武毅軍」編成「武衛前軍」，宋慶的「毅軍」編為「武衛左軍」，董福祥的「甘軍」編為「武衛後軍」，而袁世凱的「新建陸軍」則為「武衛右軍」，榮祿自己也編練了「武衛中軍」，其中聶士成與袁世凱已經新制化的部

[79] 安徽省簡稱「皖」。

隊不變動，其他部隊則委由袁世凱規劃予以新制化，不過新制化尚未進行，八國聯軍就打亂了一切。

聶士成的武衛前軍在天津與八國聯軍正面對決，堅守八里台陣地，與聯軍激戰至聶士成陣亡，至今當地留有聶公橋紀念他，戰後武衛前軍解散，在袁世凱以外各軍中最精銳的武衛前軍就此消失了。

武衛左軍則負責進攻天津老龍頭車站，與聯軍互相爭奪，車站多次易手，最後不支潰退，武衛左軍分別撤往北倉與楊村，在稍後兩處的遭遇戰中潰敗，收拾潰兵稍事重整後，一路護送慈禧與光緒西逃。戰後武衛左軍重組，由於曾經護送慈禧「西狩」，因此取代八國聯軍戰役中潰散的武衛中軍成為中央禁衛軍，在日俄戰爭的時候還被派往防守熱河，後來宋慶去世後，由姜桂題接手，他也是袁系人馬[80]，因此最後這支部隊也落入袁世凱的掌握。

董福祥的武衛後軍則與榮祿的武衛中軍一起負責攻打北京城內的使館區，榮祿心知攻打使館違反國際公約，因此陽奉陰違，只有董福祥與義和團一起認真攻打，打了兩個月，直到聯軍進入北京時都還攻不下使館區。武衛後軍與武衛中軍在聯軍進入北京時大半潰散。戰後董福祥被列為禍首之一，遭革職永不敘用，

80 姜桂題原本是毅軍老將，在甲午戰爭正是他負責守備旅順，戰事中毅軍大多表現奮勇，但姜桂題卻在旅順打得灰頭土臉，最後放棄旅順導致發生旅順大屠殺，戰後遭革職，一無所有的他只好拉下老臉投靠當時正在小站練兵的袁世凱，沒想到袁世凱熱誠的接納他，從此成為袁系人馬，民國後姜桂題為熱河都統。

武衛後軍改回甘軍的原名，降級成為原本的地方部隊。武衛中軍則遭解散。

武衛右軍的命運卻與其他四軍大不相同，就在八國聯軍前夕，袁世凱奉命署理山東巡撫，處理山東的義和團問題，武衛右軍也跟著袁世凱一起開拔到山東。這暴露出武衛軍雖然在表面上是制度化的中央軍，其實還是不脫湘軍、淮軍「人治」的習氣，武衛右軍原本是中央軍的一部分，當袁世凱來到山東，就跟著成為山東省的省軍，甚至袁世凱還把山東省原本的各種舊式部隊改編為「武衛右軍先鋒隊」，地方軍跟中央軍混在一起，日後這個先鋒隊又被袁世凱一起帶回中央去，「跟著個人走」，毫無制度可言。

袁世凱抵達山東後，無視清廷的暗示，雷厲風行勦滅義和團，在八國聯軍戰事正熾時，又加入李鴻章、劉坤一、張之洞「東南互保」的行列，任憑清廷一再要他帶最精銳的部隊馳援，袁世凱卻不顧山東省明明就在北京、天津附近，一再找藉口拖延，迫不得已出兵之後，又暗令部隊觀望不前，始終不與聯軍接戰。

為了避免聯軍入侵山東省，袁世凱更是費盡心思，交戰期間，清廷諭令各省督撫招募義和團作戰，袁世凱卻故意曲解上意，宣稱所有的「義民」一定都已經前往天津保衛國家了，所以還留在山東的顯然都是土匪亂民，下令一律徹底鎮壓，就這樣把山東省的義和團又犁了一次；同時，袁世凱也要各縣緊急趕造省界牌，插滿山東與直隸的省界，由於山東省義和團遭到殘酷鎮壓，讓各國十分滿意，聯軍一見到山東省界牌就掉頭而回，於是山東無戰事，武衛右軍在八國聯軍的過程中毫無損失，反而還因為袁世凱先前把山東省原有的舊軍改編為武衛右軍先鋒隊而增加了兵力。

袁世凱徹底掃蕩義和團，保住山東無戰事，不僅讓山東省士紳感恩戴德，也因此保護山東省內的所有洋務建設未受義和團破壞，在戰後，由於直隸的電報線、鐵路等設施全被義和團破壞殆盡，一切聯絡都只能經過基礎建設完好無損的山東省，袁世凱因此一躍成為政務的焦點，聲望大漲。

另一方面，經過八國聯軍這大鬧一場，滿清原本護衛北京、天津的武衛軍，一下子只剩下袁世凱的武衛右軍，以及戰後殘破不堪的武衛左軍，這下子要護衛京師，「捨袁其誰」，就在李鴻章因戰後《辛丑和約》談判心力交瘁而去世的同一天，慈禧即任命袁世凱署理直隸總督兼北洋大臣，並於隔年實授，從此，袁世凱小站練兵帶出來的部隊，與「北洋」兩字結合了。

那麼袁世凱在戰爭期間「東南互保」，滿嘴藉口，對慈禧見死不救的「欺君之罪」呢？慈禧根本不追究，她還讚揚袁世凱「共保東南疆土，盡心籌劃」，而封賞袁世凱「太子少保」的頭銜，讓他成了「袁宮保」，這是日後袁世凱一輩子最喜愛的頭銜。

大北洋從此跨出第一步，武衛右軍改編成為「北洋常備軍」，北洋即將成為滿清新式陸軍擴編的中心。當初由張之洞成立，後來交劉坤一掌管的自強軍也奉命併入北洋常備軍。

一九〇四年，北洋常備軍「繁殖」為兩鎮，並因應日俄戰爭由巡警營擴充成第三鎮，而原本駐紮於北京的八旗部隊，也交由袁世凱改編，練成「京旗常備軍」。

到了一九〇五年，北洋常備軍改名為「北洋陸軍」，各鎮來了一次大搬風，「京旗常備軍」更名為

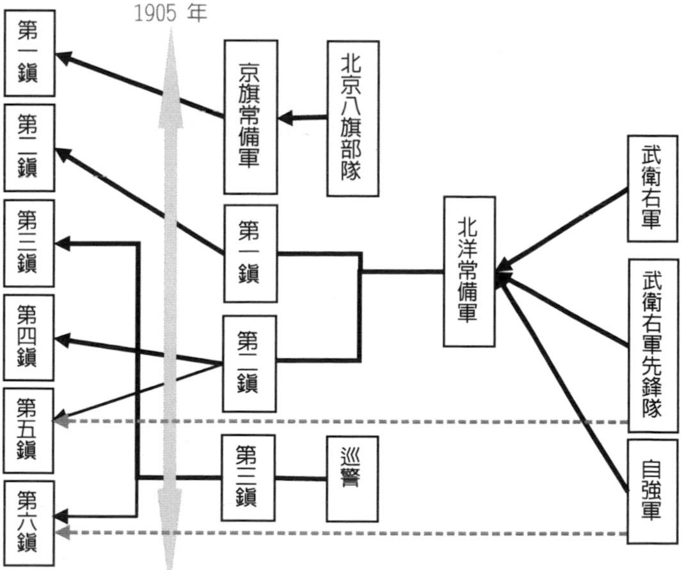

北洋陸軍第一鎮，原本的第一鎮改名為第二鎮，第二鎮改名為第四鎮，武衛右軍先鋒隊加入原第二鎮的一部分編成第五鎮，自強軍、第三鎮的一部分與剩餘的武衛右軍編成第六鎮，赫赫有名的「北洋六鎮」就此誕生。

袁世凱在建軍過程中，可說從根本加以改造，從募兵格式——《募練新軍章程》——起就是完全仿效外國徵兵制度；又設立北洋軍政司，將軍政分為「兵備」、「參謀」、「教練」三處，相當於現行國軍單位中的「參四」（後勤）、「參二」（情報）、「參三」（作戰、訓練）；在常備軍體制中，更將部隊區分為「常備兵」、「續備兵」、「後備兵」，常備兵服役三年，期滿後回鄉成為續備兵，每年召集訓練一個月——相當於現行國軍的「教育召集」——再三年後轉為後備兵，每兩年召集「會操」一次，四年後成為平民。這是現代軍事制度中分為現役與後備役的區分方式，平時部隊中只有常備兵，一但戰爭發生，可動員續備兵、後備兵，正如國軍的口號「平時養兵少，戰時用兵多」，這在現代是常見的兵役制度，但在滿清卻是前所未有的軍制。

袁世凱也奏請清廷成立練兵處，統籌全國新軍訓練事宜，由慶王奕劻主持，袁世凱為會辦大臣，滿人宗室鐵良為襄辦大臣，表面上是將練兵大權交由滿人貴族控制，然而練兵處總提調為袁世凱的拜把兄弟徐世昌，軍令司正使段祺瑞，軍政司正使為從朝鮮就跟著袁世凱的劉永慶，軍學司正使王士珍，副使馮國璋、陸建章，全都是袁世凱的北洋人馬——日後除了劉永慶早逝以外，這幾個人全都成了民國初年北洋政府中的重要人物[81]。

軍事教育是北洋陸軍重要的一環，袁世凱命令段祺瑞督理北洋武備學堂和各個速成學校，段祺瑞因此在日後被北洋系軍人奉為師長，正如同後來黃埔軍校出身的軍人往往稱呼蔣介石為「校長」一樣，從這些學校中培訓出一批批北洋血統的下級軍官，在北洋常備軍「繁殖」成六鎮的過程中，一一抽調、升任新建單位的各級軍官。以往湘軍與淮軍是透過人身關係串連，袁世凱的北洋青出於藍，改以軍事學校教育的方式開花散葉，從小站的七千人，短短幾年內「繁殖」出了日後的大北洋。

一九〇六年十月，袁世凱帶著北洋軍第五鎮及第一混成協參與「彰德秋操」的大規模軍事演習，第五鎮雖然只是源於山東舊軍的次級部隊，但是在演習中軍容壯盛，展現出「仿列邦之成規，創中國所未有」的驚人戰力，袁世凱對自己的部隊滿意的不得了，躊躇滿志的讚揚自己的部隊「風聲所樹，聳動環

81 徐世昌於民國後歷任國務卿、總統。王士珍在民國曾歷任陸軍總長、參謀部總長、京畿警備總司令、曾短暫署理內閣總理。段祺瑞為皖系領袖，民國後歷任陸軍總長、國務總理。馮國璋為直系領袖，民國後歷任副總統、代理總統。陸建章為直系重要幹部，民國後任警衛軍統領兼京畿軍政執法處處長，洪憲帝制時任威武將軍督理陝西軍務，日後遭皖系的徐樹錚設計暗殺，因而引爆直皖戰爭。

球。」也就是說他終於練成了世界級的部隊，這可說是袁世凱練兵以來最威風的一刻。

但是袁世凱又忘了「樹大招風」、「滿招損」的道理，當滿人貴族鐵良、良弼見到演習成果時，他們不但一點都不覺得欣慰，反而是覺得一股涼意從背脊直冒上來，在他們看來，北洋陸軍第五鎮的戰力的確是前所未有，這一個鎮兵力恐怕就可以打遍大清帝國無敵手，何況袁世凱手裡還有五個鎮（第一鎮由滿人組成），滿人親貴一想到這點就睡不著覺。

雪上加霜的是，此時袁世凱積極推動立憲改革，正在制定中央新官制，推動責任內閣制，改革造成朝野無數官員政治權力受損，連太監都擔心將會被裁員，光緒之弟載灃更認為推動責任內閣制是想要篡奪皇權，曾經在會議上對袁世凱拔槍相向，袁世凱本來還想仗著慈禧「關愛的眼神」強渡關山，慈禧卻展示朝野無數彈劾袁世凱與其政治盟友慶王的奏章，這下子他才知道大事不妙。

於是，袁世凱自請交出北洋陸軍第一、三、五、六鎮，但是他耍了個小心機，藉口直隸防務需求而保留最精銳的第二、四鎮在身邊。在中央新官制中新設的陸軍部馬上老實不客氣的把四個鎮收下，派鳳山督練。一向重視平衡的慈禧見到袁世凱如此自願削權，也給了他補償，將新建省的東三省總督、巡撫全數任命北洋系人馬擔任，從此北洋勢力擴張到整個東北。

此舉大為刺激袁世凱的對手，引發袁世凱的政敵瞿鴻禨與岑春煊於一九〇七年對袁世凱與慶王發動「丁未政潮」的大鬥爭，最後袁世凱靠著蔡乃煌提供的一張偽造合成照片才勉強獲勝，但是袁世凱沒料到鬥倒政敵會導致無人可制衡他，慈禧勢必想辦法削減他的權力。「丁未政潮」一結束，慈禧就將袁世凱從直隸總督升任為軍機大臣，雖然表面上是升官，其實卻是把他調離北洋老巢。

不知是否歷史開了滿清一個大玩笑，還是慈禧在人生的最後時刻老糊塗了，她忘記當年她用同樣手法對待曾國藩的時候，結果是發生刺馬案碰了一鼻子灰，只好放虎歸山把曾國藩放回老巢。這次對待袁世凱也是一樣，袁世凱一手培植的北洋系統，除了袁世凱誰都指揮不動——日後連出身大北洋的段祺瑞、馮國璋也無法做到——當武昌起義爆發，「皇族內閣」要派出天下無敵的北洋陸軍南下平亂時，才驚覺陸軍大臣蔭昌根本無法指揮他們，只得把袁世凱再請回來。

不過，或許慈禧也還記得，曾國藩被這麼折騰過一次以後，還是一直效忠於她，並不想推翻滿清的江山；接下來的李鴻章，先是在甲午戰後揹了黑鍋，又明明反對她廢立、反對她立儲，更反對義和團、反對向八國宣戰，但是當事情發生了，李鴻章還是拼著一條老命，為她談判《辛丑和約》而鞠躬盡瘁，死而後已。她可能也是這麼期待袁世凱的吧？

但是慈禧萬萬沒想到的是：她自己先死了。

如果是拿走了北洋陸軍四個鎮，就會補償東三省的「要五毛給一塊」慈禧執政，或許袁世凱不會興起推翻滿清的念頭，畢竟他在推動立憲改革的時候，目標只是當個總攬實權的內閣總理大臣就滿足了，不過這個「三輪車老太太」慈禧卻死了。接手的攝政王載灃，一開始還很客氣，把「袁宮保」的「太子少保」頭銜升級成「太子太保」，但接下來攝政王的位子都還沒坐熱——攝政才第五十七天——就急著要取下袁世凱的項上人頭，要不是慶王奕劻、世續和張之洞幫他說情，最後改成以「足疾」退隱，袁世凱早就沒命了。

這樣「要人命」的朝廷，袁世凱還可能效忠嗎？

或許，這個結果早在組成湘軍的時候就已經種下，一再依賴效忠於個人的軍事集團，「夜路走多了總會遇見鬼」，曾國藩不造反，李鴻章也不造反，到了袁世凱——當慈禧再也不存在的時候——終於造反了。

## 督撫專政與張之洞練新軍

古中國的每個朝代，往往都會針對前朝的滅亡未雨綢繆，但卻也往往矯枉過正，例如晉朝的司馬家奪取了曹家的政權，認為這是因為曹家宗族勢力虛弱讓他們能趁虛而入，所以大封司馬家宗族為王，結果發生「八王之亂」，間接導致「永嘉之禍」；宋朝的開國君主趙匡胤「黃袍加身」得位，認為武將有可能有樣學樣，採取「強幹弱枝」政策，結果日後北宋卻是滅亡於在滿人的祖先女真人的手裡。

滿清則是自己學習自己的教訓，康熙平定三藩之亂以後，為了避免像三藩一樣的地方割據勢力再度產生，對地方官員設計了一套層層節制的制度。首先，各省的行政長官是巡撫，但是在每個巡撫之上，每兩、三個省，又設置一個總督，如兩江總督下轄江蘇、安徽與江西省[82]。

[82] 清初江蘇、安徽同屬「江南省」，所以叫「兩江」。

巡撫與總督的職權有很大部分重疊，這種無效率的行政制度，其實是為了讓巡撫與總督之間互相制衡，甚至引起總督和巡撫之間不和而互相告密，互相抵銷力量，康熙更用以滿制漢的方式來任命總督與巡撫，如果巡撫是漢人，總督就一定是滿人，讓兩者互相節制。

各省還設有一名布政使，他負責考查府、州、縣官是否賢能，除了報告總督與巡撫以外，更直接向中央的吏部負責，也負責「會戶版，均稅役，登民數、田數」也就是說統計稅源，負責將一省的財政實況報告戶部，相當於是中央派來的掌櫃，因此一省的財政權其實掌握在布政使的手中。這大大牽制了巡撫與總督的權力。此外更設有按察使，與布政使相同，直接受中央的刑部節制。

有轄區只比巡撫多一、兩個省的總督和各省巡撫互相牽制，又有布政使與按察使為中央的耳目，在軍事上，康熙則讓八旗軍隊分駐要地，由只聽從中央命令的滿人將軍指揮，將軍與總督的品級相當，在軍事上可制衡地方部隊，地方長官若想圖謀不軌相當困難，在這個制度下，可說中央牢牢掌握住地方。

不料，為了對付太平天國的危機，慈禧卻把康熙設下的安全閥全給打破。

為了支持與太平天國進行殊死戰鬥中的曾國藩，慈禧讓他一口氣節制蘇、浙、皖、贛四省軍事，更讓四個省的巡撫、提鎮以下所有官員均受曾國藩節制，原本總督與巡撫相制衡，現在兩江總督曾國藩之下的所有巡撫都是他自己人，原本由戶部管轄的布政使，以及由刑部任命的按察使，也全數改由湘系巡撫安插自己部下，所有的制衡機制全部消失無蹤。

當江西巡撫沈葆楨不聽話，停止從江西漕折、牙厘稅等收入撥款給湘軍糧台時，曾國藩抬出老大哥的架勢教訓他，說自己身為總督同時執掌兵符，江西在他的轄下，所有收入都可以統籌運用，不容沈葆楨抗命。[83]原本總督和巡撫是要互相制衡的，曾國藩現在卻是直接把巡撫當成總督的直屬部下。

這有利於曾國藩由四省收入直接汲取軍需，不須經戶部與兵部的節制，巡撫也不能掣肘，這樣的效率讓他對付起太平天國可說如虎添翼，慈禧給了他這麼大的方便，也是他後來畢生效忠慈禧的原因之一，但是這個一時方便卻對清朝的地方體制產生了永久性的改變。

各省原本應該上繳給戶部的稅款，現在直接供應地方軍需，雖然一開始也是為了效率，避免稅款上繳又撥款的重複手續，但是這也開啟了地方截留稅款

83《江西牙厘請照舊經收折》。

的惡例，最初這個現象只出現在慈禧「封」給曾國藩的四省，但太平天國發動西征、北伐，使得戰火延燒，受到波及的各省，總督與巡撫徵兵集餉時有樣學樣，把原本應該上繳戶部的各種規費收入與稅款「紛紛奏留，供本省軍需」，清朝的財政原本就很「隨便」——若以現代政府的財政觀點來看——常常有什麼需求就從有餘的地方直接平行調動而不是經中央統籌再分配，在「留供軍需」的藉口下，就更是任總督隨意調配了，後來如直隸總督李鴻章與袁世凱在發展北洋海軍、陸軍、洋務，甚至是實業時，也是帳目不分，把地方收入、實業收入與軍事預算混在一起，自行調配。

原本應該是戶部耳目的布政使，現在成了總督與巡撫的自己人，戶部與布政使的關係反而越來越疏遠，於是「戶部之權日輕，疆臣之權日重」，各省督撫控制了各省財政收入，相對的，中央對地方財政的控制能力越來越弱。

康熙的以滿制漢策略也被現實的需求打破，在太平天國引發天下大亂的時候，缺乏軍事經驗的官員根本無力擔任地方首長，於是各地總督大量依賴湘軍出身或與湘軍系統關係密切的人馬，而他們都是漢人，在康熙時曾經所有總督全數為滿人，在同治以後，漢人擔任總督者大量增加。

這些現象都使得清朝中央的兵權、政權、財權逐漸下移，這個情況，許多學者稱之為「督撫專政」，在太平天國平定後，慈禧卻沒有著手把這些權力收回來，甚至在新政的過程中還賦予各省更大的權力，如興辦實業，訓練新軍等，一方面是她藝高人膽大，總是大膽放權，然後再讓權臣相互制衡，一方面是她執政違反祖制，需以此獲得疆臣支持，四十七年下來，有如高空走鋼索，但慈禧卻自信游刃有餘。

然而地方自主權提升的趨勢，發展到八國聯軍時，已經演變為地方敢向中央公開抗命。當時以三大疆臣：兩江總督劉坤一、湖廣總督張之洞、兩廣總督李鴻章為首，閩浙總督許應騤、山東巡撫袁世凱、浙江巡撫劉樹棠、安徽巡撫王之春、廣東巡撫德壽，全數加入「東南互保」的行列，四川總督奎俊與陝西巡撫端方雖然沒有直接加入，卻也支持「東南互保」，事後慈禧對所有抗命的總督與巡撫卻不敢加以懲罰，地方儼然與中央分庭抗禮。

李鴻章、張之洞、劉坤一，這三人的經歷、能力、人脈與聲望，的確都有獨霸一方的實力，慈禧在天命盡失之餘還想繼續統治的確要看他們的臉色，但是三人分別於一九〇一年、一九〇九年與一九〇二年去世，在他們之後可說已經沒有這樣名震天下的疆臣——唯一可相比擬的袁世凱以「足疾」退隱——但是「東南互保」的例子一開，即使當事人已經不在，地方人士卻都記得可以不理會中央，自行其是的這個前例，於是武昌起義的槍聲一響，各省士紳紛紛鼓動總督、巡撫也宣告獨立，許多學者認為，這正是長期「督撫專政」的結果。

「督撫專政」的局面是曾國藩開創出來的；而湘軍之中誕生淮軍，淮軍的灰燼中生出袁世凱的大北洋，始作俑者也是他。曾國藩一手開創「同光中興」，卻也同時種下了滿清滅亡的禍因。民國以後，各省動輒截留稅款，或宣布獨立，終於演變成軍閥割據，也是源於同樣的原因，許多學者認為曾國藩可說是軍閥們的老祖宗。

不過事事都怪曾國藩也不盡公平，滿清的最後一段日子裡，「督撫專政」的情勢惡化，有一大部分還是清廷自己的責任。

正當袁世凱在直隸編練北洋常備軍的時候，先前曾練出自強軍的張之洞，時任湖廣總督，他也「輸人不輸陣」在湖北訓練新軍七千人。

張之洞也要練新軍，自然有與袁世凱互別苗頭的意味在，清廷也樂見這樣的互相制衡，一九○二年，清廷更推廣北洋與湖北練新軍經驗到其他各省，其

「陽謀」也顯而易見：如果各省都練成了新軍，就可以制衡北洋陸軍。清廷讓北方的河南、山東、山西各省學習北洋，南方的江蘇、安徽、江西、湖南各省則學習湖北，自此新軍有了南北之分，雖然隔年袁世凱奏請設立練兵處統籌全國練兵事宜，試圖以北洋標準「統一」全國的新軍，但是新軍的編練方式還是參差不齊，南北之分仍在，而除了北洋與湖北以外的新軍，戰力也仍然遠遠不及前二者。

學者認為，在辛亥革命前夕，所有新式陸軍之中，戰力一流的，是北洋陸軍的二、三、四、六鎮；第二流的部隊，則有來自「京旗常備軍」的第一鎮、來自山東舊軍的第五鎮、從北洋六鎮中分別抽出兵力混編而成第二十鎮，以及湖北新軍的第八鎮。其他新軍都是三流以下的部隊。[84]

在新軍以外，清廷也將所有舊式部隊，包括綠營、防軍、練軍、勇營等改編為巡防營，同樣使用新式武器與西式教範，作為地方警戒隊伍，也就是說只相當於現在中華人民共和國的「武警」。

清廷為了稀釋袁世凱北洋陸軍的影響力，在各地督撫手中，給他們塞進了新軍與巡防營，結果是提升了地方軍權，地方獨立的傾向更是加劇，到頭來這

[84] 劉鳳瀚：《論新軍與辛亥革命》。

些戰力可疑的新軍沒有發揮防堵袁世凱的作用，反而成了催化各省獨立的地方軍，當了袁世凱的踏腳石。

而北洋以外新軍之中，戰力最強的第八鎮，竟然正是武昌起義的爆發點。

這或許並不是巧合，張之洞經營湖北，總是開風氣之先，積極引進新事物，雖然他辦洋務、搞實業總是屢辦屢賠，但是他還是樂此不疲，而他身為晚清的大文學家，尤其重視教育，先後創辦兩湖書院、自強學堂、湖北武備學堂等，使湖北成為新知傳播的中心，更因此成為革命思想的溫床。

兩湖書院所培養出的唐才常，就成了一個保皇派革命份子，在八國聯軍期間，張之洞正忙著「東南互保」時，唐才常組織自立軍意圖趁亂「武裝勤王」，許多湖北新軍也參與其中，不過唐才常的行動早被張之洞發覺，自立軍起義前遭張之洞一網打盡。

張之洞與袁世凱在庚子後新政中聯名建議廢除科舉，然而他身為探花，舊習畢竟難改，在辦新軍時把新軍招募辦成了另類科舉，應徵時，招募單位還要出題考作文，一個曾在報社做過兼職記者的湖北新軍士兵胡祖舜，記載他在入伍時主考官出了一道「有勇知方論」的題目，要求當場寫三百字作文才能過關。

除了張之洞的考試癖，廢科舉本身也對新軍的讀書風氣大有助益，一九〇五年科舉完全廢除以後，以往一輩子念書只為科考的讀書人只好到處另謀出路，有辦法的就出洋留學，或放棄舊學轉往新式學堂，家境清寒的子弟無力出洋，也負擔不起從零開始學新學，「新軍科舉」就成了最佳選項，新軍正兵月餉有四兩多銀子，足以供養五、六口之家，是個「鐵飯碗」，於是只會考試的讀書人就像現在台灣許多學子考高考一樣趨之若鶩，一九〇五年，湖北黃陂的一次募兵中，入伍的九十六人就有十二個廩生、二十四個秀才。

有別於北洋的以德國為師，張之洞發展新軍偏要學習日本，也因此晉用了大批留學日本歸國的留學生，當時日本正是革命黨的大本營，受過革命思想影響的留學生大舉進入湖北新軍，雖然他們未必是革命派，卻也帶進許多革命黨的觀念。

張之洞不但「科舉取兵」，還重視「在職教育」，軍中辦起隨營學校，還在營房裡設有書報閱覽室，軍中也廣設讀書會，而這些新軍士兵就像所有年輕學生一樣，特別愛看禁書，於是軍營圖書室裡各種革命派、立憲派書刊隨處可見，連同盟會的《民報》和梁啟超的《新民叢報》都可以看到，簡直成了變相宣傳革命思想的場所。

湖北新軍在管理上也相當開明，前面提到的胡祖舜後來在軍中當伍長，有一晚酒後興起，竟然把辮子給剪了，這可是要殺頭的，回營之後酒醒了，他嚇得冷汗直流，趕緊寫了篇文章，從衛生的觀點和軍人作戰的角度，剖析剪辮子對軍事上的益處，還把文章投稿刊登在報紙上，長官看見報紙文章，竟然就不追究剪辮的事了。過了幾天，另一個士兵有樣學樣也剪了辮子，卻被長官訓斥：人家剪辮子有理由、有意義，你剪又有什麼道理？

這樣大量聚集年輕文人，風氣又自由開放的環境，簡直就是革命黨發展的溫床，文學會與共進會能在湖北新軍中發展並非偶然，傳說當瑞澂接替張之洞出任湖廣總督時，一上任就找來第八鎮統制張彪，問他湖北新軍裡頭到底有多少革命黨，張彪竟認為有三分之一。後來武昌起義中，起義部隊兩千人，未起義部隊則有超過一萬人，但是先前端方帶走的第十六協後來也起義殺死了端方，所以三分之一的估算或許並不誇張。

有人說，或許張之洞要對滿清的滅亡負一部分責任，他在人生的最後做了三件事促成滿清滅亡：一是練湖北新軍，成為革命溫床；二是保住袁世凱一命，讓他有機會日後重出江湖；三是他自己卻在一九〇九年的關鍵時刻死了，如果老成的張之洞還在，或許就不會有「皇族內閣」，而武昌起義也難以成功，甚至根本不會發生。

慈禧接手滿清政權的時候，滿清正被民變與外敵兩面夾攻，最後，滿清卻沒有滅亡在民變手上，也沒有滅亡在外敵手上，而是滅亡在自己培植出來的軍隊手上。

至此，我們終於拼上了最後一塊拼圖，「滿清是怎麼滅亡的？」這個問題，也圓滿的回答了。

# 同場加映

# 清末民初的革命烈士們

說滿清走向滅亡的圖像中，革命黨的身影少之又少，很多朋友可能會反駁：就算各省響應的過程中，直接與革命黨有關的並不多，但新軍不就是因為平時革命黨的宣傳，有了革命思想，才容易倒戈的嗎？

關於這個問題，或許孫文一九〇七年「鎮南關起義」的過程，可以給我們一些提示。

鎮南關位於廣西省西南部，是由越南北部通往廣西重要關隘，清法戰爭前後，廣西龍州提督蘇元春修建了鎮南關一帶的砲台，裝備德國克虜伯大砲一百三十門，這幾座所謂的鎮南關砲台，在清法戰爭結束後，因為與越南不再有衝突，又地處偏遠，不受地方重視，到了一九〇七年，多數已經荒廢，平時甚至沒有派兵防守。

孫文原本計畫由王和順率領這次起義，但王和順卻臨陣「搞失蹤」，只好改命黃明堂指揮，黃明堂在越南招集了一百多個亡命之徒，從背後爬上鎮南關砲台，上頭根本沒有清兵，就這樣成功的佔領了砲台。

孫文大喜過望，與黃興、胡漢民、日本人池亨吉、還有一個法國退役炮兵上尉，在第二天晚上從越南那一面登上了鎮南關要塞，[1]大行犒賞。

[1] 孫文稱：「余自乙未廣州起義失敗以來，歷十有四年，至是始得履故國之土地，與革命將士宣力行陣間。」

但是據胡漢民事後回憶，隨行的法國炮兵上尉卻發現鎮南、鎮中、鎮北三處砲台上，因為疏於保養，竟然只有一門大砲可用，而且砲台是為清法戰爭而建，原本是設計來抵擋可能自越南方向來的法軍入侵，因此大砲的砲口都指向越南方向，孫文手下只有一批亡命之徒，不會修大砲，也不可能把大砲轉向，所以大砲完全無用武之地。

由於鎮南關根本沒有清兵駐守，孫文佔領砲台，竟然沒人曉得，直到三天以後，由洋人管理的龍州海關發現鎮南關上插著青天白日旗幟，通報北京軍機處，由軍機處轉告巡撫張鳴歧，這才曉得鎮南關失守。

張鳴歧得到消息以後，先派遣陸榮廷率一個營的新軍前來——這位陸榮廷，後來是鼎鼎有名的桂系軍閥首領——他來到鎮南關後，竟然不是先開打，而是寫了一封價目表，表示可以被收買，向孫文開價：頭款每人三十元，尾款再給一百元。可惜孫文手上沒有那麼多現金，討價還價間，陸榮廷的上司龍濟光率領整個混成協趕到，孫文很乾脆的往越南的方向溜走了。

事後巡撫張鳴歧和龍濟光、陸榮廷等人，為了向朝廷邀功，竟然謊稱說亂黨有數千餘人「大舉來犯」，新軍開砲猛轟，與佔據砲台的亂黨「血戰七晝夜」、「斃敵無算」，還繳獲槍械六、七十枝，奪回了砲台[2]。而孫文這邊，也依樣畫葫蘆，寫成是革命軍用砲台上的「巨砲」轟擊清軍，孫文還親手開砲[3]——實際上砲根本不能用——迫使清軍「請降」，而革命軍竟然「不准」，後來一樣是堅守砲台「血戰七晝夜」，打死了清兵數百人，革命軍卻只傷亡兩人，最後安然撤退。在兩方各自加油添醋下，故事竟然還對得起來。

在整起鬧劇中，陸榮廷的新軍公然表示可以被收買，這並非偶發事件，後來安徽巡撫朱家寶在辛亥年也發給起義新軍每個人六塊大洋，就讓他們繳械，在民國後這些新軍「有奶便是娘」的情況更變本加厲，任誰都可以收買，成為民初軍閥割據的主要動力。

也就是說，大多數新軍的倒戈並非出自於革命思想，而是金錢就可以運動，或見有機可乘，從日後新軍成為軍閥武力的表現來看，也看不出他們有什麼革命思想可言，因此新軍容易倒戈，來自於他們原本對誰都沒有忠誠心，很難說全是因為革命黨人的宣傳成功。

那麼革命黨人忙碌了這十幾年，到底都成就了些什麼？產生了這麼多的「先烈」、「烈士」又是如何犧牲的？

[2]〈十一月初九日粵督張人駿、桂撫張鳴岐奏報克復鎮南關電〉，收錄於馮自由《革命逸史》〈丁未廣西鎮南關革命軍實錄〉。

[3]孫文曾吹噓在鎮南關上親手開砲：「反對清政府二十余年，此日始得親發炮擊清軍耳！」出自《國父全集》。

歷史小知識

## 倒戈的年代

民國後新軍叛變如家常便飯，最具代表性的是在「護法戰爭」過程中，不但陸榮廷等軍閥領袖隨著利益所趨隨時改換立場陣營，在他們隨著戰事擴張領域的過程中，各地新軍也就直接被他們收編，使得滇、桂軍閥勢力迅速膨脹，然而，當情勢逆轉時，新軍又紛紛脫離，在一九二一年的第二次粵桂戰爭中，桂軍的劉震寰首先倒戈，稍後連桂軍主帥沈鴻英都叛離陸榮廷，各地桂軍紛紛脫離陸榮廷的指揮謀求自保，導致陸榮廷的舊桂系迅速瓦解。

隔年孫文委任劉震寰討伐陳炯明，同年雲南將領楊希閔因跟隨顧品珍與唐繼堯奪權失利而投奔孫文，孫文命孫科由澳門撥款十五萬元作為軍餉，讓他加入討伐陳炯明的行列，但孫文去世後，劉震寰、楊希閔兩人馬上邀請楊希閔過去的仇人唐繼堯，以及段祺瑞、陳炯明的代表和陳廉伯，擁戴唐繼堯為大元帥，企圖接管廣東革命政府。

舊桂系的瓦解使李宗仁有機會另立新桂系與陸榮廷的舊桂系對抗，當舊桂系日薄西山，官士兵也一樣見風轉舵直接投奔新桂系，使得李宗仁得以四年內就統一廣西並接收原來舊桂系兵力；但李宗仁麾下的李明瑞也有樣學樣，在蔣桂戰爭中臨陣倒戈投向蔣介石，日後又叛蔣投共。

北洋系部隊也一樣淪落到可金錢收買，如本為袁世凱親信的唐天喜，受三十萬大洋收買就叛變倒袁；原為直系的馮玉祥在第二次直奉戰爭中收受張學良五十萬銀元賄賂倒戈，人稱「倒戈將軍」，但他自己也一樣被部下倒戈，如石友三（出身第新軍三鎮）、韓復榘（出身新軍第二十鎮）；連民國後才出現的國民革命軍與空軍也一樣承襲如此惡習，余漢謀與黃光銳本為陳濟棠麾下重要的陸、空軍將領，卻被蔣介石重金收買倒戈挺蔣，使得陳濟棠只能放棄廣東出走香港。

在這一章，我們就來對清末民初的革命志士們的生平，做一番巡禮。

## 孫文的犧牲品

要說到革命「先烈」，當然不能不從孫文的革命活動談起，雖然孫文的革命成果值得商榷，不過以時間上來說，他的確是「革命的先行者」，是清末最早一批革命的人，這倒是無庸置疑。

孫文革命的過程中，經常公私帳不分，遭人指控侵吞公款[4]，這也就算了，最起碼他拿進口袋的錢倒是真的都掏出來做「建國基金」，投入革命活動中花掉了，但最令人髮指的一點，是孫文的辦事無能害死了非常多知識份子。

在現在，隨便一個招牌掉下來都可能砸傷一個大學生，所以我們可能覺得知識份子沒什麼了不起，但是回到清末，那是一個絕大多數人都是文盲的時代，而中國要進行現代化，無論是從最基本的加減乘除，到引進新技術，無一不需要識字的知識份子，其中曾經留學、通外文的，如林覺民等人更是寶貴，可說是國家最重要的戰略資源，這些人竟然被拿去當砲灰，可說是孫文對革命做出最大的「負貢獻」。

4 如一九〇七年，當時日本外務省以資助孫文「走路費」七千日圓換取孫文離開日本，另一方面，東京證券商鈴木久五郎也慨然捐贈一萬日圓，孫文得到總共一萬七千日圓「遣送費」，辦惜別會花去其中一千日圓後，只拿出二千日圓作為《民報》資金，剩下一萬四千日圓全部納入私人口袋。日本同盟會會員北一輝、平山周等人知道此事後告知同盟會本部報告，章太炎聞訊大怒，導致光復會退出同盟會，而陶成章更激進的主張要將孫文趕出同盟會，並於一九〇九年寫下《孫文罪狀》三種十四項，印發《南京革命黨人宣布孫文罪狀傳單》在日本以及南洋等地散發。

要談這些「烈士」，自然得從第一個「犧牲者」陸皓東說起。

陸皓東是孫文的「青梅竹馬」——這可不是要說笑，孫文真的稱他們兩人是「竹馬之友」——陸皓東比孫文小兩歲，兩人從小就玩在一起，形影不離，直到一八七八年，孫文赴夏威夷檀香山讀書，兩人才分開，五年後，孫文重返故鄉，兩人久別重逢以後，感情不但沒有生疏，還變得更如膠似漆，正如孫文所說的：「重聚後，契洽愈恒」，孫文從夏威夷帶回來的西方思想與見聞讓陸皓東十分嚮往，還在孫文的影響下信了基督教。

接下來，一個十七歲，一個十五歲，兩個「憤青」就開始了他們生平第一次的「革命」行動，那並不是要打倒滿清，而是要「破除偶像迷信」。

基督教信仰禁止崇拜偶像——並不是指偶像明星，而是指各種有形的神像——這兩個剛信了教的小毛頭，認為偶像崇拜是阻礙社會進步的禍患之源，稱廟宇為「淫祀」，發誓要從自己的故鄉開始清除這些偶像崇拜，做法是……當他們看到有家鄉的人到廟裡拜拜時，就去糾纏他們，叫他們應該「離棄偶像」。

想當然，這種「白目」的行為誰會理他們，但他們覺得鄉民都不理會他們的正道，認為只有激烈的行動才能有效果，所以……

這一天，孫文帶著陸皓東，兩個人一起殺到翠亨村的宗教中心北帝廟，當著鄉親父老們的面前，爬上神壇，抓著北帝神像的手指，「啪」的一聲折斷！

正當所有鄉親父老對這種「大逆不道」的行為大驚失色，孫文狂妄的發表了他的宣言：「你們看，我把神像的手指折斷，它還一樣在笑，這種神連自己都保護不了，別說保護我們村子了！」——這個嘛，人家神明肚量大「唾面自乾」不行嗎？

說完，孫文又攻向旁邊的金花夫人神像，把神像的臉部刮破，拔掉了一邊耳朵，當神像的耳朵墜落地面，鄉民們也抓狂了，把這兩個「猴死囝仔」抓起來海扁一頓，當然少不了開鄉民大會，把兩家家長叫來罵到臭頭，於是孫文害得陸皓東一起在家鄉待不下去，兩個人只好離開翠亨村，到香港去了，這是一八八三年的事。

歷史小知識
## 「忘恩負義」的孫文

北帝即台灣民間也普遍信仰的玄天上帝，翠亨村的北帝廟名為「北極殿」（吳相湘《孫逸仙先生傳》中誤記為「極北殿」），現由孫中山故居紀念館所收藏的「三修翠亨村祖廟碑記」的石碑原本就存於北極殿內，一九七〇年前後北極殿遭拆除，僅存遺址。

有趣的是，孫文出生時，父兄為他取乳名叫「帝象」，正是要祈求玄天上帝保佑這個小孩能平安成長（他的次兄與大姐早殤），讓孫文拜玄天上帝為義父之意，孫文同鄉中許多人的名字中都有「帝」，孫文私塾老師的名字叫鄭帝根，同學中有楊帝賀、楊帝鏡，也是同一原因。沒想到孫文果真平安長大後，竟然「恩將仇報」。

孫文與陸皓東大鬧北帝廟的事蹟記載來源相當豐富，此處為統整版本。

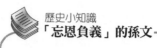

信不信別人的信仰是一回事，基督教禁絕偶像崇拜是一回事，但是如果今天有人跑到大甲鎮瀾宮去把媽祖神像折斷，或是到行天宮把關羽神像的耳朵拔掉，我想全台灣絕大多數人絕對不會說那是「革命」，而是「腦袋有洞」、「社會病了」、「歹年冬多瘋子」吧？

陸皓東在香港進入西式學校就讀，十九歲時，再赴上海電報學堂讀書，二十二歲時畢業回到廣東，與黎小卿結婚，次年（一八九一年）再赴上海，進入電報局工作，因為表現優異，很快就升職為領班……真是個有為青年，如果不是被孫文連累，日後不曉得能帶來多少貢獻呢？

但之後的事大家都很清楚，陸皓東在孫文第一次流產革命中，為了銷毀名冊以掩護同志而被捕遭處決，死時僅二十七歲，留下可憐的妻子——〈與妻訣別書〉之中的意映小姐並不是第一個被孫文害慘的可憐女性。

孫文害死了最好的朋友，心痛不已，稱他為「中國有史以來為共和革命犧牲者之第一人」、「死節之烈，浩氣英風，實足為後死者之模範。」

陸皓東這樣的知識份子，雖然年輕時被孫文帶壞去做過一些腦袋有洞的事，平心而論，值得敬佩的成份還是比較多的，但是「為後死者之模範」可就糟糕了，在此先從孫文的第一次革命，跳到孫文的最後一次革命，即辛亥年的黃花崗起義。

孫文的一廂情願式計畫固然是屢次革命失敗的主因，但是這次失敗的原因之一，還要歸咎於一個腦袋發熱的同盟會員溫生才，話說黃花崗起義在即，溫生才不知是不曉得革命計畫，還是腦袋燒壞，竟然於一九一一年四月八日埋伏在茶館，準備暗殺廣東艦隊的水師提督李准……這個李准在清末民初為國貢獻不少，幸好沒被殺死。

溫生才暗殺的辦法是，趁官員的儀仗隊伍靠近，拿手槍對官員胡亂開槍，結果沒打死李准，倒誤殺了廣州將軍孚琦，之後溫生才被捕處決，他自己死了也就算了，這起案件導致廣州戒嚴，整個黃花崗起義的計畫也被迫延後。

這個溫生才，後來還被「封」為「紅花崗四烈士」之一……真是「有這種朋友，誰還需要敵人」。

回到黃花崗起義，話說原來孫文的計畫是，以廣州新軍為主力——但實際情況是新軍沒有響應——另派五百個革命黨員組成「選鋒」，兵分十路，首先佔領廣州。然後由黃興率領一軍入湖南，趙聲率領一軍出江西。譚人鳳、焦達峰在長江流域舉兵響應，會師南京後再揮師北伐，推翻滿清。

只能說，這個計畫真是……想得美。

提到這些「選鋒」成員，就讓人心痛了，因為他們就是林覺民一類的知識份子，他們的最大作用是拿筆，不是拿槍，卻被孫文拿來當砲灰，在黃花崗之役犧牲慘重，令人痛惜，但是他們在戰鬥中的表現，也是讓人很無言。

回到起義現場，話說計畫到了黃興手上，總是會被改得比較可行，本來兵分十路，改為兵分四路，但即使如此，仍然發生沒有統一指揮，各自為政、一敗塗地的結果。

四路之中，姚雨平一路沒有槍械根本無法出發，另外兩路最後也沒有會合，搞到最後，整晚只有黃興一路一百二十人真的有在作戰，基本上只能算是一起自殺式恐怖行動。

在作戰過程中，書生們的書呆氣有時讓人不知該說什麼。有一名志士在路邊遇到一個和家人走散的小女孩，志士看到她被混戰場面嚇得動彈不得，好心之下，竟然忘了身處戰鬥之中，抱著她脫離戰線，沿街敲門拜託人家收留小女孩，但是外面正打得如火如荼，誰敢開門？志士連續吃了好幾家閉門羹以後，終於發火了，他威脅說不開門就丟炸彈，終於逼迫一家人收容了小女孩。

而當天晚上，有個倒楣的中學老師與親戚一起出門，真是找錯天出門，一上街就碰上革命黨，這群志士竟然要求他們從一數到十，以確認他們是漢人不是滿人——這群傢伙是排滿言論聽多了，以為滿人蠢到連數數都不會啊？

志士確認了他們是漢人以後，就說：「我們衝鋒陷陣、九死一生，是為同胞們謀幸福，這也是你們應有之義務，不可膽小如鼠、坐享其利。」強迫兩個人一起跟著「起義」，好在他們聰明，趁著混戰趕緊溜走了。

這兩個起義小花絮就先不論，回到黃興的行動。

話說黃興一馬當先，手持槍械炸藥，擋者即殺——幾個倒楣剛好在路上的警察死於非命——直攻兩廣督署，殺到門口，黃興大喊：「我們都是中國人，要為中國人吐氣！贊成的請舉手！」[5]

當然沒人舉手，只有人舉槍打他，黃興擊潰督署衛隊，才發現總督早就轉移陣地了，於是放火後從東門殺出，一頭撞上趕來平亂的李准親兵，這時這群傢伙明明有了一次經驗，卻還是沒搞清楚狀況，林時爽又對著對方高呼：「我等皆漢人，當同心戮力，恢復漢疆！不要打！不要打！」

沒人理他，於是林時爽登時被擊斃，這位林時爽「烈士」先前擔任《民報》經理，竟也被派上戰場當個炸彈客，結果因為天真而死，死得真是有夠不值。同時黃興右手中彈，打傷二指，之後截肢。

黃興不顧人員已經很少，竟然決定再兵分三路，派一路去跟新軍接應……但沒有作用；一路攻督練公所……之後這路革命志士被包圍，突圍時多人被捕；黃興自己則率領十人，去和巡防營接應，結果真碰上巡防營時，黃興卻

5 出自《北洋軍閥史話》，《北洋軍閥史話》原為陶菊隱所著，後來丁中江幾乎「全文引用」，但加入國民黨黨史會資料於其中，此處參考丁中江版本。

下令攻擊對方，自相混戰，十個人死的死，逃的逃，黃興打到身邊剩下自己一人，於是只能躲到民宅中，變裝溜走了，當趙聲與胡漢民抵達時，黃興已經敗逃，只好不戰而走。

至此，整個「起義」毫無意義的失敗了。

能說什麼呢？只能說「書生造反」，果然難以成事。

林覺民被捕之後，在審訊過程中，他侃侃而談世界大勢、中國前途，連審問他的張鳴岐與李准都不禁動容了，命令左右解開林覺民的手鐐腳銬，給他紙筆，林覺民揮筆就是洋洋灑灑數千字，像這樣的人才，如果不是被孫文拿去當砲灰，該有多好？以下列舉幾位黃花崗「烈士」的學經歷。

林覺民，日本慶應大學。

方聲洞，日本千葉醫學院。

喻培倫，日本千葉醫學院。

陳與燊，日本早稻田大學。

林時爽，日本成城學校軍事科，後改入法科，《民報》經理。

李文甫，香港中國日報經理。

勞培，星洲晨報記者。

在清末民初的變動時代之中，這些都是可以為國家帶來很多可能性的高知識份子，他們應該用在計畫、規劃、宣揚新思想、引進新技術上，卻被拿去自殺式攻擊，死得毫無意義，換來孫文一句：「吾黨菁華，付之一炬，其損失可謂大矣。」[6]

除了八十六名「烈士」以外，革命黨之中少數新軍標統出身的趙聲，在事後，也因為起義的失敗，憂憤成疾而去世了。

不過孫文很擅長往自己臉上貼金，他認為這次愚蠢的失敗還是有「精神上的勝利」，因為：「然是役也，碧血橫飛，浩氣四塞，草木為之含悲，風雲因而變色，全國久蟄之人心，乃大興奮，怨憤所積，如怒濤排壑，不可遏抑，不半載而武昌之大革命以成，則斯役之價值，直可驚天地、泣鬼神，與武昌革命之役並壽。」[7]

孫文說：這些犧牲促成了武昌起義，所以是跟武昌一樣有價值的！

[6] 孫文：《黃花崗烈士事略序》。

[7] 孫文：《黃花崗烈士事略序》。

是嗎？

「草木為之含悲」可能有之，但「人心乃大興奮」，真是胡謅一通，前面提到趙聲因為對革命悲觀憂憤成疾去世，除了他以外，黃興也心灰意冷，覺得大勢已去，想改當自殺炸彈客一死了之，連胡漢民都避門不出，這是孫文手下高層們的景象，一點都看不出有什麼大興奮。

而孫文自己溜回美國，面臨的是一堆華僑跟他討債，因為他先前發行「革命股券」，又讓致公堂抵押會所，才籌到黃花崗起義的款項，現在全賠光了，於是他只能一邊躲債，一邊想辦法重新籌款，如果沒有剛好有別的事發生，他的革命事業就此完蛋。

這些「別的事」就是不見於課本的「橡皮泡沫」，與被課本輕輕一筆帶過的「保路運動」和「皇族內閣」，這三件事才真的是讓全中國「怨憤所積，如怒濤排壑，不可遏抑」最後推翻滿清的關鍵。

有許多人認為：「黃花崗拿一百二十人打兩萬人，雖然乍看很『腦殘』，但知識份子的犧牲鼓動了全國人心。」聽起來好像有道理，可以聲援孫文的說法，但事實上呢？

後來武昌起義，黃興趕往武昌協助黎元洪，擔任戰時總司令，他在都督府前廣場向湖北陸軍第三中學，和南京陸軍第四中學的學生演講，聽講的軍校學生總共約四百人，黃興講完後舉手敬禮，現場所有人都很疑惑為什麼他只有三根手指。[8]

黃興正是在黃花崗之役中被槍擊中右手兩指，之後在香港手術截肢。這群聽講者可是知識青年，卻連黃興少了手指都不曉得，更別說一般人了，也別說黃花崗對他們有何影響力——他們根本不知情。

各位請記得當年沒有CNN，更沒有電視，也沒有網路，甚至連全國性的報紙都沒有，就算有報紙，也只是革命黨辦的才會報導，更別忘了當年全中國絕大多數人是文盲。孫文所寫的全國「風雲因而變色」，純屬自我安慰而已。

## 「出包」烈士與女俠

在清末，很多革命派的知識份子親身投入革命，結果形同「搞笑」，或是發生「負貢獻」的，並不只有孫文一個。

就先從孫文的老戰友黃興說起，黃興參與革命是受到一九〇四年日俄戰爭

[8] 周武：《陸軍第三中學參加武昌起義經過》。

的刺激。日俄戰爭的陸上戰場是滿清的龍興之地東北，但是可憐的滿清卻被迫宣布中立，甚至還得為日本跟帝俄專門劃出一塊交戰區，整場戰爭中大量東北地區人民遇難，滿清可說窩囊到極點。

黃興當時參與了「拒俄義勇隊」，遭取締之後，回國成立華興會，聯合哥老會頭頭馬福益準備發動起義。這個馬福益之所以響應起義，卻是因為聽說有條鐵路計畫剛好要開進他的老巢，害怕事成之後清軍可以長驅直入消滅他的勢力，乾脆先行造反。

但是明明要起義了，華興會裡頭的志士竟然還在沿街發送《揚州十日記》、《嘉定三屠》和陳天華的《猛回頭》等宣傳刊物，結果被清廷破獲，這次革命與孫文的第一次革命一樣，動都沒動就流產，黃興僥倖脫身，日後流亡日本，但馬福益則被清廷捕獲處決，成了黃興的第一個「犧牲者」。

一九〇六年，長江發生嚴重水患，水災範圍遍及江西省南部、湖北省西部、湖南省北部、四川東南部等地，災區立刻陷於饑荒，官僚和地方豪紳乘機哄抬米價，導致怨聲載道。

當時湖南與江西省交界，原本就是流民、會黨眾多的地區，會黨多為社會底層的邊緣人士加入，所以流民多的地方往往會黨人數也多，在民不聊生的情況下，會黨蜂起造反，革命黨人趁機利用。

蔡紹南、劉道一利用之前華興會策動起義的基礎，協助組成了洪江會。以湖南的瀏陽、醴陵，和江西的萍鄉，三處為基地，糾集會黨，萍鄉方面則以煤礦工人為主力，總數約三萬人。

但是這些會黨基本上就是黑道幫派，混合了大量流民，各立山頭，根本無法統一行動，連旗號都無法一致，實在無法說是革命，只能說是聚眾暴動……像這樣數萬人規模的暴動，現在的中國一年就發生好幾起，只是被「和諧」處理，如果都算革命的話，那可不曉得革命到第幾百次了。

洪江會頭目廖叔保首先聚眾數千人，自行發動起義，他既然先發難，其他各地會黨首領也只好起而「響應」，但是每個都「自立為王」，龔春台起事之後號稱「中華國民軍南軍先鋒隊」，自封都督，檄文中宣稱要建立「共和民國」；瀏陽的會黨頭頭姜守旦卻號稱「新中華大帝國南部起義恢復軍」，並且「留出皇帝位置，以待大有為之人」，整個組織亂七八糟，形同兒戲。

上層亂來也就算了，這些聚眾暴動毫無軍事組織，也沒有像樣的武器，和清軍交戰時，一手揮舞鋼刀，另一手拿著鍋蓋當盾牌，簡直就是義和團，一碰到以火槍為主力的滿清正規軍，被打得抱頭鼠竄，姜守旦率一萬多人進攻瀏陽縣城，清軍才不到兩個營，就輕鬆把他們擊潰。[9]

於是，這場史稱「萍瀏醴起義」的亂事輕易的被平定了，劉道一在由衡陽返長沙途中被捕，遭處決，時年二十二歲，又另外連累了湖北的日知會也被抄滅。

華興會在跟孫文比「出包」，而光復會也沒好到哪去，而這次的「出包」主角和「出包」女王就是「烈士」徐錫麟和「鑒湖女俠」秋瑾。

徐錫麟於一九〇四年在上海加入光復會，一九〇五年，在徐錫麟與陶成章等人在浙江紹興的大通師範學堂創辦「體育會」，這個體育會並不是練體能或體操，基本上是訓練民兵組織，和團練的性質類似，會員在學堂裡頭練習使用槍枝，並上山打靶，名義上說要習武強國，其實是計畫蓄積革命武力。

一九〇六年，徐錫麟捐官買得一個道台的職位，他的親戚湖南巡撫俞廉三，將他推薦給門生安徽巡撫恩銘，恩銘對徐錫麟的才幹大為讚賞，對他推心置腹，讓他任職武備學校副總辦、警察處會辦，隔年改名為陸軍小學監督、巡

9 記載這場起義的資料相當多，較完整的為馮自由《革命逸史》中有專章〈丙午萍瀏醴革命軍實錄〉。此處為統整版本。

警學堂監督。當時有人密告恩銘說徐錫麟是革命黨，恩銘一笑置之，還告訴徐錫麟說有人說他是革命黨，要他「好自為之」小心一點。[10]

這個恩銘是清末滿人之中少數的開明人士，也是清末除了袁世凱以外罕有的近代化推動人才，他大力推行新政，並大膽採用嚴復等人，恩銘也與袁世凱相同，最重視教育，創立安徽陸軍測繪學堂、安徽講武堂、安徽綠營警察學堂，安徽將校研究所，在軍事方面，則導入西式軍事訓練於辦馬隊弁目、炮隊弁目、步兵弁目、工輜弁目等。

像這樣一個清末中國罕有的人才，又是提拔徐錫麟的恩人，徐錫麟卻腦袋發熱想要幹掉他，實在不曉得該說什麼。總之，徐錫麟與一九〇五年由他介紹入光復會的秋瑾共謀，秘密籌備「安慶起義」，秋瑾則準備「金華起義」與之呼應。

革命黨的通病是勾結會黨人士，想想一個學校整天有黑道來來去去，會變成怎樣？想當然，大通學堂成了當地人眼中的強盜學校[11]，學生械鬥不止，在學校裡殺不夠，還上街亮刀子，成天鬧事，這已經夠「不低調」了，但他們的校長還更引人注目。

[10] 出自《新案紀略》上卷，恩銘聽到有人告密後，居然不信，對徐錫麟說：「人言汝為革命黨，汝其好自為之。」

[11] 馮自由《革命逸史》〈浙江志士與革命運動〉中記載光復會：「……召各縣會黨頭目，入校練習兵操……金華處州紹興三府之會黨頭目，多負笈來學……瑾則果斷有為，不獨多招會黨六百餘人來習兵操，且令女學生亦受軍事教育……」〈光復會〉則記載大通學堂：「學生……竟至執刀械鬥。繼乃持刀出校橫行街市，各自尋仇鬥毆，官紳學生咸莫敢過問……外人咸目之曰強盜學堂。」

這個校長就是秋瑾，她本來與徐錫麟創辦明道女子學堂，不久之後接手主持大通學堂，她一邊在和徐錫麟準備「安慶起義」，一邊保持她特立獨行的形象，公然穿著西裝走來走去，出門騎馬又佩刀，作男子打扮[12]，以現在的女權觀點來說是沒什麼不對，但是回到風氣保守的清末，這種行動就算不是「傷風敗俗」也是絕對十分引人側目，如果她只是和平提倡女權，那也倒還算是有宣傳作用，偏偏一邊還要搞革命這種殺頭行動，簡直是「找死」。

果然，秋瑾與會黨頭目組織「光復軍」的時候，馬上就被地方士紳給盯上[13]，光復會的起義計畫因而瀕臨敗露，徐錫麟和秋瑾只能提早發難，但是徐錫麟任職才不到半年，根本不可能在安徽武備學校與巡警學堂發展革命組織，於是「起義」的只有三個人，本質上來說，只是一起自殺式恐怖行動。

在安徽巡警學堂畢業典禮上，徐錫麟對學生們發表了一場革命思想演說，學生們還搞不清楚是怎麼回事，徐錫麟與兩名浙江帶來的革命黨人拔槍射擊到場觀禮的恩銘，恩銘身中八槍，學生一哄而散。

由於徐錫麟有近視，只打中手腳與腰間，沒有一槍射中要害，不過稍後恩銘還是因為失血過多而身亡。

12 馮自由《革命逸史》〈光復會〉記載：「瑾亦自著男子體操軍衣，乘馬出入城中，士紳咸不悅瑾所為……瑾有衆學生後援……士紳雖不能敵，而恨益滋矣。」

13 馮自由《革命逸史》〈鑒湖女俠秋瑾〉記載：「……瑾乃添設體育會，欲令女學生皆習兵式體操……編成女國民軍，紳學兩界皆反對之，女學生亦無至者。瑾不得已乃多招金（華）、處（州）、紹（興）三府會黨頭目數十人，來習兵操……深為當地士紳所不悅。……先是紹興士紳胡道南等素不悅瑾所為，風聞瑾平日有交結平洋會黨不軌情事，遂挾嫌向（知府）福貴告密，福貴亦早有所聞……」

徐錫麟等三人持槍裹挾一群警務學堂學生前往軍械庫，但一時槍彈不能配合，警務學堂學生四散逃跑，三人就這樣被清兵包圍，一人被當場擊斃，一個逃之夭夭，徐錫麟則被捕。

浙江方面也馬上要來查抄大通學堂，追捕秋瑾，但秋瑾以「革命要流血才會成功」拒絕離開紹興，在官兵來時，站在學堂屋脊上，縣令怕射傷秋瑾，下令不許射擊女子，秋瑾於是把長袍脫下，束手就擒，受審時，口供寫下著名的詩句：「秋風秋雨愁煞人」。

徐錫麟因為殺害恩人恩銘，被認為是狼心狗肺，凌遲處死時，睾丸被砸碎，還遭剖腹挖心，心肝被恩銘的士兵分食，當時稱「吃烈士」，因為死狀太慘，又同時處死了一個「鑒湖女俠」，狗血的上海報界大肆報導——想想如果這事發生在今天，八卦報紙會給它幾個版面？——所以後來兩人在烈士界都成了赫赫有名的人物[14]。

但整個「安慶起義」，實在是……這能叫起義嗎？

14 除了當時《申報》等報紙的報導以外，後來他們的故事被魯迅作為小說《藥》的題材，也是兩人日後成名的原因。

## 志士們辦報紙

「鑒湖女俠」秋瑾曾經在上海創辦《中國女報》，才辦了兩期就收工大吉。在當年，革命黨人辦報的不少，同盟會也辦了個《民報》，接下來就來講這些志士辦報的事。

革命黨人出版刊物，往往都是「地下出版」，甚至也請不起人，結果什麼都自己來，陳獨秀在蕪湖創辦《安徽俗話報》——雖然說是報紙，但是可不是每天發報，而是一份三十二開的半月刊，每期四十頁，在農曆每月初一、十五出版——時就是如此，編輯、印刷、發行，通通都是自己一個人，連稿子都是陳獨秀自己以「三愛」為主的各個不同筆名寫的，從發行兼編輯兼作者，還要一人分飾多個作者，真的是兼了個徹底。

陳獨秀為了搞這份一人報紙，忙到連洗澡的時間都沒有，久之全身發臭不說，一邊寫稿，蝨子一邊從頭上往下掉，真是恐怖極了，最後這份報總共發行了二十二期。

但是陳獨秀不是唯一這樣做的人，當時革命黨人辦報紙，經常都是從寫稿、採訪新聞、編輯、印刷、發行單槍匹馬自己來，想也知道這樣怎麼可能有空真的出去採訪，於是往往只收集一些道聽途說就寫了上去，連道聽途說都沒有的時候，就當起了「新聞製造業」，自己編造「獨家新聞」充數。

話說台灣經常有記者到網路論壇上抄討論文章當新聞，或是乾脆「製造新聞」的事件，一百年前，這些革命黨報們可說就是他們的祖師爺了。

隨著識字率的提升，上海、北京等地報紙漸漸發達，報社才開始能賺點錢，很不幸的，革命黨人大多留日，又自命風流，於是日本那套開什麼會都要進入特種場所召妓作陪的惡習也學了個全，編輯會議都在酒家開，結果好不容易賺來的錢，全都貢獻給酒家女。

而辦報鼓吹革命當然要冒著殺頭的危險，即使是躲在上海。《蘇報》於一八九六年於上海創立，一九〇〇年，原本的創辦人無力維持，頂讓給陳範，原本陳範辦報的方向是偏向保皇、立憲，但一九〇二年以後開始傾向革命，與清廷的關係也就越來越緊張，一九〇三年六月，《蘇報》以顯著位置刊出章太炎的著名政論《康有為與覺羅君之關係》，終於激怒清廷，兩江總督魏光燾派人到上海會同租界當局查封《蘇報》，追捕相關人員，章太炎等人均被捕，在上海租界受審被判有罪，章太炎於三年後才出獄。

曾在《蘇報》撰文的吳敬恆——也就是吳稚暉，後來成了蔣經國的老師——在蘇報案發生時，決定投河自盡以示抗議，但是卻找了條小水溝來跳，而且跳下去時臉還朝上，當然沒死，這使章太炎認為他作秀過頭，大不以為然，嘲笑吳稚暉：「不投大壑而投陽溝，面目上露」，這也是糗事一樁。[15]

章太炎後來在同盟會成立後，曾擔任同盟會機關報《民報》第六期以後的主編，直到因病辭任。《民報》是為了對抗梁啟超在橫濱所辦的《新民叢報》而生的，梁啟超是保皇派的最佳筆戰戰將，一枝筆橫掃千秋，非常了得，《民報》最初撰稿人有胡漢民、汪精衛、朱執信、宋教仁，幾個聯手起來，全都被梁啟超一枝筆給打趴了[16]，梁啟超被譽為「輿論之驕子，天縱之文豪。」[17]，甚至於《新民叢報》上的文章還被稱為「新民文體」。

《新民叢報》之所以成為留學生中最受歡迎的報紙不是沒有原因的，梁啟超的學識，還勝過許多現代人，更別說是百年前，他在《新民叢報》中介紹哥白尼的地球繞日學說，與康德、伯拉圖、黑格爾的哲學思想、盧梭的政治思想，更敘述了歐洲的社會主義思潮。梁啟超的廣博知識，成了當時留學生們接觸世界新知的重要管道[18]。

15 出處：一九〇八年二月，章太炎在《民報》第十九號發表〈復吳敬恆書〉指責吳：「為蔡鈞所引渡，欲詐為自殺以就名，不投大壑而投陽溝，面目上露，猶欲以殺身成仁欺觀聽者，非足下之成事乎？」

16 一九〇七年二月，與梁啓超同為康有為弟子的徐勤向康有為報告：「東京自去年《新民叢報》與《民報》劇戰，大獲全勝。留學界中言論大變後，《中國新報》、《大同報》、《牖報》、《雲南》雜誌諸報，皆與《新民叢報》表同情，故革命黨之勢頓衰，孫文又被逐，《民報》記者又不和，政聞社遂乘時而起。」

17 民國著名的歷史學者吳其昌曾師承王國維與梁啓超，梁啓超晚年授課講學精華經常是由吳其昌整理，吳其昌並撰寫多本梁啓超小書及傳汪精衛、宋教仁都是文筆一等一的人物，加上後頭還有最擅長煽動的孫文指導，都還鬥不過梁啟超一個人，實在窩囊，可見「飲冰室主人」梁啟超實在是厲害，孫文恨得牙癢癢的，但也是佩服不已，所以後來孫文聘請梁啟超為其子孫科的啟蒙老師。

《新民叢報》初創時也是梁啟超的一人報紙，梁啟超為了填滿這份半月刊的內容，「每日屬文以五千言為率」，每天都得寫五千字，還要兼顧行政事務，而稿子的深度、遠度與文筆品質之高，實在不得不讓我們後輩文人們十分汗顏。《新民叢報》總共出了九十六期，在清廷宣布預備立憲後停刊。

《民報》為了跟這樣的強敵對抗，什麼招數都用上了，章太炎是國學大師，後來被嫌是老學究，但此時的《民報》，竟然刊登了政治漫畫，可說中文報紙政治漫畫的先河。

不過當年的政治漫畫格調只能說十分低劣，用上的都是直接的醜化手法，例如畫了三個「過去之漢奸」，分別是曾國藩、左宗棠、李鴻章，曾國藩被畫成人面蛇身，左宗棠被畫成人面獸身，李鴻章則被畫成人面魚身。又畫了三個「現在之漢奸」，分別是張之洞、岑春煊、袁世凱；張之洞頂戴花翎，腦袋卻

記，吳其昌比較梁啓超的文章與同時代的譚嗣同、章太炎、嚴復等人的作品，認為梁啓超：「以飽帶感情之筆，寫流利暢達之文，洋洋萬言，雅俗共賞。讀時則攝魂忘疲，讀竟或怒髮衝冠，或熱淚濕紙，此非阿諛，惟有梁啓超之文如此耳！……任公誠為輿論之驕子，天縱之文豪也。」與梁啓超同時代的黃遵憲也認為梁啓超的論述：「所向無前」、「力可謂雄，效可謂速」。

[18] 不僅當時的留學生，日後一整代人物都受《新民叢報》的影響，胡適、魯迅、郭沫若、王芸生、鄒韜奮、毛澤東都曾表示受到梁啓超文字洗禮。胡適在給高一涵、陶孟和的信中說：「二十五年來，只有三個雜誌可代表三個時代，可以說是創造了三個新時代：一是《時務報》；一是《新

放在胯下，岑春煊的腦袋倒放在脖子上，袁世凱的腦袋則剖成兩半。罵張之洞是「士屠」，袁世凱是「民屠」，岑春煊是「官屠」。說起來這幾個人都是中國近代化的最重要人物，結果卻最挨革命黨的罵。

不過就算加上漫畫，《民報》還是勝不了梁啟超，為了壓倒保皇論，竟然動用了暴力手段。

《民報》前幾期的主編張繼，只要保皇黨在日本演講，就帶一夥人去鬧場，他通常拿著一根粗大的棗木手杖，大喝一聲：「馬鹿野郎！」就跳上台去，對梁啟超等保皇派的演講人「當頭棒喝」，把他們打得抱頭鼠竄。

當保皇派的講者狼狽逃走以後，革命黨人居然就直接在原地，接著對台下聽眾演講，只能說真是「秀才遇到兵」。後來南洋各地的革命黨人照著張繼的榜樣，毆打在南洋各地演講的保皇黨人，於是張繼名列革命黨「四大打手」之中的第一人。

不過革命黨人辦報也不是都只能使用暴力，也有手段靈巧的一面，在辛亥革命的前夕，《大江報》就給武漢當局帶來了不小的麻煩。

民叢報》；一是《新青年》。而《民報》與《甲寅》還算不上。」其中除《新民叢報》外，梁啟超也擔任過《時務報》主筆。

歷史小知識
### 張繼的「連戰風雲」

張繼後來歷任許多職位，也參與故宮的創建，與台灣較有關的事蹟是他於二二八事變後任西京籌委會委員長，兼任國民黨華北辦事處主任，往來於洛陽、西安和北京之間，當時連震東正投靠張繼，因此連戰才會在西安出生。

張繼在晚年時仍不減「四大打手」第一人的威風，一九三五年，國民黨召開第四屆六中全會，汪精衛開幕致詞完，與眾人合影時，刺客孫鳳鳴突然衝出，向汪精衛開了三槍，現場所有人都大驚失色，唯有當時已經五十三歲的張繼，與張學良一起挺身而出，張繼死命抱住孫鳳鳴的腰間，張學良趁機將槍一腿踢掉，才保住了汪精衛的命，但九年之後，汪精衛還是因為其中一顆子彈無法取出，最後重金屬中毒而死。

《大江報》原為《大江白話報》，只是漢口的一份小報，承襲革命黨一人辦報的傳統，整個報社只有兩個人：詹大悲與何海鳴，他們兩人也是一樣從發行兼編輯兼到記者，也一樣因此經常從事「新聞製造業」。

《大江白話報》原本沒沒無聞，發展的契機是在一九一〇年底，有個黃包車夫在漢口英國租界暴斃，當地人懷疑是英國人虐待致死，聚眾抗議，租界英軍對抗議群眾開槍射擊，《大江白話報》直言報導這次事件，於是在武漢地區有了點影響力。

一九一一年，《大江白話報》改名《大江報》，適逢文學社成立，詹大悲被選為文書部長，《大江報》也就順便成為文學社的機關報。這時革命黨報紙內容，雖然還是充斥道聽途說與自己「製造」的新聞，但不再像早年那樣只會直接醜化，而是針對地方官員，以引起地方的興趣。

《大江報》抨擊新上任的川粵漢鐵路督辦端方，也批評新軍統制張彪，還攻擊過湖廣總督瑞澂，但是晚清湖北在張之洞長期經營下，言論風氣相當自由，這些清廷官員雖然不悅，卻也沒有對《大江報》採取什麼行動，這讓《大江報》漸漸得意忘形了起來。

七月初，《大江報》刊登何海鳴的時評〈亡中國者和平也〉，這已經是相當偏激的言論，到了七月底，詹大悲與一名新軍士兵黃侃飲酒作樂時，黃侃隨手寫了一篇〈大亂者，救中國之妙藥也〉，詹大悲就把它刊上報，這篇文章不到三百字，但公然鼓吹暴動造反，官府自然不會再坐視不管。八月一日，總督瑞澂認為《大江報》「宗旨不純，立意囂張」、「淆亂政體，擾害治安」，下令查禁。

詹大悲與何海鳴此時又玩起了「製造新聞」的把戲，不過這回是製造給別人刊。一聽聞禁令，詹大悲就先趕到報社，當場被捕，但他只跟警方虛與委蛇，拖延時間，卻怎麼也不告訴警方何海鳴在哪裡。

何海鳴這時正在電報局，把《大江報》被查封的消息發電報給上海報界，電報發出後，何海鳴才到警局自首投案。

上海報界得到消息後大加炒作，本來只是地方小報的《大江報》引起了全國輿論的關注。報紙上天天冷嘲熱諷，說瑞澂「別有用心」、羅織罪名。而上海報紙自然也精通「製造新聞」，自行加油添醋，報導寫得繪聲繪影，還說查抄報社的時候連報社買的一擔西瓜，也被警察給吃了，寫得好像真的到過現場一樣。

詹大悲、何海鳴兩人在法庭上更充起了英雄，理直氣壯、侃侃而談，一副烈士樣，加上報界力挺，於是就常常出現兩人當庭「大怒」，而法官則唯唯諾諾、點頭稱是如搗蒜的有趣報導。

在輿論影響下，武漢的報界和各界團體，紛紛遞交呈文，為《大江報》說情，更有不少民眾連日到報社門口憑弔，被貼上封條的報社門口，堆滿了「安慰之紙條，哭弔之短文」。

在這樣的民意壓力下，法官只能從輕判處兩人罰款八百元。兩人表示沒錢交罰金，於是判刑一年半，《大江報》則勒令關閉，不得出版。

《大江報》查禁事件，鬧得風風雨雨，讓武漢官員為了一件小事狼狽不堪，而詹大悲與何海鳴，卻也沒坐多久的牢，十月武昌起義成功，他們自然就給放了出來了，還「翻身」主持了漢口軍政分府。

詹大悲在清末沒有成為烈士，後來卻在寧漢分裂的過程中被桂系逮捕處決，而何海鳴在日後則投靠軍閥張宗昌，在抗戰時又投向汪精衛，結果進入漢奸界裡去了。

## 自殺炸彈客

前回提到恩銘是滿人中少數的積極改革派，李准清末民初都有功績，曾自日本手中收復東沙島，卻被定為暗殺目標，其實革命黨人常常專門暗殺對國家有幫助的人。清末立憲改革中，清廷派五大臣出國考察，這是為了推動國家進入立憲時代非常重要的舉動，但革命黨人吳樾[19]卻要拼命阻止他們。

吳樾是在蔡元培的介紹下加入光復會。蔡元培日後是大教育家，但是清末他卻也曾組織暗殺團，以暗殺這種恐怖攻擊行動為革命的方法。

19 「吳樾」本名「吳越」，清朝對要犯之名多會加一個偏旁予以醜化，但革命成功後，「吳樾」這個加上偏旁的名字反而代表了烈士的榮耀，於是加上「木」字旁的「樾」就成為他正式的稱呼。

其實光復會的成立原本就與暗殺有關，光復會的前身是一九〇三年，留日學生五百餘人在東京舉行拒俄大會，聲討帝俄侵佔東北，會後組織「拒俄義勇隊」，包括黃興、陳天華等人參加，準備開赴東北抗俄。

滿清政府當然知道這幾百個「嘴砲憤青」根本對拒俄沒有任何幫助，倒怕他們鬧出革命，於是電令駐日公使，請日本政府鎮壓，「拒俄義勇隊」因此遭到強行解散，成員們不服氣，改名「軍國民教育會」繼續活動，綱領有三點，「第一起義，第二暴動，第三暗殺」。

這群人後來兵分兩路，黃興、陳天華回湖南活動。這一路湖南人後來決定成立「華興公司」，也就是「華興會」，以「興辦礦業」為名，入會者均稱人股，「股票」即會員證，並以「同心撲滿、當面算清」為口號，暗喻「撲滅滿清」。

另一路則在上海成立「軍國民教育會暗殺團」，稍後陶成章、龔寶銓與蔡元培等人將暗殺團改組為光復會，以蔡元培為會長，口號「光復漢族，還我河山，以身許國，功成身退」，蔡元培更身任爆破組的主要負責人。

很難想像日後的北大校長蔡元培竟然是個專門調製炸彈的恐怖份子，連後來五四運動的旗手陳獨秀，此時也跟著蔡元培一起在搞炸彈，真是歷史開的一個天大玩笑，但是這也沒有那麼難理解，留學生在外國學到化學知識，就可用來製造炸彈，是很自然的事。

吳樾更是囂張的鼓吹暗殺，他撰寫《暗殺時代》等文章，鼓吹在革命大軍未起之時，暗殺這種手段可以伸張民氣，還吹噓暗殺才能達成革命「暗殺為因，革命為果」。《暗殺時代》全文兩萬字，其中的重點是論述為什麼要暗殺鐵良，不過講了老半天，最後吳樾還是沒有去暗殺鐵良。

當時滿清朝野準備立憲，得到民間士紳全面性的支持，許多原本同情革命的士紳轉向立憲，對革命黨斷絕支援，導致革命黨人處境相當困難。吳樾對此深表憂憤，他說：「寧願吾國民為懵懵不醒之國民，也不願吾國民為半夢半醒之奴隸。」

簡單的來說，為了革命，寧可國家退步。這就是革命黨人為什麼老找對國家有貢獻的人開刀的原因。但是革命的初衷明明是為了國家進步，這些革命黨人可說是把手段當成目的，輕重緩急不分。

一九〇四年冬，萬福華在上海謀刺前廣西巡撫王之春，連開數槍沒有一槍命中，當場被捕；一九〇五年科學補習所成員王漢在河南彰德謀刺清戶部侍郎鐵良不成被捕，吳樾聽說了以後，慨然說：「萬王二子事跡非勉他人，乃勉我爾。」[20]於是決定入京刺殺鐵良，吳樾也考慮到殺鐵良的後果：

「逆賊鐵良一殺，而載振、良弼輩必起而大行壓制之手段，將不盡滅我漢族而不甘心焉！噫！此其幸事乎？抑其不幸事乎？吾敢斷言曰：『幸事，幸事！』」

他認為殺了鐵良，載振、良弼等人必定全力消滅漢人，還認為這是「幸事」——因為有助革命，所以犧牲無辜的人也沒關係——真的是「有這種朋友，誰還需要敵人」。

正當他準備出發去殺鐵良，卻聽說了五大臣出國考察之事，於是改變目標，以阻止立憲為第一優先，他決定暗殺五大臣。

吳樾出發前，還跟趙聲對談，問他：「捨一生拚與艱難締造，孰為易？」趙聲說：「自然是前者易，而後者難。」

吳樾回答：「然則，我為易，留其難以待君。」

吳樾接著留下：「不成功，便成仁。不達目的，誓不生還。」的遺書交給秋瑾；還寫信給未婚妻說：「吾之意欲子他年與吾並立銅像耳」。

20「萬王二子」指的就是萬福華與王漢，吳樾認為萬福華與王漢暗殺失敗的事跡，是為了勉勵他去暗殺鐵良。出自《民報》天討號特刊，吳樾遺書，收錄於馮自由《革命逸史》〈炸清五大臣者吳樾〉。

講了那麼多好聽話，結果吳樾到了現場後，先因為穿著學堂的操衣，被攔住進不去，這時才想到應該買一套僕役的衣服，臨時跑出去買了一套換上後，混進僕役群裡登上僕役車廂，提著裝炸彈的衣包，打算摸進五大臣所在的花車，又因為口音不對被衛兵攔住，就在這時火車開動，火車的震動就引爆了炸彈，當場把吳樾自己給炸死了。

五大臣呢？只有紹英傷勢較重，載澤、徐世昌、戴鴻慈受了一點輕傷，戴鴻慈最大的損失是頂帶花翎被彈片給削掉了，端方在遇刺後致電上海報界，力陳：「奸徒反對憲政，意甚險惡，然益證立憲不可緩也。」[21]於是仍然出國考察，不受影響。

另一個知名的自殺炸彈客正是孫文的左右手汪精衛，話說孫文等人的《民報》跟梁啟超的《新民叢報》筆戰不停，但沒人寫得過梁啟超的一枝筆，梁啟超譏諷同盟會領袖是「遠距離革命家」，刺中孫文的要害，另一方面，當時同盟會也因為孫文的諸多行為內鬨分裂，汪精衛為了挽回民眾對革命黨的信心，決定自我犧牲，謀刺清攝政王載灃。

出發前他致信孫文，表明心跡：「蓋此時團體潰裂已甚，維持之法，非

[21] 刊於一九〇五年九月二十五日《時報》。

口實所可彌縫，要在吾輩努力為事實之進行，則灰心者復歸於熱，懷疑者復歸於信。」

又寫了〈致南洋同志書〉：「此行無論事之成敗，皆無生還之望。即流血於菜市街頭，猶張目以望革命軍之入都門也。」

汪精衛帶著兩名炸彈專家黃樹中和喻培倫到北京，在攝政王載灃會經過的小甘水橋下挖了一個大坑，埋下一個二尺高的大鐵罐，鐵罐蓋上有一根螺絲，擰著一條電線，連接到旁邊的陰溝，溝裡安裝一部改裝的電話機，作為引爆器。

這個炸彈威力強大，在陰溝引爆的人也會和目標一起同歸於盡，汪精衛本來已經決心要當自殺炸彈客進入烈士界的，不過要在人來人往的橋旁挖個大洞怎可能不被察覺，才挖埋到一半，就因為挖土的痕跡太明顯遭發現，三個人當場被逮。當時，暗殺界的前輩蔡元培正在德國，聽聞汪精衛暗殺失敗被捕，回信給吳稚暉嘆曰：「……未下手而敗，則尤可悲也。」

汪精衛在獄中留下了知名的詩句：「引刀成一快，不負少年頭。」文筆真是好，寫得慷慨激昂，沒想到肅親王善耆認為若把汪精衛處決成為烈士，只會引來更多自殺炸彈客想來當烈士，還不如留他一命，在善耆的斡旋下，汪精衛改判終身監禁，隨即民國成立，就被放了出來，這下子當不成烈士，日後反而進了漢奸界去了。

不過汪精衛並非孫文手下第一個執行暗殺失敗的恐怖份子，擁有這個「頭銜」的是「陸皓東第二」史堅如。

史堅如是明末抗清名將史可法的後代，從小就喜歡讀書，也接觸西學，在甲午戰爭之後，史堅如成了「憤青」，認為：「今日中國正如數千年來破屋，敗壞至不可收拾，非盡毀而更新之不為功。」[22]

在戊戌政變後，史堅如更是憤慨，認為慈禧「可殺也」[23]，於是開始連絡志同道合的革命黨人，於一八九九年十一月，在陳少白和楊衢雲的介紹下加入了興中會。史堅如變賣家財結識會黨，自稱跟長江流域到珠江流域一帶的會黨首領都很熟，從常識可推斷，一個書呆子在幾年內跟黑道領袖混熟是幾乎不可能的事，更別說是跟這麼大範圍內的所有黑道幫派，但孫文並不以為他在吹牛，而是對他大為讚賞。

一九〇〇年八國聯軍攻入北京，慈禧攜光緒帝逃往西安，孫文打算乘機起義，一方面由鄭士良在廣東惠州準備，一方面委派鄧蔭南和史堅如二人前往廣

[22] 馮自由：《革命逸史》，〈史堅如略傳〉。

[23] 同上註。

州，要他們舉事響應，但是史堅如只是個剛滿二十一歲的年輕人，你一句話叫他去起義，他就變得出來啊？真不曉得孫文在想什麼。

總之，史堅如受命後，回到廣州，就和他的哥哥史古愚商量，打算變賣家產，籌款買通新軍與會黨「擬盡售三萬金之家產，以充軍費」。[24]

不料，當時正是動亂時候，誰有心情置產？想當然耳，史家的家產賣不出去，也籌不到錢，本來說要賣「三萬金」的家產，只得了三千元而已。史家兄弟想想也沒辦法，只好緩點辦。

沒想到惠州起義還在準備中就先被察覺，兩廣總督德壽已經先派軍圍堵，於是鄭士良只好提早發動起義，德壽急忙調遣大隊清軍前去鎮壓，惠州起義軍危在旦夕，史堅如沒辦法起事呼應，想了又想，只好提議暗殺兩廣總督德壽，當作備案。

於是鄧蔭南和黎禮便前往香港購買炸藥，史堅如、練達成、宋少東和宋居仁等到巡撫衙門周圍勘查地形。德壽一向很注重自身安全，從廣東巡撫升任兩廣總督以後，他覺得巡撫衙門的警衛和圍牆比總督署可靠，所以仍住在巡撫衙門官邸，戒備森嚴無從下手。

24 同上註。

不過，巡撫衙門後園圍牆外是一條小巷，叫後樓房巷，史堅如勘察巷子北面的一排民房，計畫從房子裡挖地道，直通巡撫衙門後園德壽住宅，塞入炸藥，趁晚上德壽熟睡的時候用炸藥炸死他。

不料——再一次的「不料」——一開始買了二十五箱炸藥，卻被安勇搜到沒收了，這下備案也瀕臨破產，只好再臨時再購買兩百磅炸藥。

史堅如兄弟、蘇焯南、宋少東夫婦、共五人，開始連夜奮戰，將地道一直挖到距離德壽的臥室僅十餘丈的地方，十月二十七日凌晨，史堅如等人用鐵筒裝滿炸藥，放在地道裡，拿了一盤線香作為定時器，接上引線，點燃線香以後就反關房門，準備逃離廣州，一行人都先搭上前往香港的船隻，在船上觀望動靜，等了老半天，卻還是靜悄悄。

史堅如要其他人先逃亡，自己一人回去查看，原來那一盤線香品質太差，燒到一半就斷掉了，根本沒有引燃引線——又一次「不料」——史堅如只好等到第二晚，也就是十月二十八日，再來一次，重新點燃引線。

為了避免上回的糗態，他躲進附近的寶華大街長老會教會，觀察這次爆炸情形如何，這次倒是引燃了，只聽到轟的一聲，屋瓦都震了起來，本來以為得手，不料——最後一次「不料」——因為兩百磅炸藥藥量根本不足，只把德壽自床上震了下來，受了一場虛驚，完全沒有受傷。

史堅如躲了幾天，要逃往香港時，半路被清兵查獲，不久遭處決，年僅二十一歲，孫文說他繼陸皓東之後又是：「浩氣英風，實足為後死者之模範。」

……還是不要再有這種模範比較好吧！

## 烈士竟有日本人

在本篇之中，已經寫了不少烈士，有知識份子烈士陸皓東、林覺民，有女烈士秋瑾，還有自殺恐怖份子徐錫麟、炸彈客吳樾、史堅如，可說什麼人都有。

不過，最怪的是，在烈士界之中，還混了一個日本人，奇怪，反滿革命日本人來湊什麼熱鬧，還變成烈士，這是怎麼回事？

這跟孫文的第二次起義「惠州起義」有關，不過且話說從頭，從孫文第一次失敗的廣州流產起義講起。

一八九四年十一月二十四日，孫文在夏威夷檀香山歐胡島組織了興中會，這個興中會只是個很微小的組織，到一八九五年，孫文到香港，召集舊友陸皓東、鄭士良、陳少白、楊鶴齡等人，打算籌備「香港興中會總會」。

早在一八九〇年，楊衢雲、謝纘泰等先以「開通民智、改造中國」為宗旨創立「輔仁文社」，在廣州、香港搞革命，革命資格比孫文老得多，組織也較龐大，雙方既然都有志於革命，於是興中會就與輔仁文社合併，合併後仍舊叫興中會，以香港為總部，原本的檀香山為支部。

合併以後的新興中會之中，楊衢雲系統是主流，孫文卻想爭奪會長，兩派為了八字都還沒一撇的事爭領導權，大鬧了好幾個月，結果香港總會二月二十一日成立，卻直到十月十日才底定合併事宜，最後以楊衢雲任會長——「伯里璽天德」（President），也就是「總裁」的意思——孫文任秘書，並有起義指揮權。孫文對此事一直耿耿於懷，後來國民黨寫歷史時大筆一揮，說楊衢雲「藉端逼迫」孫文讓出會長。

時間往後轉，後來一九〇〇年惠州起義又失敗後，楊衢雲把會長讓給孫文，到一九〇一年被清廷派人刺殺，進入烈士界，楊的故事就結束了，如今楊衢雲沒沒無聞，但如果他活到辛亥革命以後，就是個比孫文還早的「革命先行者」。

回到廣州流產起義，孫文既然有了指揮權，就進入廣州，以「農學社」的名義招攬起義成員，孫文的故鄉香山縣有個名叫劉學詢的士紳，本來靠賣賭科舉榜單的地下賭博彩票賺錢——科舉榜單也能賭，只能說中國人真是無所不賭——後來兩廣開始禁賭，斷了他的財路，他不滿之下，就資助孫文起義。

但是這個劉學詢根本就沒有什麼民主自由的思想，後來馮自由在《革命逸史》記載，劉學詢「夙抱帝王思想，絕不了解歐美民權學說，故總理與協議多次，劉均以朱元璋、洪秀全自命，而以總理為徐達、楊秀清。」又娶了妻妾如雲，人稱「劉三國：文可華國，富可敵國，妾可傾國」。

也就是說，劉學詢對民主或民權一竅不通，滿腦子皇帝夢，自認為要當明朝開國皇帝朱元璋，把孫文當成是開國元勳徐達；或認為自己是太平天國的洪秀全，把孫文當成是相當於軍師的楊秀清。根本是個守舊派人物。

孫文主導的廣州起義還沒發動就事跡敗露，陸皓東成了「共和第一烈士」，孫文、楊衢雲等流亡海外。劉學詢卻依然好好的在廣州當他的士紳，完全沒有被官府懷疑，而且後來還當了之後任兩廣總督的李鴻章的顧問。

到了八國聯軍時，孫中山西醫書院的老師何啟，也是香港具影響力的華人士紳，他透過香港總督與英方聯絡，提議分裂華南，這時含英國在內的八國正在對慈禧開戰，英國當然有興趣，於是何啟就想幫孫文與李鴻章牽線，讓兩廣獨立。

劉學詢此時正任李鴻章的顧問，他自作主張與孫文會商，並想勸李鴻章宣布兩廣獨立，他可當個「開國元勳」，不過李鴻章沒這個意思，劉學詢的美夢就破碎了，但何啟還不放棄，跟孫文一派說港督仍然支持他們建立「華南共和國」。

孫文眼看八國聯軍把慈禧打得逃到西安，他也覺得這是革命最好的時機，簡直心癢難搔，可是革命要錢，港督只出張嘴，一個錢也沒給，於是孫文轉向法國，以讓法國在中國擴大租界與租借地的「賣國」條件，希望法國支援革命，法國知道孫文根本不可能革命成功，不理會他的空頭支票。

孫文急了，又找上劉學詢，派日本人平山周去信說：「今特遣深信人周君平山來見足下，面託足下主持內局，先立一暫時政府，以權理政務。政府之格式，先以五人足矣：主政一人，或稱總統，或稱帝王，弟決奉足下當之，故稱謂由足下裁決。」[25]

[25] 馮自由：《革命逸史》，〈劉學詢與革命黨之關係〉。

意思就是，只要劉學詢肯出錢，他愛當總統還是皇帝都可以，孫文亂開支票到這種程度，真不知他是存心詐騙還是「裝孝維」，總之孫文要一百萬，劉學詢最後只看在同鄉之誼的面子上給了他三萬大洋。

就在這時候，發生了廈門事件，孫文眼睛一亮。

廈門事件的起因要回到甲午戰爭說起，甲午戰後日本取得了台灣，就以保持台灣的安全為藉口，屢次向滿清國要求福建的特權，終於在一八九八年強迫滿清訂定《福建省不割讓條約》，簽訂時就引起英、美、俄、法等國注意，認為是日本將由台灣入侵華南的前兆。

到一九〇〇年，日本更進一步設立一個特定的政務機構，稱「對岸事務掛」，統轄福建、廣東的有關政務，至此，日本入侵華南的野心已經很明顯，而同年又發生八國聯軍，日本也是八國之一，由於日本離中國有地利之便，日本本土及台灣方面高層想趁機出兵，以佔領福建、廣東為目標，主要計畫人有：

內閣總理大臣山縣有朋

陸軍大臣桂太郎（曾任台灣第二任總督）

台灣總督兒玉源太郎（第四任）

台灣民政長官後藤新平

一九〇〇年八月二十四日，日本策劃自行燒燬在廈門仔頂街的日本東本願寺布教所，計畫以此為藉口，從台灣出兵，登陸廈門並強行佔領廈門，之後佔領福建省全境。不過英、美、法、俄早就有所提防，於是也派艦到廈門警告日方，最後日本只好停止派兵計畫，不了了之。

這時任何一個腦袋正常的中國人，看到日本正要明目張膽的侵略中國，絕對不會和日本合作當「漢奸」，但是孫文腦袋異於常人，他竟然大喜過望，認為是天大良機，「金主又出現了」，於是化名為「吳仲」渡海來台，與兒玉源太郎訂立密約，以出賣廈門給日本為條件，換取日本支持他的革命。[26]

各位如果沒有覺得這邊有什麼不對勁的地方，請回想一下，孫文之所以要革命，正是因為覺得甲午年間滿清敗給日本「喪權辱國」，所以孫文的革命思想的邏輯是：

[26] 藤井森昇三：《孫文研究》。

為了維護中國的主權，所以中國要強盛。
為了中國要強盛，中國需要改革成一個共和體制的國家。
為了要成為共和國家，所以必須要推翻帝王專制的滿清。
到這個部分還沒有什麼問題，頂多如何強國的想法不同，但接下來……
因為要推翻滿清，所以需要經費，所以可以出賣中國主權？

這個習題就留給各位思考，回到兒玉源太郎，他立即表示支持，不過他可沒有孫文那麼天真，兒玉源太郎並不認為孫文的革命有什麼成功的機會，不過只要孫文在廣州作亂，日本就不用像廈門事件時，還得自己派人去燒廟，「中國革命黨先起義，以其力擾亂廈門的後方地區，為日本出兵製造藉口，等日軍占領廈門時，就能對孫文的起義軍援助武器、補充兵力」[27]，如此下去，兒玉源太郎可以完成他在廈門事件沒搞成的春秋大夢：佔領廈門及福建省全境，甚至佔領廣東，兒玉還打算事成之後，寫出一篇名為〈廈門事件始末及對岸將來之政策〉的備忘錄哩。

腦袋有洞的孫文根本沒想到兒玉的算盤是要把華南一口吞，他這時很開心

27 向山寬夫：《日本統治下的台灣民族運動史》，楊鴻儒譯。

的認為革命經費、武器有著落了，這是九月的事。

時間倒轉，回到六月時，孫文本來要到香港籌備起義計畫，不過香港還沒解除對他的驅逐令，只好在一艘小船上，召集鄭士良、陳少白、謝纘泰、鄧蔭南、史堅如、李紀堂等開會，決定兵分兩路，廣州、惠州並舉，廣州為正軍，惠州為旁軍。

那個「正軍」，後來就是史堅如一個人去當炸彈客，讓史堅如成了「共和第二烈士」，又是一個被孫文害進烈士界的可憐人。

惠州的「旁軍」，倒是有十萬大洋的經費，其中才剛認識孫文的李紀堂出了兩萬，一個日本人出了五千，孫文先前跟劉學詢拿的，加上孫文跟他可憐的大哥孫眉討的，加起來湊了七萬五。有了餉，一邊買槍械，一邊就命鄭士良到惠州去準備。

這革命發起地選在惠州是有原因的，事後官員上奏指出：

「查廣東惠州府屬民情強悍、聚眾、拜會、械鬥、搶擄，習為故常，近海之歸善、海豐等縣，尤多洋盜、鹽梟，以故嘯聚甚易，動輒滋事。」

當時惠州與太平天國前的廣西一樣，人口過剩，很多人沒有土地只好成為流動人口，這些邊緣份子為了討生活，只好結合起來，於是不是加入會黨，就是加入宗教團體——一如白蓮教與太平天國的拜上帝會——結黨自保，行有餘力就打家劫舍，簡單的來說就是組織犯罪，也就是現代所謂的黑道。

這些梁山好漢平時就是政府打壓的對象，對官府本無好感，而他們本來就每天械鬥，刀口舔血的日子過慣了，也不怕死，他們並不怕革命殺頭，只要有錢拿就好，所以一直是孫文用來起義的最佳傭兵，但是這些人也根本沒有什麼民權思想可言，所以後來孫文被批評：「惟攜金錢主義，臨時招募烏合之眾，摻雜黨中，冀僥倖以成事。」

惠州平時就有數不清的大小會黨，還有官府勦了十幾年都沒勦掉的江洋大盜，鄭士良自己也是三合會出身，就把他們糾合起來，聚集了六百人在三洲田這個地方。

鄭士良為了保密起見，將集合地周邊封山，不許任何人出入，結果這樣一搞反而讓所有人都知道裡頭有鬼，而且還誇大了他們的數量，以為有好幾萬亂黨在三洲田山裡，導致都還沒起義，官府就知道了，於是派出數路部隊，封鎖了三洲田對外的各聯絡管道，包括海面上也派巡邏艇封鎖往香港方面的深圳。

在此情況下，鄭士良迫不得已，只能在十月六日先發制人，率眾突圍，開始了「惠州起義」。

惠州方面暫且按下，回到在台灣的孫文，話說本來他滿心歡喜要等兒玉源太郎給錢，卻沒料到先前的廈門事件已經在日本本土掀起軒然大波，使得擴大侵略派的山縣有朋內閣於九月二十六日總辭，改由伊藤博文組閣，伊藤博文是外交派的，反對無限制軍事擴張，於是下令台灣總督禁止對孫文起義提供任何協助，還嚴令孫文離開台灣。

這對孫文來說真是晴天霹靂，他簡直欲哭無淚——不過這也避免了他淪落漢奸界——他只好向鄭士良去電：

「籌備未竣，暫時解散。」

鄭士良一聽，簡直是「裝孝維」啊，但仗已經開打了，頭洗一半只能繼續下去。由於第一線的清軍很多其實只是民間團練，又沒預料到鄭軍會主動出擊，鄭士良在奇襲下獲得初步勝利，擄獲了清軍的裝備，還強迫他們剪辮裹脅著一起行動，就這樣，鄭士良在幾起小衝突中連續擊敗了當面的民團與清軍。

前面說過惠州附近本來就是強盜窩，這些大小土匪，甚至介於民匪之間，農忙為民，農閒為匪，他們聽說鄭士良打敗官軍，認為有趁亂搶劫的機會，這些人很快加入，使得起義隊伍跟太平天國一樣膨脹快速，一時間竟然到達兩萬人之譜。

但是這些起義軍，根本就沒有個民主革命的樣子，從打扮上就很「傳統」：腰上纏紅帶，身穿白布繡上紅色字號，頭上裹著紅巾，還打著紅旗，領頭的頭，頭上插雉雞的翎毛，胸前掛個紅繡球，身上還掛著結成花球的紅綢子，就像是朱一貴穿戲服造反，腦袋裡頭都還是傳統思想，所以當地人稱他們為「紅頭賊」，因為這些人簡直跟太平天國時期於廣東起事的紅巾軍一模一樣。

而這些起義軍，每到一地，都要殺豬漉酒，大吃大喝，不過軍紀倒不錯，都用買的，沒用搶的，只是孫文的錢不曉得有多少是被這樣吃喝掉了，後來的毛澤東說「革命不是請客吃飯」，但孫文這次起義，倒是成了一個大型的請客吃飯。

有趣的是，相較於北方義和團正在「扶清滅洋」，他們卻打著「保洋滅滿」的口號，真不知若是兩邊若有機會碰頭，會是什麼樣滑稽的光景。

既然仗都開打了，孫文也只好想辦法弄槍械，日本不給了，不過他想起先前曾為菲律賓獨立軍代買過一船軍火，後來沒派上用場，現在剛好可跟菲律賓獨立軍借來應急，不料當初日本軍火代理商中村彌六私吞了獨立軍買軍火的錢，用報廢軍品冒充軍火矇混，結果孫文只得了一堆廢鐵。[28]

孫文原本要鄭士良往廈門打過去，以便海上運補，不過到十月二十八日，他派出日本人山田良政為使者，和鄭士良說明日本內閣改組導致外援斷絕：

「政情忽變，外援難期，即至廈門，亦無所得。」

這時鄭士良已經打到彈盡糧絕，聽到這個惡耗只能解散部隊，兩萬人吃飽了也玩夠了，一哄而散，只留下一千人，輕易的被清軍勦滅，鄭士良逃了出來，可是那個當使者的山田良政卻陣亡了，莫名其妙的進入烈士界。惠州起義就這樣鬧劇般的結束了。

孫文呢？他於十一月十日與後藤新平同行乘坐「橫濱丸」——就是李經方把台灣交割給日本的同一艘船——自基隆啟航返回日本，日後，他幫山田良政立了個碑[29]，說他是「外國義士為中國共和犧牲者之第一人」[30]。

這就是日本人為什麼也進了烈士界的經過。

28 馮自由《革命逸史》中有專章〈孫總理庚子協助菲律濱獨立及購械失敗始末〉記載此事，中村彌六以日軍報廢淘汰、完全不能使用的舊村田步槍跟子彈充數。

29 民國後的一九一三年，孫文訪日時順道參加追悼山田良政紀念會，親撰碑文。由於山田良政的遺體一直找不到，一九一八年時孫文曾命朱執信尋找遺骨，一無所獲，山田良政的胞弟山田純三郎只能在殉難地祭拜，當時惠州行政長官李福林自掏腰包在山田良政的殉難地建紀念碑。山田純三郎帶回幾塊殉難地泥土權充遺骨，一九一九年於家鄉日本青森縣弘前舉行葬禮，孫文派廖仲凱前往致祭，一九二〇年，在弘前菩提寺為山田良政立碑，孫文也親自書寫建碑紀念詞。

30 山田良政是圓山忠烈祠裡頭唯一祭拜的日本人。

## 烈士的「播種」與「收割」

話說孫文在日本之所以結識很多日本人，以及後來能成立同盟會，都是因黑龍會的緣故，這黑龍會是日本軍國主義組織，成立於一九〇一年，宗旨就是要謀奪黑龍江流域為日本領土，還把宗旨明白寫在會名上，黑龍會希望促成日本霸佔中國東三省，逐步控制蒙古和西伯利亞，說起來孫文竟然和這種團體合作，怪不得不覺得出賣廈門有何不妥。

孫文在一九〇三年從日本轉往檀香山，並於檀香山加入洪門，成為「洪棍」，再到美國發展，爭取到洪門致公堂的支持，原本美國的洪門系統比較偏向保皇會，在孫文以「洪棍」身份奔走演講下，加上洪門原本就有「反清復明」的宗旨，便一一和保皇會劃清界限，倒向支持革命的一方，每次孫文演講，往往聽講人擠滿會所，好不熱鬧。

但是人場雖熱，募款本身卻叫好不叫座，孫文到處演講了老半天，募到的款，大概剛好夠他生活及旅費，變成是演講謀生，根本不是在為革命募款了，而他在美國發展組織，兩百人發展到剩七個，致公堂華僑司徒美堂回憶：「孫先生後來到紐約發展興中會組織。最初有兩百餘人，但在革命處於艱難的情況下，大

30 出自《建國方略》之一．《孫文學說》．第八章　有志竟成。

家灰心離去，兩年後在美會員只剩七位。其中一位負責人鐘性初先生，因工作困難，心中慚愧無似，於舊曆除夕跳海自殺。」[31]孫文又「製造」了一位烈士。

孫文之後轉往歐洲，留學生捐款請他演講，也是剛好夠他旅費和生活費之用，在歐洲時，孫文反而讓留學生們為他上了一課，孫文本來深深迷戀三合會、哥老會各種秘密會社的現成武力，認為革命可以主要依靠秘密會社的戰鬥力，但學生認為他的想法是錯誤的，應該要靠知識份子來領導革命。

觀察清末的秘密會社起義，其實他們與革命志士的組合的確非常荒謬，這些會社成員是整個中國思想最落伍的一群，對民主或共和根本一竅不通，甚至其實相當排外，不論是所練的武術，或使用的武器，以及對西方來的現代設施的反應，都跟義和團沒什麼兩樣。

對他們來說，起義就是去搶劫富人，或是改朝換代後可以自己當皇帝稱孤道寡，或封官授爵，因此在辛亥革命成功後，各地會黨鬧出了很多糗事。靠這樣的腐朽勢力根本不可能打造民主共和國。孫文在布魯塞爾被學生說服，認為應該以知識份子來領導革命，這是他歐洲行的最大收穫——不料孫文後來矯枉過正，變成讓知識份子打前鋒當砲灰。

[31] 司徒美堂：《旅居美國七十年》。

雖然得到了新的啟發，但在募款方面，又是拿來當旅費與生活費就用完了，而歐洲學生本來有數十人被孫文說服參與革命組織，但經過謹慎思考後，大部份人都退出了，這些退出的人之中，就包括湯化龍之弟，在武昌起義時擔任海軍參謀長，在大哥勸說下率領海軍起義的湯薌銘。

轉了一圈，一九〇五年，孫文還是回到日本，在宮崎寅藏與黑龍會成員內田良平的牽線下，與日本的各革命團體，合組「中國革命同盟會」——顧名思義，是中國各革命團體同盟起來的一個組織——後來因太過敏感，改為「中國同盟會」，以孫文為總理，孫文的革命事業到此又有搞頭了。

但就在同一年，孫文又間接「製造」了一位烈士。

一九〇五年十二月，日本文部省公布《取締清韓留日學生規則》，引起軒然大波，主要引起爭議的有三條：

中國留學生的任何活動或去向都要向清朝政府駐日公使和日本學堂登記。

任何通信均需登記。

只能住在留學生學校宿舍，不准外宿。

規則一出，馬上引起廣大留日學生的抗議，秋瑾和宋教仁主張全體同學應罷學回國。

但是孫文可回不了國啊，好不容易在日本組了同盟會，當上總理，大家都回國，豈不是沒搞頭了，於是孫文的左右護法，汪精衛和胡漢民，就主張「忍辱負重」，留在日本繼續求學，兩派因此激烈爭執。日本《朝日新聞》見狀，譏諷中國人無法團結，指稱中國留學生「放縱卑劣」。

而在此同時，又傳出日本政府看到這樣的亂象也感到頭痛，有意給孫文一筆錢，要他離開日本的流言——後來日本政府的確這麼做了——流言傳出後更是讓留學生之間議論紛紛，互相攻訐。

身為華興會創始人之一的陳天華，看到中國留學生自亂陣腳，被日本人瞧不起，悲憤莫名，於是留下《絕命書》五千字，以及致留日學生總會一信，在一九〇五年十二月八日清晨，於日本東京灣投海自盡，對日本政府與留學生們做出「死諫」。

陳天華著有《警世鐘》、《猛回頭》、《獅子吼》，這三篇作品，被馮自由譽為是對革命的影響「較之章太炎《駁康有為政見書》及鄒容《革命軍》，有過之，無不及」，鄒容的《革命軍》是清末傳佈最廣，影響最深遠的革命宣傳品，馮自由讚揚陳天華的三部作品比它還有過之而無不及，就可見對革命思想傳播的影響與貢獻之大。

以往常有人認為，雖然孫文對革命成功本身沒有任何直接貢獻，但是他到處鼓吹革命思想，所以還是有間接的貢獻，真的是如此嗎？我們來檢視黃花崗烈士之中，幾個最出名的知識份子的生平：

寫下《與妻訣別書》而最著名的林覺民，他是在出國留學前看了《警世鐘》、《蘇報》成為革命份子，在福州時就已經在組織革命團體愛國社。《警世鐘》是陳天華所寫，《蘇報》由章士釗為主筆，章太炎、蔡元培等撰稿，都與孫文無關。

方聲洞則是與黃興等人一同參與「拒俄義勇隊」，開始了革命生涯，一九〇五年才與其他革命志士一起加入同盟會。

喻培倫從小「每聞國家興亡、民族盛衰史事，輒動容而質其由，漸萌光復之志。」

陳與燊在留日前就與林覺民一起組織愛國社。

林時爽參與革命的源頭，則是於一九〇三年參加了林森[32]所創立的「福建學生會」。

李文甫原本就在莞城創辦《東莞旬刊》，並組織「醒天夢劇社」，孫文看了夢劇社表演的革命劇碼，覺得演得很好，所以邀他到香港。

勞培則是在傳教過程中就萌生了革命思想，因而慕名找到新加坡同盟會組織入會。

歸納起來，這些烈士都是先有了革命思想，才找上孫文，而非受孫文影響才革命，除了上述烈士以外，連「陸皓東第二」的史堅如也是如此，本篇所提到的烈士之中，只有陸皓東本人是受了孫文影響而開始革命。

其實會這樣的原因也很簡單，孫文在第一次流產革命後就被通緝遠走海外，對中國國內自然沒有影響力，而觀諸他在海外的生平：在美國雖然收服了致公堂系統，本身革命組織卻發展失敗；在歐洲，是接觸本來就有革命思想的留學生，更不用說同盟會本是革命組織聯盟，參與者都早就是革命派……只要對孫文的生平有所了解，就能明白為什麼真正受他影響才開始革命的人並不多。

對革命影響最大的書刊，五本書分別是出自陳天華、章太炎、鄒容的手

[32] 林森後來當到國府主席，台灣到處都有林森路，即以他為名。

筆，對革命影響最大的報紙是《蘇報》，並不是孫文的《民報》，甚至連《民報》也不是孫文創辦的，它本來是華興會的機關報《二十世紀之支那》，由陳天華所創，在同盟會成立後，才在黃興的提議下改組為同盟會的機關報。

可以說孫文在清末的革命活動中，專門從事「收割」，根本「不事生產」。

陳天華這樣一個革命宣傳的最佳人才，卻因為留學生內鬨而自殺身亡，因為他的死，讓《取締清韓留日學生規則》胎死腹中，然而，後來孫文還是拿了日本政府的錢離開東京，引起同盟會的大分裂。

日後，孫文「追封」他為「熱心血性的革命黨」，讓陳天華也住進了烈士界。但又有什麼用呢，徒讓人不勝欷噓而已。

## 名存實亡的同盟會

同盟會的成立，是在一九〇五年的夏天，當時，許多的革命組織剛好都在東京，包括孫文、胡漢民、汪精衛的興中會；黃興、宋教仁等人的華興會；蔡元培、章太炎、吳敬恆等人的愛國學社、光復會；張繼的青年會等，透過日本黑龍會的居間邀請，在那一晚，在東京有來自十七個省的革命派組織，總共七十人，一齊來到了黑龍會總部，商討未來。

當天晚上，集會的所有人一致認為：所有的革命志士，如果能團結為一，有一個共同組織來協調行動，會更容易成功。於是，這些原本來自各省，各自有各自原本組織的革命志士們，決定成立「中國革命同盟會」，後來因為怕名稱太敏感，於是改為「中國同盟會」，也就是後來我們所稱的「同盟會」。

過程中，孫文針對需成立一個共同組織這點，對所有人反覆不停的陳說，不過，這個想法基本上是一個常識，任何人都會想到這點，因此實在不能說孫文對同盟會的創辦起了多大的單獨作用。同盟會的創辦，應歸功於各組織的所有人才是，而其中來自於興中會的成員並不多。

孫文之所以能被選為同盟會的總理，主要出自於他身為「革命的先行者」的事實。對革命派來說，在一九〇〇年的惠州起義雖然失敗了，但的確是所有人發動過最大規模的一次起義，孫文有此實績，被推選為總理也是理所當然。

但是，所謂中國革命「同盟」會，顧名思義，其實就是所有革命組織的一個平等的鬆散結盟，從名字叫「同盟」就可以明白。孫文當上同盟會總理，相當於是同學會推舉一個同學當主辦人，或是在同鄉會擔任會長一樣的意思，其下所有人各自努力，並沒有真正的隸屬關係。

這跟孫文所想要的不一樣，孫文心裡想的是同盟會人人都要聽他這個總理的號令，既然孫文有這麼大的「誤會」，當然很快就因為會務問題跟同盟會的成員鬧翻。

同盟會成立才沒多久，孫文一派主張留日發展，與歸國派發生內鬨，造成陳天華的自殺，事後許多同盟會的成員離開日本回中國發展。但孫文很快又與黃興、宋教仁等人發生意見分歧。

雙方最大的歧見出於革命的總體策略，孫文是廣東人，他能以粵語說得通、叫得動的資源也都在廣東，因此孫文滿腦子想的都是在華南革命；但是黃興等人不同意孫文的看法，原因很簡單：在華南革命根本沒有意義。

我們從鴉片戰爭的脈絡一路看過來，可以看得很明白：清廷之所以一開始以廣州一口通商，就是因為認為廣州是不重要的邊陲之地；而鴉片戰爭以來的外國交戰方，也都明白廣州對清廷毫無重要性，要逼迫滿清，必定要直指華中或首都要害才行。

因此，黃興、宋教仁等人，認為只有在華中的心腹要害發動革命，才有意義，當然，這多少與他們是華中人有關，不過就後見之明來說，他們所想的的確是正確的。

但孫文以總理之姿堅持己見，於是同盟會才剛成立就蒙上了一層陰影，雙方的歧見使得宋教仁對孫文心寒，並請辭庶務幹事長一職，想另謀發展，並在日記中訴說對孫文與同盟會的不滿；黃興雖然也跟孫文有嚴重歧見，但當時他以大局為重，選擇繼續支持孫文，並在之後一路為他出生入死，直到民國後，孫文成立中華革命黨時，要求黨員蓋手印效忠孫文個人的專制思想，才終於讓黃興與孫文決裂。[33]

一九〇七年，由於日本政府覺得孫文在日本搞革命弄得清日關係緊張，決定給孫文一筆錢，要他離開日本，孫文馬上同意，但是此舉並沒有經過同盟會全體商議，而且孫文拿了日本政府的錢卻將大部分私吞而未歸入會費，此舉讓章太炎暴怒，與孫文展開激烈的論戰，最後引起章太炎等光復會人士退會。

就這樣子，同盟會剛成立就搞得四分五裂，名存實亡，無法發揮什麼實際的作用。

[33] 李書誠：《辛亥前後黃克強先生的革命活動》；黃一歐（黃興之子）：《護國運動見聞雜憶》。

說起來孫文在想發號施令的時候就當自己是同盟會總理，拿到錢的時候就選擇性遺忘了自己總理的身份，擅離東京總部，怎樣都說不過去，而先前孫文一派才鼓吹留日發展，現在自己又跑了，簡直「裴孝維」，難怪章太炎此後批評孫文不假辭色。

但孫文不管，因為他並不想要一個不能獨行其是的同盟會，孫文拿著日本政府給他的「遣散費」，以越南等地為基地發動了包括鎮南關起義在內的幾次革命，到一九〇七年底，孫文終於因為惹了太多麻煩，遭當時已經成為法國殖民地的越南政府給驅逐出境，索性與胡漢民、汪精衛在新加坡另立同盟會總部，稍後搬遷到馬來西亞的檳城。

「另立」，就表示不是本來的，不過孫文認為自己是總理，所以他認為他說了算——所以台灣的新黨跟親民黨實在沒有得到孫文的真傳，有的話他們應該「另立國民黨中央」才對，而非傻傻的創黨。

孫文另立的，我們暫且稱為「南洋同盟會」，這不是當初的那個同盟會，原本的同盟會還存在，我們暫且稱為「東京總部」，在一九〇八年，「南洋同盟會」就已經不與「東京總部」聯絡，「南洋同盟會」的成員只有孫文與少數親信，不具有原本同盟會「跨黨派」的代表性，當然不能說所有同盟會員的活動都跟孫文有關。

前面提到宋教仁灰心打算另起爐灶，在孫文自己「另立黨中央」以後，宋教仁也得到了啟發，一九一〇年六月，宋教仁、譚人鳳和孫文又針對革命路線爭發生了爭執——孫文堅持在華南革命的老問題——藉孫文離開日本的機會，宋教仁、譚人鳳等人，集合了江蘇人趙聲等同盟會東京總部幹部，開會決議要組織中部同盟會，決議既成，他們知會黃興，黃興沒有意見，但是孫文的鐵桿護法胡漢民知道孫文的心意，於是大力反對，譚人鳳聞言怒罵：

「本部在東京，總理西南無定蹤，從未過問，總於何有？理於何有？東京經費純仗同志攤派維持，並未向各處招搖撞騙。汝等以同盟會名義，掣騙華僑巨款，設一事務所，住幾個閒散人，辦一機關報，吹幾句牛皮，遂算本事沖天，而敢藐視一切耶？」

譚人鳳告訴我們：孫文把日本政府給他的錢獨吞以外，到海外也是打著同盟會名義募款，卻不入會費，只拿去辦事務所養自己人，又辦個宣傳效果大概跟《玉山週報》沒兩樣的《民報》；孫文自己到東南亞另立「南洋同盟會」，完全不管東京總部，東京的經費都由東京的同志們分擔支持，孫文對同盟會的會務完全沒有「總理」之實，所以同盟會的人不認為孫文——以及孫文的代言人胡漢民——有資格拿總理之位壓人。

於是宋教仁、譚人鳳、陳其美等人就在一九一一年七月組織中部同盟會，這個中部同盟會也是「另立黨中央」，只遙奉當時已經幾乎完全癱瘓的東京總部為「中央」，不承認孫文的「南洋同盟會」是「中央」，只是因雙方都是革命同志的關係，視為「友好團體」而已。

讓孫文相較之下蒙羞的是，中部同盟會內部實行合議制，以防止專制獨斷，一方面這是因為宋教仁本來就是議會迷，另一方面也是因為要避免孫文的壞榜樣，他們批評以往同盟會的許多不良做法：

「惟攜金錢主義，臨時招募烏合之眾，摻雜黨中，冀僥倖以成事。」

這幾句話所指責的就是孫文，因為孫文每次發動革命，都是只想砸錢買動會黨等三教九流的烏合之眾為傭兵來擴充隊伍，想要僥倖成事，結果往往只搞成無紀律的聚眾暴動，一旦錢花完了就一哄而散。

後來成功的那次辛亥武昌起義，發生在華中，主要成員是新軍，其結果與孫文的革命方向可說完全背道而馳，要是讓孫文繼續革命下去，不管再搞多久也沒有成功的機會。

至於真正對辛亥武昌兵變中，新軍的革命傾向有影響力的，前面提到主要是共進會與文學社，這個共進會是怎麼來的呢？正是孫文把同盟會搞得天怒人怨四分五裂後，游離出來的人於一九〇七年在東京所成立。共進會成員以華中地區人士、日本軍校留學生為主。他們的會旗「鐵血十八星旗」，正是後來辛亥武昌起義時湖北軍政府的旗幟。

一九〇八年開始，共進會會員陸續從日本回國發展，在各地活動成立分部、分會，在湖北發展最好，並吸收了湖南、湖北許多哥老會成員，一九〇九年之後，開始向湖北新軍發展，而一九一〇年，劉公將會旗「鐵血十八星旗」從日本帶回湖北，至此共進會的組織都轉移回到國內。

共進會因同樣主張革命，和同盟會雙方保持友好尊重，彼此也常有來往，為了行事方便，有部分成員也同時加入同盟會，如共進會的軍務部主任孫武，經馮自由介紹，在香港加入同盟會後，以同姓孫的關係，謊稱自己是孫文的堂弟，借用他的名氣行動；同盟會的譚人鳳亦曾於一九一一年提供少許資金給共進會。

由於彼此間的往來，後世被大筆一揮，說成共進會是孫文同盟會的外部組織，其實共進會只是盟友組織，而孫文以華南為主的革命路線，更與共進會華中為主的主張格格不入，雙方無法達成共識，於是「各自努力」，與同盟會並沒有從屬關係。

前頭說到孫文「惟攜金錢主義」，但共進會則是窮到發慌，鬧出了「砍菩薩」的笑話：當共進會阮囊羞澀時，同盟會的居正給他們出了個餿主意，他說湖北武穴附近三角山的廟裡有一座金菩薩，不如去偷菩薩，把金子變賣充作會費。

孫文年輕的時候破壞神像是為了打倒「偶像崇拜」，共進會動神像的歪腦筋，倒真的是雞鳴狗盜之徒了，打著革命的大義，連這種小賊勾當都做，實在讓人不敢領教，他們沒想到，金菩薩只是表面有一層貼金箔而已，即使得手，「含金量」也是少得可憐，居正竟會給這種烏龍提議，真是狗頭軍師，而共進會竟然還照做了。[34]

共進會的玉麟、孫武和後來在湖南搞到天怒人怨而遭士紳誘殺的焦達峰商量，覺得可行，玉麟、焦達峰等一行人就偷偷摸摸的來到三角山，當晚大雨如

[34] 這件事有相當多資料都有記載，唯細節多有出入。馮自由《革命逸史》中有專章〈鄂黨人三盜金菩薩〉敘述此事，其中未特別寫到菩薩是貼金，但據其他資料統整，以及依常理推斷驗證，應為貼金箔無誤。（中國大型佛像、神像多為貼金箔，另外黃金比重高達十九．三，若是純金，以幾個人可一起背負的大小來估算，會重到不可能搬得動）。

注，他們在夜色的掩護下，渾身濕透的溜進寺中，菩薩像重得一行人搬不動，於是他們臨機應變，拿斧頭把菩薩給砍成兩半，只取上半身，重約二十餘斤，七手八腳的背著下山，走到天亮時剛好被差役人贓俱獲，好在差役只沒收了贓物上半身菩薩，沒有逮捕他們。

至於文學社，則是誕生於武漢新軍之中的革命團體，最初的根源為日知會，成立於一九〇六年，發起人為「科學補習所」的劉靜庵，劉靜庵在文華書院擔任國文老師，並兼任校園內的閱報室「日知會」司理，藉由這個機會，他在日知會裡頭陳列革命書刊，每星期日開演講會，傳播革命思想，聯絡反清革命志士。後來成為共進會要角的孫武，也曾經加入過日知會。

日知會稍有名氣後，同盟會來聯絡劉靜庵，借用日知會會址為同盟會湖北分會，於是劉靜庵也兼任同盟會湖北分會總幹事，但兩會並未合併。

同盟會想利用日知會的會址無妨，反正是志同道合，但偏偏孫文總是成事不足敗事有餘，一九〇六年萍瀏醴起義爆發，孫文派人來想借日知會的力量響應起義，結果事泄，導致日知會主要成員被張之洞逮捕，是為「丙午日知會謀反案」，日知會就此完蛋，劉靜庵在辛亥革命前夕，於獄中被折磨致死。

日知會的成員，化整為零後，於一九〇八年成立湖北軍隊同盟會，顧名思義，活動以運動新軍成員為主，後來被破獲，骨幹成員再成立群治學社，一九一〇年再改組為振武學社，一九一一年因為名稱已經暴露，再改名為文學社。

文學社主要在武漢新軍中發展，入會保密機制相當嚴格，與同盟會系統不同。文學社在武昌起義前已經在新軍中發展至四百人，是革命思想滲透新軍的主要功臣之一——這功勞不是同盟會的，更不是南洋同盟會或孫文的，孫文一向不重視華中，也不重視在新軍中的發展，還是害慘日知會的罪魁禍首。

共進會有很多成員同時加入同盟會以示友好，文學社這邊的狀況也一樣，如蔡濟民是湖北黃陂人，是前述「湖北軍隊同盟會」的成立者之一，後來也是文學社成員。他兼任同盟會湖北分會參議部長，但是從他的經歷可以明白，他的根源是文學社，在同盟會那邊，與先前的劉靜庵一樣只是掛個名。

一九一一年九月十四日，共進社和文學社的第三次合作會議召開，會上兩個團體彼此謙讓起義領導人——和孫文老是要爭主導權真是鮮明的對比——於是居正建議去邀請中部同盟會的宋教仁、譚人鳳等人來武漢主持，這就是所謂的「同盟會會員譚人鳳促成兩會合併」。

當兩會合併後，很快於九月二十四日集會，他們受到四川保路運動的鼓舞，計畫於十月六日中秋節時發動武昌起義，但就在當天晚上，有個共進會成員新軍士兵孟華臣，因為幫退伍同僚送行飲酒作樂，與排長發生爭執，管帶前來訓斥責罰，孟華臣竟然搶軍械、砸營部，這起意外的兵變很快遭到鎮壓，湖廣總督瑞澂聽到兵變消息，下令中秋節不放假且全城戒嚴，嚴禁官士兵以各種名義「會餐」，彈藥一律收繳，集中保管，中秋武昌起義因而無法執行，也就流產了[35]。

屋漏偏逢連夜雨，前面提到汪精衛刺殺載灃失敗的故事，話說他當初北上經過漢口時，留了一小部分炸藥在漢口的俄國租界，十月九日晚上，孫武把這些炸藥找出來，想做幾個炸彈，竟然搞得爆炸了，不但把孫武自己給炸傷，俄國租界警察聽到爆炸聲前來，意外破獲了這個革命基地，搜到革命黨人名冊、起義文告，瑞澂立即下令關閉城門，搜捕革命黨人。

由於事態嚴重，當晚文學社社長蔣翊武決定立即發動起義，但是還沒來得及動員，文學社總部先被破獲，蔣翊武勉強逃脫，文學社幹部有三十幾人被捕，可說全盤皆墨，於是這場臨時發動的緊急武昌起義也一樣尚未開始就

[35] 除了戒嚴因素以外，湖南方面也準備不及，因此中秋起義流產後，原本計畫順延到十月底，詳細日期未定。

流產了。

至此，由文學社、共進會所計畫發動的武昌起義，一敗塗地。

到頭來，不僅是孫文的華南革命連戰皆墨，連同中部同盟會、共進會、文學社的華中起義主張，也一樣成了笑話，就當革命黨的所有行動都要以一場「搞笑」蓋棺論定的時候，歷史卻開了所有人一個天大的玩笑。

後來成為開國元勳的熊秉坤，雖然是共進會會員，但本來並非先前預謀起義的核心成員。在文學社、共進會的起義流產、名冊被破獲以後，多人被捕，三名革命幹部在十月十日白天遭公開處斬，使得所有列名革命黨名冊上的士兵人人自危，擔心瑞澂會照著名冊一網打盡，在迫不得已下，熊秉坤和各營的革命黨人約好要在十月十日晚上發難。

工程營後隊的第二排排長陶啟聖，是熊秉坤結拜兄弟陶啟元的弟弟，熊秉坤既然決定要起事，就請陶啟元要他弟弟迴避，以免遭到波及，沒想到陶啟聖知道了以後，不但不迴避，還特別帶人去查勤，一見到正在擦槍的副班長金兆龍與士兵程定國，就喝斥他們說：「你們是想造反嗎？」

兩人回以：「造反又怎樣？」

雙方一言不合打了起來，混亂中程定國先用槍托把陶啟聖打得頭破血流，又向陶啟聖開了一槍，這就是「武昌起義第一槍」。

熊秉坤眼看事情鬧大，一不做二不休，集合了弟兄兵變，殺死營上不支持起義的軍官，往楚望台軍械庫出發；負責看守楚望台軍械庫的左隊隊官是吳兆麟，他曾加入過日知會，但並非共進會或文學社成員，吳兆麟見到起義的部隊來勢洶洶，只好勉為其難的加入革命行列，更被強迫推選為起義軍的總指揮官。

到此，起義部隊雖然順利取得楚望台的軍械，但軍力也不過不到兩千人，而當時武昌的總兵力有一萬兩千多人，說起來要鎮壓起義綽綽有餘，美國歷史學家愛德華・德瑞爾（Edward L. Dreyer）認為正常狀況下武昌起義「根本不應該會成功」。

但瑞澂卻選擇離開總督府，到軍艦上指揮，造成指揮失靈，清軍大亂。就在這一連串的意外下，造就了辛亥武昌起義，說起來，還是孫文的一句話描述的最貼切：

「武昌之功，乃成於意外。」[36]

36《建國方略》之一，《孫文學說》，第八章有志竟成：「……按武昌之成功，乃成於意外，其主因則在瑞澂一逃，倘瑞澂不逃，則張彪斷不走，而彼之統馭必不失，秩序必不亂也。以當時武昌之新軍，其贊成革命者之大部分，已由端方調往四川，其尚留武昌者，只砲兵及工程營之小部分耳。其他留武昌之新軍，尚屬毫無成見者也。乃此小部分以機關破壞而自危，決冒險以圖功，成敗在所不計，初不意一擊於中也，此殆天心助漢而亡胡者。武昌既稍能久支，則所欲救武漢而促革命之成功者，不在武漢之一著，而在各省之響應也。……」

# 結語

就算對西洋史沒興趣，只要讀過高中歷史的朋友應該都聽過有個「神聖羅馬帝國」，不過可能有的朋友不知道的是：法國大文豪伏爾泰曾經批評，神聖羅馬帝國「既不神聖，也不羅馬，更非帝國」，字面完全與事實相反。

這樣的東西我們也有，「國父孫中山革命十一次最後成功」這句話就是。

就「國父」來說，看完本書，我們可以說促成滿清滅亡的原因很多，但偏偏就是沒有孫文在內，如何能稱之為推翻滿清、創立中華民國的「國父」呢？魏斐德指出，清朝的滅亡，「實在是十九世紀中所崛起的新菁英所導致的後果」，與孫文沒有關係。

「孫中山」這個稱呼也很不對勁，這個稱呼的源頭是孫文旅日時化名為「中山樵」，「中山」是日本姓，可不是名字或稱號啊！用常識就知道，「姓名」豈可姓連著姓，孫文只能稱為孫文、孫逸仙，或是「中山先生」，是不能叫做「孫中山」的。

那為什麼現在我們都叫他「孫中山」呢？這個錯誤的源頭是日本人宮崎寅藏，即宮崎滔天，他撰寫《三十三年之夢》時，搞不清楚把兩個姓給連用——日本人常弄不清楚中國的命名原則，譬如說他們會寫「曹操孟德」、「關羽雲長」等，實際上只能說「曹操」或「曹孟德」，是沒有「曹操孟德」這種用法的——結果章士釗翻譯這本書的時候也不察，就照著用，後來這個弄錯用法的稱呼竟然成了孫文的通用稱呼，不過這個「將錯就錯」，也可說是孫文一生的寫照了。

「革命十一次」的次數也不對，孫文在清末只有革命十次——或九次，因第一次未發動就流產——孫文在清末的最後一次革命是辛亥年的「黃花崗之役」，而論武昌起義，由共進會與文學社策劃的武昌起義流產了，孫文既未參與也不知情，成功的武昌起義則完全出於意外，更與孫文無關。

「最後成功」這點也與事實相反，且別說孫文在清末的革命，連同民國後的「二次革命」與「護法」——所謂「三次革命」——在內，孫文所發動的革命全數失敗，沒有一次成功。

所以「國父孫中山革命十一次最後成功」這句話真的是無處不與史實相反，到了淋漓盡致的程度。

滿清的滅亡，是一幅波瀾壯闊的大時代畫像，畫布上有著率領美國獨立的華盛頓，有挑起半島戰爭的拿破崙，有英國的東印度公司，有林則徐、琦善與耆英，有太平天國，有慈禧、李鴻章、張之洞，有甲午戰爭，有推出了T型車的亨利・福特，有第一官商盛宣懷，有急著想鞏固皇權的攝政王，有足疾退隱的袁世凱，有炒作橡皮股票的施典章，有釀成成都血案的趙爾豐，有各省的督撫與士紳，在最小的一角上有湯化龍，有黎元洪，有著武昌的新軍，他們的背後有文學社、共進會，有中部同盟會的影子。而孫文則在這幅畫面之外，不幸的黃花崗之役標誌著孫文革命的最終結果。

滿清的滅亡，也是一個患了許多慢性病的病人，動了好幾次手術，最後多重器官衰竭，終於搶救無效，無力回天的故事，而孫文一再於華南發動徒勞無功的革命，就有如這個病人剛好同時患了香港腳。

全書走筆至此，大概把滿清這個病人的死因，徹底解剖調查了一回，連同絕非致命原因的香港腳也檢查了。

但為何在歷史課本上，香港腳竟會被寫為是病人的死因？
這寫起來，又是下一本書了。

——全書完——

# 後記

一直以來，有許多讀者問過我同一個問題：關於清末民初的歷史，有什麼比較淺顯易讀，內容又完整的入門書呢？

歷史一直是我長年以來的興趣，其中清末民初史又是我認為特別有趣的一段，經常與歷史圈的朋友討論、發表一些見解與評論，但當被這樣一問時，我倒是被問倒了。

並不是因沒有書。清末民初距離現在並不算太久，第一手、第二手史料相當豐富，但是大師著作雖嚴謹卻不易讀，淺顯的作品卻又蜻蜓點水搔不到癢處；完整的清史通論若不是厚得像磚，在細節處難免有所捨棄，而針對單一題目的專論雖然詳細，卻難以讓入門者很快得到全貌。另一方面，史料雖多，但真假難辨，即使史學大師如唐德剛，都難免誤信錯誤來源的資料，更別說是一般人了。

思來想去，竟無一本書可推薦，突然萌生一個想法：既然沒有，那不如我來寫一本吧！

這個念頭起初也只是擱著，因緣際會，「民國百年」的雙十那天，在部落格上發表一系列應景文章《橡皮推翻了滿清》，原文只有寥寥數千字，無心插柳，竟然得到不錯迴響，當秀威資訊來信詢問是否出書時，我心想：不妨就把長久以來的想法付諸實現。

說來容易，沒想到這一寫下去，竟然是一本十七萬字的著作，為了力求內容的豐富與正確，除了挖空自己的書櫃，還把友人的藏書全給借來了，在重要內容處夾上書籤註記，家中書籤為之一空，於是剪裁過期雜誌封面當作書籤，一連剪了好幾本，待寫完時一看，書籍竟堆滿了三大櫃，而用完抽出的書籤，散落一地鋪滿了書房。

在對這段歷史不熟悉的讀者看來，本書可能充滿了嶄新的見解，不過我必須說明，本書之中的所有見解，都非新創，而是「站在巨人的肩膀上」——魏斐德、孔復禮、史景遷、黃仁宇、師承孔復禮的林滿紅教授，以及許多不及一一列出的大師與學者們——本書只是做個綜合整理，提供一個一窺堂奧的窗口。

我本身並非歷史系出身，不敢「外行充專業」妄自論史，所以在寫作過程中，拉來了三位歷史本科系出身的顧問，雖說是顧問，但都是「無給職」，相當不好意思，其中貢獻最大的是易駿，本書的主要架構，大多在與他討論的過程中打造而成，而每當遇上瓶頸，往往是楊立強提出突破點。

也要特別向出版社秀威資訊致上敬意，「推翻滿清」的相關書籍，各大出版社都選在「民國百年」的熱門檔期密集推出，本書早就「過期」，秀威資訊卻認為好書沒有時效性，熱情邀請，並付出許多心血協助本書的完成，在越來越商業導向的出版市場上，實在難能可貴。在寫作過程中，為求盡善盡美，原訂的完成日期一再拖延，竟延遲了超過半年之久，中間還經歷我自己對風格不滿意大幅改版，真是為難了責任編輯。

希望本書能夠達成清末歷史「淺顯易讀，內容又完整的入門書」的目標，如果本書能讓讀者有所得，那都是整個團隊的功勞，如果本書還有什麼不足之處，則必定是我的過失。最後，在文後附上三位顧問的簡介，以誌記他們的貢獻。

**易駿**

一九八五年生於台北。台灣大學歷史系畢業，現就讀上海復旦大學歷史系中國近現代史碩士，嗜好閱讀，廣泛涉獵東西方政治史、軍事史，課餘並從事歷史小說創作，著有《杜鵑啼血》、《天志救國記》等。

**楊立強**

台灣台中人，夏威夷太平洋大學歷史系畢業，主修軍事史，任知名ＢＢＳ站台ＰＴＴ歷史板板主暨歷史群組小組長，網路ＩＤ為ＭＲＺ，於網路上發表無數創作及歷史評論。

**張承洲**

一九八五年出生於台灣新北市。國立暨南國際大學歷史學系畢業，現為國立中正大學歷史所研究生，專長領域為魏晉史及民國史，為歷史策略遊戲《民國無雙》的共同創作者之一。

# 鄉民懶人包之藍弋丰的各種聽說

作者：蔡依橙 醫師（部落格：http://i-chentsai.blogspot.tw/）

Q：你是誰？憑什麼介紹藍弋丰？

A：這本是藍弋丰的書，我是誰不重要。重點是我認識藍弋丰超過二十年，從他還是個小屁孩的時候就不幸的跟他是同學，跟他一起考試，知道他為什麼討人厭、也看過他一路走到今天的各種脈絡。

Q：聽說藍弋丰聰明絕頂？

A：這是真的。小弟算是混得還行，一路上也有不少人說我是個很聰明的小孩（對啦，我就是小時了了大未必佳，怎樣？），但我跟你說，你如果覺得我聰明，一定是因為你沒見過藍弋丰。

我是努力型的，國中念書，唸到晚上三點，隔天七點起床通車上學。藍弋丰是天才型的，從不熬夜、從不預習，考試前就輕鬆念，也不勉強。一直以來我們兩個成績互有高低，但都還行。

國中時，我跟他就坐隔壁。一次生物課，老師臨時說：「十分鐘下課給你們念剛才教的，上課後要臨時考。」你也知道，升學主義下的孩子，最愛比較了。心想，你不預習，我也沒預習，大家起跑點一樣，十分鐘能讀多少也一樣，誰怕誰。

同樣的新範圍、同樣的十分鐘、同樣的考卷。改完，我七十，他九十。對一個十四歲的小孩如我，那二十分是很絕望的差距，一模一樣的學習條件，我盡力了，但仍遠遠落後。這事對我幼小的心靈打擊甚大，讓我開始理解到，這世界上除了有巨大的貧富差距，還有巨大的天份差距。有些人，生來就是學習能力的貴族。

Q：聽說藍弋丰念完醫學系，沒當醫師，就去作文創？

A：是的，因為他比我們這些人都提早想透人生。一次聊天，他提到：「我實習的時候，有天晚上值班很累，躺在台大醫院的板凳上，忽然覺得，真累啊，這好像不是我要的人生。那時就決定，畢業以後還是別當醫生好了。」

當然，在這個決定之前，他在遊戲、動漫業界都打過零工，PTT多年的筆戰，也磨練他的思路與文筆。但即使如此，對一個二十四歲的年輕人來說，那還是一個很大的決定。

家人排山倒海的質疑、同學看好戲的心態，從來沒少過。但是，他還是選擇過自己想要的人生。

十年後，過勞的年輕醫師如我，在醫學中心加班作研究的清晨，思索什麼才是自己要的人生。藍弋丰，卻已經在「自己要的人生」上，過了十年。

人生，能有多少個十年？

又一次，讓我理解到，這世界上除了有巨大的貧富差距，還有巨大的勇氣差距。有些人，生來就是勇氣的貴族。

Q：那這樣他唸醫學系幹嘛？

A：對藍弋丰來說，那就是一個大學的經驗吧。一般人是「我能考幾分就念什麼、畢業就做什麼」，以當年的第三類組來說，當藥師就很棒，考上牙醫也不錯，能上醫學系更好。

但這世界上就是有些天才，什麼都可以做，什麼都可以考，上了醫學系就念，到了實習進醫院，發現不是自己想要的，就離開。

或許，念完醫學系，是給父母一個交代，也給自己一個「應該用不到，但萬一怎樣還是可以回去」的退路。

不過，二〇一二年四大皆空醫療崩壞的現在，如果你是藍弋丰，也不會想回醫界了。

Q：聽說藍弋丰是沒辦法做醫師才去作文創？

A：那你一定是搞錯了。以他的學歷（台大醫學系）、他的聰明（IQ一四四）、他的用心（明騎西行記裡頭的細膩考據），他來當醫師才是台灣人的福氣。很不幸的，這樣的事情沒有發生。

Q：藍弋丰聽說不太聽他爸媽的話？

A：在某個面向上，是的。

如果你是藍弋丰的爸媽，在當年聯考的激烈升學世界中，兒子能過關斬將秒殺對手，國中跳級、高中也在領先群，練到台大醫學系都畢業了，就等著看破關畫面當醫生。結果他把光碟退出來，說：「爸、媽，其實我不想玩這片。」你會不會氣到冒煙？

對這個，藍弋丰的回答也頗富禪機：

「父母說什麼就做什麼，並不是一定孝順。很多人順從父母只是怕被罵，那其實是一種自私。」

父母終究是希望孩子好，所以「我們要做的，是走一條真正為自己好的道路，這才是真的孝順。」

看不懂嗎？那我建議你，引號裡頭的句子多念兩次。就跟你說人有天份差距吧。

Q：聽說，藍弋丰還是有點後悔沒當醫師？

A：那你一定是搞錯了。前陣子，我跟他見面，從聊天中，我感受到「從骨髓透出來的快樂」。那是有再多頭銜、再多金錢也沒辦法假裝的。

當時我想，作為父母，不過也就希望小孩一輩子開心健康。我們同學裡頭，誰比藍弋丰更快樂的活在「自己想要的人生」呢？

不過，比藍弋丰健康的應該是有，因為他太胖了……。話說我也沒什麼立場講這個就是。

Q：藍弋丰聽說很好逸惡勞？

A：在某個面向上，這是真的。

藍弋丰總掛在嘴邊的一句話，是「懶人才會成功」。這意思是，因為懶，人才會發明電腦、才會發明電話、才會有工業革命、才會發明新的方法去做傳統的事情，讓人類文明持續進步。

當今天有一百份傳單要抄寫，我會直接拿起筆來不眠不休的作，而他是會去找影印機搞定事情的那種人。

我們這代的年輕醫師，花了十年的時間燃燒肝臟、努力工作，才終於理解到：「越勤勞，其實只是成為錯誤體制的挑夫而已。某個程度上，甚至是維護錯誤體制的幫凶。」

藍弋丰，在十年前就知道這道理。

Q：所以，就你認為，藍弋丰的特色是？

A：藍弋丰有著非常清楚的腦袋，能處理大量資訊，形成有力而獨特的觀點，並用流暢的中文寫作，讓高度精鍊的概念，精準地傳遞給大眾。在這個資訊氾濫、眾聲喧嘩的世界，正是時代需要的知識份子典型之一。

這本有關晚清的書，從標題到結論，呈現的就是這樣的風格。祝您閱讀愉快。

藍弋丰說歷史01　史地傳記類　PC0255

# 橡皮推翻了滿清

作　　者／藍弋丰
責任編輯／鄭伊庭
圖文排版／陳姿廷
封面設計／陳佩蓉

發 行 人／宋政坤
法律顧問／毛國樑　律師
出版發行／秀威資訊科技股份有限公司
114台北市內湖區瑞光路76巷65號1樓
電話：+886-2-2796-3638　傳真：+886-2-2796-1377
http://www.showwe.com.tw
劃撥帳號／19563868　戶名：秀威資訊科技股份有限公司
讀者服務信箱：service@showwe.com.tw
展售門市／國家書店（松江門市）
104台北市中山區松江路209號1樓
電話：+886-2-2518-0207　傳真：+886-2-2518-0778
網路訂購／秀威網路書店：http://www.bodbooks.com.tw
國家網路書店：http://www.govbooks.com.tw

2012年12月一版
2014年10月一版八刷
定價：320元

國家圖書館出版品預行編目

橡皮推翻了滿清 / 藍弋丰著. -- 一版. -- 臺北市 : 秀威資訊科技, 2012.12
面； 公分. -- (史地傳記)

ISBN 978-986-221-992-8(平裝)

1. 晚清史

627.6 101017548

# 讀者回函卡

感謝您購買本書，為提升服務品質，請填妥以下資料，將讀者回函卡直接寄回或傳真本公司，收到您的寶貴意見後，我們會收藏記錄及檢討，謝謝！如您需要了解本公司最新出版書目、購書優惠或企劃活動，歡迎您上網查詢或下載相關資料：http:// www.showwe.com.tw

您購買的書名：______________________

出生日期：________年________月________日

學歷：□高中（含）以下　□大專　□研究所（含）以上

職業：□製造業　□金融業　□資訊業　□軍警　□傳播業　□自由業
　　　□服務業　□公務員　□教職　□學生　□家管　□其它_____

購書地點：□網路書店　□實體書店　□書展　□郵購　□贈閱　□其他

您從何得知本書的消息？

□網路書店　□實體書店　□網路搜尋　□電子報　□書訊　□雜誌
□傳播媒體　□親友推薦　□網站推薦　□部落格　□其他__________

您對本書的評價：（請填代號　1.非常滿意　2.滿意　3.尚可　4.再改進）

封面設計____　版面編排____　內容____　文／譯筆____　價格____

讀完書後您覺得：

□很有收穫　□有收穫　□收穫不多　□沒收穫

對我們的建議：______________________

______________________

______________________

______________________

請貼
郵票

11466
台北市內湖區瑞光路 76 巷 65 號 1 樓
**秀威資訊科技股份有限公司** 收
BOD 數位出版事業部

........................................................................................

（請沿線對折寄回，謝謝！）

姓　　名：＿＿＿＿＿＿＿＿＿＿　年齡：＿＿＿＿　性別：□女　□男

郵遞區號：□□□□□

地　　址：＿＿＿＿＿＿＿＿＿＿＿＿＿＿＿＿＿＿＿＿＿＿＿＿

聯絡電話：(日)＿＿＿＿＿＿＿＿＿＿＿(夜)＿＿＿＿＿＿＿＿＿＿

E-mail：＿＿＿＿＿＿＿＿＿＿＿＿＿＿＿＿＿＿＿＿＿＿＿＿